COURS DE VERSIONS

A L'USAGE DES TROISIÈMES.

CORRIGÉS.

ON TROUVE A LA MÊME LIBRAIRIE :

Cours complet et gradué de Thèmes latins, composé de traits d'histoire, morceaux de morale, descriptions, fables, lettres, etc., adaptés aux règles de la grammaire latine, par deux professeurs de l'académie de Paris, à l'usage de toutes les classes; 8 vol. in-12.

Cours de Thèmes, à l'usage de la Huitième; in-12.

Cours de Thèmes, à l'usage de la Septième; in-12.

Cours de Thèmes, à l'usage de la Sixième; in-12.

Cours de Thèmes, à l'usage de la Cinquième; in-12.

Cours de Thèmes, à l'usage de la Quatrième; in-12.

Cours de Thèmes, à l'usage de la Troisième; in-12.

Cours de Thèmes, à l'usage de la Seconde; in-12.

Cours de Thèmes, à l'usage de la Rhétorique; in-12.

Cours complet et gradué de Versions latines, composé de traits d'histoire, morceaux de morale, descriptions, fables, lettres, etc., suivi de Matières de Vers latins, de sujets de Compositions latines et françaises et de Versions grecques, par deux professeurs de l'académie de Paris, à l'usage de toutes les classes; 8 vol. in-12.

Cours de Versions, à l'usage de la Huitième; in-12.

Cours de Versions, à l'usage de la Septième; in-12.

Cours de Versions, à l'usage de la Sixième; in-12.

Cours de Versions, à l'usage de la Cinquième, suivi de Versions grecques; in-12.

Cours de Versions, à l'usage de la Quatrième, suivi de Versions grecques; in-12.

Cours de Versions, à l'usage de la Troisième, suivi de Matières de Vers latins et de Versions grecques; in-12.

Cours de Versions, à l'usage de la Seconde, suivi de Matières de Vers latins, de sujets de Narrations latines et françaises et de Versions grecques; fort vol. in-12.

Cours de Versions, à l'usage de la Rhétorique, suivi de Matières de Vers latins, de sujets de Discours latins et français et de Versions grecques; gros vol. in-12.

COURS
DE VERSIONS

COMPOSÉ

DE TRAITS D'HISTOIRE, DESCRIPTIONS,

MORCEAUX DE MORALE, ETC.,

SUIVI DE VERSIONS GRECQUES ET DE VERS LATINS

AVEC LES CORRIGÉS EN REGARD

RÉDIGÉ ET MIS EN ORDRE

PAR DEUX PROFESSEURS DE L'ACADÉMIE DE PARIS.

CLASSE DE TROISIÈME.

NOUVELLE ÉDITION.

PARIS.

IMPRIMERIE ET LIBRAIRIE CLASSIQUES

De JULES DELALAIN et FILS

RUE DES ÉCOLES, VIS-A-VIS DE LA SORBONNE.

M DCCC LXVI.

Tout contrefacteur ou débitant de contrefaçons de cet Ouvrage sera poursuivi conformément aux lois; tous les exemplaires sont revêtus de ma griffe.

Jules Delalain et fils

COURS DE VERSIONS

A L'USAGE DES TROISIÈMES

AVEC LES CORRIGÉS.

VERSIONUM SERIES
AD USUM TERTIANORUM
CUM INTERPRETATIONIBUS.

VERSIO I.

Amicitia anteponenda timori.

Nihil periculosius quam metui, nihil utilius quam amari. Quod quidem imprimis ad viros principes pertinet. Omnium enim rerum nec aptius est quidquam ad tuendam potestatem summam, quam diligi, nec alienius quam metui. Præclare Ennius: *Oderunt quem metuunt;* quem quisque odit, periisse expetit. Etenim qui se metui volent, a quibus metuuntur, eosdem metuant necesse est. Quo animo vixisse arbitramur Alexandrum Phereum? qui, ut scriptum legimus, quum uxorem admodum diligeret, tamen ad eam veniens, barbarum et eum quidem compunctum notis threiciis, districto gladio jubebat ante ire, præmittebatque de stipatoribus suis, qui omnia scrutarentur, et exquirerent, ne quod in vestimentis telum occultaretur. O miserum, qui fideliorem barbarum putaret, quam conjugem!

COURS DE VERSIONS

A L'USAGE DES TROISIÈMES

AVEC LES CORRIGÉS.

VERSION I.

L'amitié est préférable à la crainte.

Rien de plus dangereux que de se faire craindre; rien de plus utile que de se faire aimer. Cette maxime s'adresse surtout aux princes. Rien, en effet, n'est plus propre à affermir la puissance suprême, que l'amour des peuples; rien de plus contraire à ce but, que la crainte qu'on leur inspire. C'est avec raison qu'Ennius a dit : on hait celui que l'on craint, et l'on souhaite la mort de celui que l'on hait. En effet, ceux qui voudront se faire craindre, devront nécessairement craindre à leur tour ceux à qui ils inspirent de la crainte. Quelle fut, selon nous, l'existence d'Alexandre de Phères? Ce tyran, comme le dit l'histoire, malgré sa tendresse pour son épouse, se faisait précéder, lorsqu'il se rendait chez elle, d'un barbare mutilé à la manière des Thraces, l'épée à la main. Il envoyait quelques-uns de ses gardes chargés de faire une visite exacte, et de voir si elle n'avait pas quelque arme cachée sous ses vêtements. Malheureux, qui croyait trouver plus de fidélité dans un barbare que dans son épouse!

VERSIO II.

Andromaches ad Ulyssem oratio.

Ergo periit natus, et periit Ulyssis consilio! An speras, princeps perfide, tuum scelus inultum fore? in te Furias excitabo ultrices; in te ruent gemitibus meis commotæ Eumenides. Frustra in patriam reditum meditaris, dolose victor! Penelopen nunquam revises tuam; errabis terra marique exsul; te naufragum Neptunus vindex fluctibus jactabit suis, nec vinces fata : tuorum gladio peribis. Hæc, perfide, debetur sceleribus tuis merces. Sic Astyanactis manes placabuntur.

VERSIO III.

Cn. Pompeii magni laudes.

Fuit Pompeius stirpis senatoriæ, forma excellens, non ea qua flos commendatur ætatis, sed ex dignitate constanti, quæ in illam conveniens amplitudinem fortunam quoque ejus ad ultimum vitæ diem comitata est; innocentia eximius, sanctitate præcipuus; eloquentia medius; potentiæ quæ honoris causa ad eum conferretur, non ut ab eo occuparetur, cupidissimus. Dux belli peritissimus, civis in toga (nisi ubi vereretur ne quem haberet parem) modestissimus; amicitiarum tenax, in offensis exorabilis, in reconcilianda gratia fidelissimus, in accipienda

VERSION II.

Plaintes d'Andromaque à Ulysse.

Mon fils n'est donc plus, et c'est Ulysse qui l'a fait périr par ses pernicieux conseils! Crois-tu donc, prince perfide, que ton crime restera impuni? J'exciterai contre toi les Furies vengeresses, et, sensibles à mes plaintes, les Euménides te poursuivront sans cesse : en vain, artificieux vainqueur, espères-tu retourner dans ta patrie; tu ne reverras jamais ton épouse Pénélope; condamné à un exil sans fin, tu erreras sur terre et sur mer. Tu feras naufrage, et Neptune t'abandonnera lui-même à la fureur de ses ondes; en vain te roidiras-tu contre les ordres du destin; tu périras de la main de tes propres sujets. Voilà, perfide, la juste récompense que méritent tes crimes. C'est ainsi que les mânes d'Astyanax seront apaisés.

VERSION III.

Éloge du grand Pompée.

Pompée sortait d'une famille de sénateurs; il était fort beau, non de cette beauté passagère qui fait l'ornement de la première jeunesse, mais de cette beauté mâle digne de sa grandeur future et de cette brillante fortune qui l'accompagnèrent jusqu'au tombeau. Ses mœurs étaient sans tache, sa probité à toute épreuve, son éloquence médiocre. Avide d'honneurs, mais n'en voulant que de mérités et de légitimes. Habile capitaine dans la guerre, citoyen modeste dans la paix, tant qu'il ne craignait pas d'avoir son égal. Ami constant, pardonnant facilement les injures et recevant aisément satisfaction; d'une fidélité inviolable après la récon-

satisfactione facillimus; potentia sua nunquam aut raro ad impotentiam usus ; pæne omnium vitiorum expers, nisi numeraretur inter maxima, in civitate libera dominaque gentium, in qua omnes cives jure habentur pares, indignari quemquam æqualem dignitate conspicere. Hic a toga virili assuetus commilitio prudentissimi ducis parentis sui, bonum et capax recte dicendi ingenium singulari rerum militarium prudentia excoluit, ut Sertorio Metellus laudaretur magis, Pompeius timeretur validius.

VERSIO IV.

Corn. Taciti ingenium et stylus.

In Taciti Annalibus reconditiora artis politicæ mysteria, callidiorque gentis aulicæ scientia continentur : Tiberium Tiberiique amicos et adulatores iis adumbrat coloribus, quibus alii multi scriptores principem illum, principisque illius sacrilegos satellites atque amicos pinxerunt. Erat Tacito mens fervida, ingenium dives ac fertile, pronumque et in vividos promptum impetus; major inest in ipsius sermone vis quam elegantia. Nec tam rerum scriptor fidelis ac sincerus quam austerus mordaxque morum censor; sæpiusque acriorem secutus ferventis ingenii æstum a vero aberravit ; nec raro illis, de quibus mentionem facit, aliam mentem ab ea qua se gesserunt affingere non dubitat, rerumque eventus ex commentitiis causis soloque natis in museo, altius scrutando fingendoque liberius deducit. Multo magis laudandus ille, si planiorem scribendi ratio-

ciliation ; jamais, ou du moins rarement, il fit servir son pouvoir à la tyrannie. Enfin il eût été sans vice, si ce n'en eût été un très-grand, de s'indigner de l'égalité, dans une ville libre et maîtresse de l'univers, où la loi le confondait avec le reste des citoyens. Accoutumé, dès l'âge où il prit la robe virile, à combattre à côté de son père, excellent général, il appliqua à une profonde connaissance de l'art militaire son esprit honnête et capable d'arriver à l'éloquence, et si Sertorius le louait moins qu'il ne louait Métellus, il le craignait davantage.

VERSION IV.

Caractère et style de Corn. Tacite.

Les Annales de Tacite renferment les secrets les plus cachés, et la science la plus raffinée des intrigues de cour. Il dépeint Tibère, ses amis et ses adulateurs, avec les mêmes couleurs que celles dont se sont servis beaucoup d'autres écrivains en faisant le portrait de ce prince, de ses courtisans, et de ses amis, ministres de ses crimes. Tacite avait une imagination vive, un génie riche et fécond, des saillies promptes et ingénieuses. Son style est plus énergique qu'élégant; c'est moins un écrivain fidèle et sincère, qu'un austère et satirique censeur des mœurs ; souvent, se laissant emporter par la fougue ardente de son imagination brillante, il s'écarte de la vérité, et prête aux personnages dont il parle des vues différentes de celles qu'ils eurent : en voulant trop approfondir et trop inventer, il attache aux événements des causes imaginaires, ouvrages seulement du cabinet. Il serait plus estimable, s'il eût mis plus de netteté dans

nem usurpasset; sed sententias ita densis aliquando involvit tenebris, ut legentium sagacitatem omnino fugiant, harumque sensum nec nisi suspicando ac conjiciendo lector assequatur, non nisi perlectis antea, qui de iisdem agunt de quibus ille, scriptoribus : legendus est præsertim a peritis : ea scire lectorem prius necesse est quæ Tacitus commemorat, qui non tam scripsisse videtur ut doctiorem faciat, quam ut admiratorem lectorem habeat.

VERSIO V.

De mortalium conscientia.

Non sine causa vetus illa ætas tradidit, eos qui aliquod commiserint scelus, furiis agitari, et per totum orbem longa fuga distrahi. Ut nomina mentita sint, ut aliquid fabulæ fingant, ab aliquo tamen exemplo illa experimenta venerunt; factum esse aliquid necesse est, ut hoc credibile videretur. Sive istud dii immortales, qui non judiciis falli, non gratia circumveniri, non ignorantia decipi possunt, constituerunt; ego vero gratulor mortalitati. Colite, homines, innocentiam, et nullam spem impunitatis ex secreto scelerum conceperitis. Licet nulli hominum conspexerint oculi, licet nulla cujusquam mortalium conscientia intervenerit, sub cœlo tamen fecistis, et ille, fusus per omnes rerum naturæ partes, spiritus adfuit, erat illic potentior testis. Clamabat vel in extrema solitudine, et in alto omnium hominum silentio, testis ille : « Dabis mihi, scelerate,

son style; mais quelquefois il enveloppe ses pensées de ténèbres si épaisses, qu'elles échappent entièrement à la sagacité du lecteur, et qu'on ne peut en saisir le sens qu'à force de soupçons et de conjectures, à moins d'avoir lu auparavant les écrivains qui traitent les mêmes matières. Il plaira surtout aux savants, et le lecteur doit connaître d'avance les sujets que traite Tacite, qui semble avoir écrit moins pour éclairer ceux qui le lisent, que pour s'en faire admirer.

VERSION V.

De la conscience chez l'homme.

Ce n'est pas sans motif que l'antiquité nous apprend que les hommes coupables de quelque crime sont agités par les furies, et promènent incessamment leur exil dans toute la terre. Malgré la fiction des noms, malgré les récits fabuleux, il faut que cette croyance soit justifiée par quelques exemples, et que certains faits aient pu la rendre légitime. Qu'elle soit inspirée par les dieux immortels, qui ne sauraient se laisser égarer par de faux jugements, ou éblouir par la faveur, ou tromper par l'ignorance, je n'en félicite pas moins le genre humain. O homme, sois fidèle à ta conscience, et, malgré le secret du crime, tu ne concevras jamais l'espoir de l'impunité. Même éloigné de tous les regards et de tous les témoins, tu agis toujours à la vue du ciel. Cette intelligence répandue dans l'univers entier était présente, et tu avais le plus puissant de tous les témoins. Ce témoin redoutable, même au sein de la plus profonde solitude, même lorsque toutes les bouches sont fermées, te criait : « Homme criminel, ma main te châtiera; je te pour-

pœnas, persequar semper, semper occurram. » Sive hæc non vana est quorumdam opinio, qui credunt, non extrinsecus, has furias venire, nec ullius deorum impulsu hanc mortalibus incidisse dementiam; sed nasci intus, conscientiam esse, quæ torqueat, animum esse qui urat : iterum gratulor. Bene, hercule, factum est, quod, etiam si omnes fefellerimus, effugere non possumus nos ipsos. Ite nunc, et dicite : « Felix fuit iste, qui fugerit. » Potest nocenti contingere ut lateat; latenti fides non aderit. Non fugit se ipsum; non fugit mente et cogitatione infixum scelus; non fugit tortorem animum, solvendique et hominibus et diis immortalibus supplicii prænuntiam et quasi vadem conscientiam.

VERSIO VI.

Circe de potentia sua sibi gratulatur.

Nihil est in orbe terrarum quod mihi non serviat : cœlum, terra, mare, meum sequuntur imperium; tellurem, quum libet mihi, vitalis deserit succus, et floribus suis spoliatur ager; haud secus, si imperem, decorantur frondibus arbores, speluncisque arentibus salubres exeunt aquæ. Imperio parent meo albentes maris fluctus, obsequiosi assurgunt ex humidis antris pisces. Venti debacchantur, si jubeo; silent, si volo. Zephyrus, me imperante, garrulitatem deponit suam, et movere silvarum folia non audet. Subjiciuntur mihi caucasei tigres, dracones-

suivrai partout; partout tu me rencontreras. » Mais si ce n'est pas se tromper que de croire que ces furies ne sont pas hors de nous; que cette frénésie dont le coupable est agité, ne lui est pas envoyée par les dieux, mais qu'elle naît au fond de son âme; qu'il est une conscience qui le tourmente et des remords qui le rongent, j'en félicite encore le genre humain. N'est-il pas heureux que nous ne puissions nous fuir nous-mêmes, quand bien même nous nous tromperions tous? Allez donc et dites : « Ce coupable est heureux, il a échappé. » Oui, le coupable peut se cacher; mais il n'aura jamais la confiance que donne la retraite, il ne s'est pas fui lui-même; il n'a pas échappé au souvenir de son crime profondément gravé dans son âme; il n'a pas fui les remords vengeurs, ni cette conscience qui est comme le présage et le gage assuré du supplice que réclame la justice des dieux et des hommes.

VERSION VI.

Triomphe de Circé sur les effets puissants de sa magie.

Il n'y a rien dans l'univers qui puisse résister à mes charmes victorieux. Le ciel, la terre, la mer, tout est soumis à mon empire; j'ôte à la terre, quand il me plaît, sa fécondité, et aux campagnes leurs plus beaux ornements. De même, si je le veux, les arbres, dociles à mes ordres, se parent de nouveaux feuillages, et les plus durs rochers, malgré toute leur aridité, font jaillir de leur sein profond des sources d'eaux salutaires. La mer, cet élément intraitable, se calme et soulève ses flots à mon gré. Les habitants de l'empire de Neptune sortent de leurs humides retraites. Ma volonté seule déchaîne les vents, et les fait rentrer dans leurs obscures prisons. Les zéphyrs, captifs sous mes lois, gardent un silence respectueux, et ne font point entendre leurs soupirs dans les forêts. Les tigres du mont Caucase respectent

que feri jussibus mitescunt meis. Quid ego hæc leviora cano? carminibus deducitur meis imago lunæ : morantur cursus suos sidera, cogitur Phœbus animosos retroducere alipedes. Jupiter ipse contra meos jussus non potest eniti; si fulmen vibrare vellet, impedirem; si nollet, et vellem, totus in favillas orbis abiret. Nec satis : quidquid aurea mea virga tango, fit quod volo. Possum mutare rerum naturam ; et qui prius erat bipes, facere quadrupedem possum. Majora adhuc desidero : descendam ad inferos, ut vivant mortui.

VERSIO VII.

Societas homini necessaria.

Loquendi facultas quæ ceteris animantibus fuit negata, nobis concessa est, ut quæ concipimus mente, ea voce exprimere possimus. Nihil hominem magis delectat quam versari et colloqui cum homine. Fingamus animo hominem quempiam in aliqua insula vitam degentem solum, et ab omni prorsus hominum societate disjunctum. Quantum ejusmodi vitæ tædium faciet ipsa solitudo! Non illa hujus mundi pulchritudo, non pura cœli temperies, non tellus variis depicta florum coloribus, non avium concentus lenient ægrum fastidio animum. Hæc amœna omnia sordent homini, quamdiu solus fruitur. Sin vero huic alterius hominis vultus affulserit, gratior et dies, et sol melius nitet.

mon pouvoir, et je fais oublier aux monstres les plus furieux leur rage et leur férocité. Mais ce n'est là qu'une image imparfaite de ma puissance. Par la force de mes enchantements, je fais descendre la lune sur la terre; je suspends le cours des astres; j'arrête la marche rapide du soleil, et ses coursiers fougueux retournent en arrière. Jupiter même voudrait en vain s'opposer à mes volontés; s'il voulait lancer son foudre, je l'éteindrais entre ses mains, et malgré lui, si je le voulais, l'univers entier serait réduit en cendres. Mais quoi, Circé fait encore des prodiges plus surprenants! Tout ce qu'elle touche avec sa baguette magique prend les impressions qu'elle désire. Sa vertu change la nature des choses jusqu'à faire, par exemple, d'un homme un quadrupède. Mon ambition va encore plus loin : je descendrai aux enfers pour ressusciter les morts.

VERSION VII.

La société est nécessaire à l'homme.

Le don de la parole, qui a été refusé aux autres animaux, nous a été accordé afin que nous puissions communiquer aux autres nos pensées. L'homme n'a pas de plus grand plaisir que d'être et de s'entretenir avec son semblable. Imaginons un homme vivant seul dans une île, et privé de tout commerce avec la société humaine. Quel ennui la solitude ne répandra-t-elle pas sur son existence! Ni le magnifique spectacle de l'univers, ni la douce température de l'air, ni la diversité des fleurs dont la terre est émaillée, ni les concerts harmonieux des oiseaux, rien ne saurait charmer l'ennui qui le dévore. Toutes ces beautés sont insipides pour l'homme qui en jouit seul. Mais si un autre homme vient s'offrir à ses yeux, pour lui le jour est plus beau, et le soleil brille d'un éclat plus doux.

VERSIO VIII.

Deus alloquens viros bonos.

Quid habetis quod de me queri possitis, vos quibus recta placuerunt ? Aliis falsa bona circumdedi, et animos inanes velut longo fallacique somnio lusi ; auro illos et argento ornavi ; intus boni nihil est. Isti quos pro felicibus habetis, si non qua occurrunt, sed qua latent, videtis, miseri sunt, sordidi, turpes, ad similitudinem parietum suorum extrinsecus culti. Non est ista solida et sincera felicitas : crusta est, et quidem tenuis. Itaque dum illis licet stare, et ad arbitrium ostendi, nitent et fucum faciunt. Quum aliquid incidit quod disturbet ac detegat, tunc apparet quantum altæ ac veræ fœditatis alienus splendor absconderit. Vobis dedi bona certa, mansura ; quæ quanto magis versaveritis, undique invenietis meliora majoraque. Permisi vobis metuenda contemnere, cupienda fastidire ; non fulgetis extrinsecus, bona vestra introrsus obsessa sunt. Sic mundus exteriora contempsit, spectaculo sui lætus. Intra vos omne posui bonum : non egere felicitate, felicitas vestra est.

VERSIO IX.

Priscorum hominum vitæ cum nostra vita comparatio.

Prisci illi homines quos densum aliquod nemus a sole protexerat, qui adversus hiemis aut imbris

VERSION VIII.

Paroles de Dieu aux gens de bien.

En quoi pouvez-vous vous plaindre de moi, vous qui avez embrassé la vertu? J'ai environné les autres de biens illusoires ; je leur ai donné des âmes frivoles ; je les ai joués par un songe long et trompeur ; je les ai ornés d'or et d'argent, mais intérieurement ils sont dépourvus de biens. Ces hommes que vous regardez comme heureux, si vous les voyiez par l'endroit qu'ils cachent, non par celui qu'ils montrent, ils vous paraîtraient vils, malheureux, honteux, et comme les murs de leurs palais, ornés seulement au dehors. Ce n'est pas là un bonheur pur et solide ; ce n'est qu'un enduit, et encore très-mince. Aussi, tant qu'ils peuvent se maintenir et se montrer sous leur couleur favorable, ils brillent, ils en imposent. Au premier accident qui les renverse et les démasque, on aperçoit alors l'excès de la véritable turpitude que cache un éclat emprunté. Je vous ai donné des biens permanents et durables ; plus vous les considérerez sous toutes leurs faces, plus vous y trouverez d'excellence et de grandeur. Je vous ai accordé de mépriser ce que les autres craignent, de dédaigner ce qu'ils désirent. Vous ne brillez pas au dehors, vos avantages sont au dedans. Ainsi le monde méprise ce qui est hors de lui, satisfait par son propre spectacle. J'ai placé tous vos biens en vous-mêmes ; votre bonheur consiste à ne pas en avoir d'autres.

VERSION IX.

Comparaison de la vie des premiers hommes avec la nôtre.

Les premiers hommes, que d'épaisses forêts défendaient des ardeurs du soleil, que des rameaux entrelacés mettaient à l'abri de l'hiver et des tempêtes,

sævitiam vili receptaculo tuti sub fronde vivebant, placidas transigebant noctes sine suspicione. Sollicitudo nos in purpura versat et acerrimis excitat stimulis; mollem somnum illis dabat dura tellus. Non impendebant cælata lacunaria, sed in aperto jacentes sidera superlabebantur, et insigne spectaculum noctium. Tam interdiu quam noctu patebat prospectus hujus pulcherrimæ domus. Juvabat vagari inter tam late sparsa miracula. At vos ad omnem tectorum pavetis sonum, et si quis sonus in picturas vestras increpuit, fugitis attoniti. Non habebant domus instar urbium, spiritus at liber, inter aperta; flatus et levis umbra rupis aut arboris, pellucidi fontes rivique non opere nec fistula, nec ullo coacto itinere obsolefacti, sed sponte currentes per prata sine arte formosa. Inter hæc agreste domicilium rustica positum manu. Hæc erat secundum naturam domus, in qua libebat habitare, nec ipsam, nec pro ipsa timentem; nunc magna pars nostri metus tecta sunt.

VERSIO X.

Cæsar de Helvetiis, Gallis ac Germanis victor.

Asia Pompeii manibus subacta, reliqua, quæ restabant in Europa, fortuna in Cæsarem transtulit. Restabant autem immanissimi gentium Galli atque Germani, et quamvis toto orbe divisa, tamen qui vinceret habuit Britannia. Primus Galliæ motus ab Helvetiis cœpit, qui Rhodanum inter et Rhenum siti, non sufficientibus terris, venere sedes petitum

passaient dans ces retraites des nuits tranquilles et paisibles que n'interrompait aucune inquiétude. Tandis que sur la pourpre le chagrin nous tourmente et nous réveille par ses aiguillons douloureux, ils trouvaient un doux repos sur la terre quoique dure. De riches lambris n'étaient pas suspendus au-dessus de leur tête ; le ciel roulait au-dessus d'eux, et ils admiraient le spectacle magnifique des nuits. La nuit comme le jour, la perspective de ce palais brillant s'offrait à leurs regards ; ils se promenaient délicieusement au milieu des merveilles répandues autour d'eux. Mais vous, au milieu de vos portiques enrichis de peintures, vous tremblez d'être écrasés sous leurs ruines. Au moindre bruit, l'épouvante vous fait prendre la fuite. Ils n'avaient pas des maisons semblables à des villes ; mais ils respiraient un air libre et pur. Ils prenaient le frais à l'ombre d'un rocher ou d'un arbre. Ils avaient des fontaines limpides, des ruisseaux fugitifs que l'art n'avait point captivés dans des canaux, et qui coulaient librement à travers les prairies que la nature seule avait embellies. Une cabane simple et rustique était leur demeure. Cette retraite convenait aux enfants de la nature ; ils pouvaient l'habiter sans la craindre et sans craindre pour elle, tandis que nos édifices sont aujourd'hui un des plus grands objets de nos frayeurs.

VERSION X.

César, vainqueur des Suisses, des Gaulois et des Germains.

L'Asie ayant été subjuguée par les armes de Pompée, les autres conquêtes qui restaient à faire en Europe, la fortune les réserva à César. Il restait encore à dompter les Gaulois et les Germains, les plus barbares de tous les peuples ; et quoique séparée de tout le monde, la Bretagne néanmoins trouva un vainqueur. Le premier mouvement de la Gaule commença par les Suisses, qui, situés entre le Rhône et le Rhin, et leur territoire se trouvant trop petit, vinrent demander de nouvelles

incensis mœnibus suis; hoc sacramentum fuit, ne redirent. Sed petito tempore ad deliberandum, quum inter moras Cæsar, Rhodani ponte rescisso, abstulisset fugam, statim bellicosissimam gentem sic in sedes suas, quasi greges in stabula pastor, deduxit. Prima pugna contra Germanos, justissimis ex causis ; Ædui enim de incursionibus eorum querebantur. Quæ Ariovisti superbia ! Quum legati dicerent : « Veni ad Cæsarem ; — Quis est iste Cæsar? qui, si vult, veniat, inquit : et quid ad illum, quid agat nostra Germania? num ego me interpono Romanis? »

VERSIO XI.

Natura pauperibus parens.

Nihil suave quo non prius egueris; peregrinam et hospitam voluptatem esse oportet; nam si nobiscum habitat assidue, fallit sensus ejus, et ipsa consuetudine obsolescit. In ipso naturæ sinu, quæ primum homines excepit, paupertas conquievit; sed, relicta natura, divites ad artis lenocinium transfugere. Quanto autem arte quæ naturam simulat ipsa natura fecundior, tanto plura divitibus detracta sunt oblectamenta, quam accessere. Quam multa divites ignorant, quæ jucunda sunt ! Sitim scilicet famemque sedare, sole frigus hibernum, æstivum calorem umbra depellere, somno indulgere, quum præcessit labor. Redit jucundior veris amœnitas hiemem expertis; plus arridet cœli stellantis spectaculum illis qui nullum lacunar habent : ad aures

demeures après avoir brûlé leurs murailles et leurs retranchements. Ce fut là le serment qu'ils n'y reviendraient pas. César ayant demandé du temps pour délibérer, et pendant ce délai, ayant rompu le pont du Rhône, et ôté par là le moyen de fuir, ramena dans ses habitations ce peuple belliqueux, comme un berger fait rentrer ses troupeaux dans la bergerie. Quant au premier combat de César contre les Germains, il eut des causes très-légitimes ; car les Éduens se plaignaient de leurs incursions. Quelle fut la noble fierté d'Arioviste, lorsque des ambassadeurs lui disant : « Venez trouver César. — Eh ! quel est donc ce César ? dit-il ; qu'il vienne s'il veut ; et que lui importe ce qui se passe en Germanie ! Est-ce que je me mêle des affaires des Romains ? »

VERSION XI.

La nature est la mère des pauvres.

Point de plaisir si la privation n'en a d'abord fait sentir le prix : il faut que le plaisir soit étranger, et de passage, pour ainsi dire ; car s'il se fixe chez nous, nous en perdons le sentiment, et l'habitude même en émousse la jouissance. La pauvreté résidait dans la nature, le premier berceau des hommes. Mais, abandonnant la nature, la richesse eut recours à l'art pour se former des plaisirs. Autant l'art cède en richesses à la nature qu'il s'efforce d'imiter, autant le nombre des jouissances enlevées aux riches est supérieur au nombre des plaisirs qu'ils se sont procurés. Que de plaisirs inconnus aux riches ! Savent-ils apaiser leur faim ? étancher leur soif ? se garantir des froids de l'hiver aux rayons du soleil ? trouver dans la fraîcheur de l'ombre, un abri aux feux de l'été ? et assaisonner le sommeil par l'exercice ? Le printemps, à son retour, a bien plus de charmes pour celui qui a souffert les frimas. Le ciel, parsemé d'étoiles, offre un spectacle bien plus ravissant pour celui qui n'habite pas des lambris dorés. Les oreilles

musicæ inexpertas suavior accedit concentus volucrum, rivorum zephyrique murmur; olent suavius flores naribus, quum nulla unguenta hebetarunt; herba mollior corpori plumæ lenioris ignaro. Natura denique pauperibus quasi filiolis suis abunde largitur obvias parabilesque divitias, quas divitibus invidet. Igitur ut copia fastidii comes est, sic inopia solertissima commendatrix atque etiam artifex voluptatum.

VERSIO XII.

In rebus prosperis hominum animus obdurescit.

Id vulgo fit ut quantum accedit fortunæ, tantum virtuti decedat. Homines ad aliquod evectos fastigium quasi ex composito deserunt æquitas, sapientia, moderatio, humanitas, quorum in locum subeunt error, superbia, ferocitas. Prout fortunæ donis amplificatur vel cordatissimus quisque, tanta tamque repentina morum ac studiorum fit immutatio, ut sensum communem et fortunam simul convenire non posse propemodum credas. Atqui quum Deus immortalis ratione nihil præstantius homini dederit, necesse est ut quanto magis in aliquem est benevolus, tanto in eum crudelius animadvertere videatur. Hoc habent secundæ res, ut, qui illis utitur, sui fiat prorsus immemor, et quæcumque ad vitam recte sapienterque instituendam pertinent, illorum omnino obliviscatur. In rebus prosperis vertigine quadam corripitur animus, et ad omnem humanitatis sensum obdurescit; atque illos quidem futiles terrarum

qui ne connaissent pas la musique, sont frappées bien plus agréablement par les concerts des oiseaux et les murmures des ruisseaux et des zéphyrs. Les fleurs ont un parfum bien plus piquant pour l'odorat, que les essences n'ont point émoussé. L'herbe est plus tendre à celui qui n'a pas senti la mollesse du duvet. Enfin, la nature prodigue aux pauvres comme à ses enfants chéris, et sème, pour ainsi dire, sous leurs pieds, des biens qu'elle paraît envier aux riches. Et si l'abondance est la sœur du dégoût, le besoin est le conseiller et comme l'artisan du plaisir.

VERSION XII.

Le cœur de l'homme s'endurcit dans la prospérité.

Il arrive ordinairement qu'on perd du côté de la vertu, ce que l'on gagne du côté de la fortune. L'équité, la sagesse, la modération, l'humanité nous abandonnent comme de concert dans l'élévation, et l'injustice, l'égarement, l'orgueil, la dureté leur succèdent. A mesure que l'homme même le plus sensé s'agrandit, il se fait, dans ses mœurs et dans ses inclinations, une métamorphose si grande et si soudaine, qu'on serait tenté de croire que le bon sens et la fortune sont incompatibles. Or, puisque la raison est le don le plus précieux que l'homme ait reçu de l'Éternel, par une suite nécessaire, les richesses semblent être le plus terrible châtiment qui puisse lui être infligé. Tel est l'effet de la prospérité, que celui qui en jouit s'oublie entièrement lui-même, et perd de vue tout principe de conduite sensée. Dans la prospérité, l'esprit est saisi d'une espèce de vertige; le cœur se ferme à tout sentiment d'huma-

deos, quantumlibet ambitiosis nominibus reptabunda decoret adulatio, vel infra vulgus hominum abjiciendos reor.

VERSIO XIII.

Cinna conjuratos hortatur ut rempublicam defendant.

Fortunata demum, o amici, dies illuxit, qua de libertate nostra statuendum nobis est. Romanos hodie sensus induite : audite repetitas patriæ inter vincula gemiscentis querelas : audite indignantes tot heroum umbras, quos impia manus e superis iniqua proditione sustulit. Funestum caput succidite, monstrum illud romani sanguinis avidum opprimite. Roma ab Augusto jam pæne oppressa cum libertate resurgat. Oblatam vobis occasionem arripite : cras Jovi immolaturus Capitolium Octavius ascendet; ascendat immolandus.

VERSIO XIV.

Cæsaris et Catonis indoles diversa.

Romæ, ingenti virtute, at diversis moribus fuere eodem tempore viri duo, Cato et Cæsar. His genus, ætas, eloquentia prope æqualia fuere : magnitudo animi par, item gloria, quam uterque non eadem via fuerat adeptus. Cæsar beneficiis clarus factus, integritate vitæ Cato; in altero miseris perfugium,

nité, et ces prétendues divinités de la terre, malgré les titres pompeux dont les décore une basse adulation, doivent être mis, selon moi, au-dessous même du vulgaire.

VERSION XIII.

Cinna exhorte les conjurés à venger la république.

Chers amis, nous touchons enfin à ce jour fortuné où il s'agit d'assurer la liberté de Rome. Que ce jour glorieux vous inspire donc des sentiments dignes d'une âme romaine. Écoutez les plaintes et les soupirs de la patrie qui gémit dans les fers; écoutez les ombres plaintives de tant de héros, tristes victimes des trahisons perfides d'un tyran jaloux. Faites tomber sous vos coups cette tête impie, la honte et le fléau de la république. Exterminez ce monstre avide du sang romain. Que Rome, sur le point de perdre sa liberté, en doive la conservation à vos généreux efforts. Saisissez l'occasion qui se présente : Auguste doit demain monter au Capitole pour faire un sacrifice à Jupiter : que le tyran lui-même serve de victime.

VERSION XIV.

Caractère opposé de César et de Caton.

On vit à Rome, dans le même temps, deux personnages d'un grand mérite, mais de mœurs bien différentes, Caton et César. Ils étaient tous deux presque égaux en naissance, en âge et en éloquence. Ils avaient la même grandeur d'âme, la même gloire ; mais ils l'avaient acquise par des moyens bien différents. César s'illustra par sa générosité, Caton par la pureté de sa vie. L'un était le refuge du malheureux, l'autre le fléau du mé-

in altero malis pernicies. Illius facilitas, hujus constantia laudabatur. Cæsar negotiis amicorum intentus, sua negligebat; nihil denegans quod dono dignum esset. Sibi maxima imperia, exercitus bellaque perquirebat, ubi virtute enitere posset. Cato non divitiis cum divite, sed cum strenuo virtute, pudore cum modesto certabat. Esse quam videri bonus malebat; ita quo minus gloriam petebat, eo magis assequebatur.

VERSIO XV.

Ad Cæsarem, ut ab inferendo patriæ bello animum revocet, oratio.

Quod novum incessit animo consilium, Cæsar? quid sibi volunt ære nitentes catenæ? quid mixta furore trepidatio? quid armorum fulgor barbarus? in quas orbis terrarum plagas procella ista quam præparas detonabit? cui portas clades et funera? quæ tua mens? quid cupis? Heu! video quo te præceps animus vertit! Romam petis, et ferrum in ejus vibras viscera quæ genuit, quæ te aluit. Poteris, Cæsar, eam urbem subigere pro qua hactenus pugnasti? rempublicam perdere quam servasti? Ultor eris Gallorum quorum modo victor? tu Syllæ revocabis tempora, qui bellicosa Scipionum facinora genuisti? Cerne Rubiconem; quod patet, tantum distat a scelere. Verba canunt frustra, omnis impatiens viæ es. Ea in parricidio laus est, ea voluptas. Jam cognato sanguine pascis oculos; jam patriæ jacentis spectaculo frueris. Crudelis! quid autem illa meruit tan-

chant. On vantait la facilité de l'un, et la fermeté de l'autre. César s'occupait des affaires de ses amis, et négligeait les siennes, ne refusant rien de ce qui pouvait se donner. Il recherchait les plus hautes dignités, le commandement des armées, la direction des guerres, afin d'y signaler son courage. Caton ne cherchait point à rivaliser en opulence avec les plus riches, mais il le disputait en courage aux plus braves, et en vertu aux plus vertueux. Il aimait mieux être homme de bien que de le paraître; aussi, moins il ambitionnait la gloire, plus il en acquérait.

VERSION XV.

Discours adressé à César pour le détourner du projet de déclarer la guerre à sa patrie.

Quel est, César, ton nouveau projet? Que veulent dire ces chaînes d'airain? Pourquoi cette précipitation mêlée de fureur? Pourquoi ces armes dont l'éclat annonce la barbarie? En quelle partie de la terre va éclater cette tempête dont tu la menaces? Où portes-tu la défaite et la mort? Que veux-tu? que désires-tu? Ah! je vois bien où t'emporte ton projet inconsidéré! tu vas à Rome, et tu veux enfoncer le fer dans le sein de celle qui t'a engendré, qui t'a nourri. Tu pourras, César, vaincre cette ville pour laquelle tu as combattu? Tu pourras perdre cette république que tu as conservée? Tu seras le vengeur de ces mêmes Gaulois dont tu viens d'être le vainqueur? Après nous avoir montré les hauts faits des Scipions, tu rappelleras les temps affreux de Sylla. Vois le Rubicon : sa largeur seule te sépare du crime. Mais c'est en vain que nous te parlons, tu brûles de franchir cet espace : tu fais consister ta gloire et ton plaisir dans le parricide; tu repais tes yeux du sang de tes proches; tu jouis déjà du spectacle de ta patrie renversée. Cruel! quel crime a-t-elle donc commis envers toi, et comment a-t-elle mérité son sort? Rome, dis-tu, est pour moi une marâtre, et non une

tum, aut quid in te peccavit? Roma, inquis, tibi noverca, non mater, nullam habet absentis rationem, et debitos honores denegat: falleris, Cæsar, non recusat illa consulatum, si quo decet more modoque petas; loricato negat, offert candidato: non in castris quærit consules, in campo eligit. Exue imperatorem, indue civem, te consulem Roma nuncupabit.

VERSIO XVI.

Litteris mores hominum mitescunt.

Fingite animo civitates duas, quarum altera liberalibus artibus ornetur, altera careat : vel si malitis, veteres Gallos nondum litteris expolitos, cum hisce temporibus comparate. Quanta apud illos barbaries in sermone, inhumanitas in cultu, in moribus asperitas! nobis vero quantus in sermone nitor, quanta in moribus lenitas, quantus in facie decor! Illi, ceteris populis jam tum formidandi, impetu magis quam consilio bella administrabant. Nos fortitudini consilium adjecimus. Illi simplices et aperti non nihil scythicæ feritatis, unde dicuntur orti, redolebant. Nos eumdem candorem retinuimus, in feritatis locum omnes urbanitates adscivimus. Denique apud illos vix rudia et inchoata vidisses civilium virtutum lineamenta, quæ apud nos expressa et absoluta reperiuntur. Hæc autem commoda unde tandem apud nos profluxisse putatis, nisi ex litterarum usu, quæ homines a fera agrestique vita ad humanum elegantemque cultum deduxerunt.

2.

mère : elle n'a eu aucun égard pour un absent; elle lui a refusé les honneurs qui lui étaient dus. Tu te trompes, César, elle ne te refusera pas le consulat, si tu le demandes dans les formes voulues par la loi. Ce qu'elle refuse au guerrier en armes, elle l'accorde au paisible candidat. Rome ne va point chercher ses consuls dans le camp, elle les choisit dans le champ de Mars. Quitte les marques de ton commandement, prends celles de citoyen, et Rome te nommera consul.

VERSION XVI.

Les lettres adoucissent les mœurs.

Supposez deux peuples : chez l'un on voit fleurir les beaux-arts, tandis que l'autre est entièrement privé de cet avantage ; ou, si vous aimez mieux, comparez les anciens Gaulois que les lettres n'avaient pas encore civilisés avec les Français d'aujourd'hui. Chez eux quelle barbarie dans le langage, quelle grossièreté dans les vêtements, quelle rudesse dans les mœurs! Chez nous, au contraire, quelle pureté dans le langage, quelle douceur dans les mœurs, quelle élégance dans l'attitude! Déjà la terreur des peuples voisins, ils consultaient plus dans la guerre la fougue du courage, que le calme de la prudence. Nous, nous avons allié la prudence au courage. Pleins de franchise et de simplicité, ils conservèrent néanmoins quelque chose du naturel des Scythes, dont on les fait descendre. Nous avons hérité de leur franchise, et leur humeur sauvage a fait place à la politesse la plus exquise. Chez eux, à peine aurait-on vu une ébauche grossière des vertus civiles, tandis qu'on en voit chez nous la plus parfaite image. Ces avantages, où croyez-vous que nous aurions pu les puiser, si ce n'est au commerce des lettres, qui a civilisé et poli les hommes, de sauvages et grossiers qu'ils étaient.

VERSIO XVII.

Humanæ virtutes cum arboribus et flosculis collatæ.

Varias hominum virtutes velut in imagine depictas in arboribus et flosculis adumbrare voluisse natura videtur. Flosculos enimvero contemplemur. Illos verno tempore nox una quasi parturit; splendidissimos mane colores explicant; totidem astra dixeris, oculorum in delectationem et hortorum gratiam repente surgentia. Accedentibus ad eos, propiusque intuentibus crescit admiratio, nec ulla fit contemplandi satietas. Nocte adventante, macescunt languidi, prono capite feruntur ad terram, omnino dissimiles sui; cum occidente die quo nati sunt, splendor omnis eorum pariter occidit. Quid jam quercum vel excelsissimam esse putas, quum primum erumpit e terra? stirps quædam humilis et infirmior, pedibusque prætereuntium conculcata : quæ postquam incrementis invaluit, vix quidem moratur oculos. Eadem quum induta frondibus magis adolevit, necdum spectaculo est. Non nisi post seriem annorum longissimam, nemoribus erit ornamento, jacentemque sub hospitio capitis viatorem somno pariter et umbra recreabit. Hæc est virtutum humanarum effigies : sunt enim ejusmodi quæ, quum primum emicant, statim in se obvertunt omnium oculos, et admirationem provocant, sic prorsus ut vel ipsam quandoque spectantium invitent invidiam. At splendor ille cito deflorescit, nec raro factum est, ut vix quidquam occurrat laudabile, in quo

VERSION XVII.

Comparaison des vertus humaines avec les arbres et les fleurs.

On dirait que la nature a voulu, sur les arbres et les fleurs, peindre le tableau des diverses vertus humaines. Jetons les yeux sur les fleurs. Au printemps, une seule nuit semble les enfanter; elles déploient le matin les plus vives couleurs : n'est-ce pas autant d'astres apparaissant tout à coup pour le plaisir des yeux et la parure des jardins? Approchons-nous, considérons-les de plus près : notre admiration s'accroît; nous ne pouvons nous rassasier de les contempler. La nuit arrive-t-elle, vous les voyez languissantes, se flétrir et courber vers la terre leur tête appesantie : les voilà toutes différentes d'elles-mêmes. Le jour qui les a vues naître voit en même temps, sur son déclin, tomber tout leur éclat. Qu'est le chêne le plus haut, lorsqu'il commence à sortir de la terre? Humble et faible plante, il est foulé aux pieds du premier passant. Dès qu'il a pris quelque accroissement, il arrête à peine les regards. Malgré le feuillage qui couvre l'arbrisseau déjà fort, on ne daigne pas encore y jeter les yeux. Ce n'est qu'après une longue suite d'années qu'il sera l'ornement des forêts, et qu'à l'ombre de son feuillage hospitalier le voyageur fatigué goûtera les douceurs du sommeil. Telle est l'image fidèle des vertus humaines. Il en est qui, dès leur première apparition, attirent tous les regards et excitent une si vive admiration, qu'elles appellent quelquefois l'envie de ceux même qui en sont les témoins. Mais cet éclat se flétrit bientôt, et souvent cet homme, dont toutes les qualités paraissent admirables, n'offre plus

prius non nihil admiratione dignum esse videbatur. Sunt e contra virtutes, quæ quum tacite sensimque, ut ita dicam, herbescant, nihil splendoris habent, imo nec olim habituræ existimantur. Altas interea radices agunt, fruticant, ac roborantur in dies ; tum demum ita maturescunt, ut admirationem non dicam obtineant a volentibus, sed ab invitis extorqueant.

VERSIO XVIII.

De ira.

Quidam e sapientibus viris iram dixerunt brevem insaniam. Æque enim impotens sui est, decoris oblita, necessitudinum immemor, in quod cœpit pertinax et intenta, rationi consiliisque præclusa, vanis agitata causis, ad dispectum æqui verique inhabilis, ruinis simillima, quæ super id quod oppressere, franguntur. Ut autem scias non esse sanos, quos ira possedit, ipsum illorum habitum intuere. Nam ut furentium certa indicia sunt, audax et minax vultus, tristis frons, torva facies, citatus gradus, inquietæ manus, color versus, crebra et vehementius acta suspiria : ita irascentium eadem signa sunt. Flagrant et micant oculi, multus ore toto rubor, exæstuante ab imis præcordiis sanguine; labia quatiuntur, dentes comprimuntur, horrent ac subriguntur capilli, spiritus coactus ac stridens, articulorum seipsos torquentium sonus, gemitus mugitusque, et parum explanatis vocibus sermo præruptus, et complosæ sæpius manus, et pulsata humus pedibus, et totum concitum corpus, magnasque

rien qu'on puisse louer. Au contraire, il est des vertus qui, croissant, pour ainsi dire, insensiblement et en silence, n'ont aucun éclat et semblent même ne devoir jamais en avoir. Cependant elles poussent de profondes racines, s'étendent et se fortifient de jour en jour : enfin elles atteignent une maturité telle qu'elles n'obtiennent pas seulement l'admiration, mais qu'elles l'arrachent.

VERSION XVIII.

De la colère.

Quelques sages appellent la colère une folie passagère. En effet, elle ne se possède pas plus que la folie ; elle oublie, comme elle, toute décence, et même les liens du sang ; uniquement acharnée sur son objet, elle n'écoute ni raison ni conseils ; elle s'emporte pour les moindres causes : incapable de discerner le juste et le vrai, elle ressemble à ces ruines qui se brisent sur ce qu'elles écrasent. Pour être convaincu que l'homme dominé par la colère a perdu la raison, examinez son extérieur. Un air audacieux et menaçant, un front nébuleux, des regards farouches, une démarche précipitée, des mains toujours en mouvement, un teint altéré, des soupirs fréquents et poussés avec effort, telles sont les marques de la folie. L'homme colère offre les mêmes symptômes ; ses yeux sont enflammés, étincelants ; son visage est rougi par l'effervescence intérieure du sang ; ses lèvres sont tremblantes, ses dents se serrent, ses cheveux se dressent et se hérissent ; sa respiration gênée ne s'échappe que par des sifflements ; on entend craquer ses jointures, il gémit, il mugit ; ses paroles mal articulées, ses discours entrecoupés, ses mains qui se frappent, ses pieds qui trépignent, tout son corps

minas agens, fœda visu et horrenda facies depravantium se atque intumescentium.

VERSIO XIX.
Sequitur de ira.

Nescias utrum magis detestabilis sit ira, an deformis. Cetera licet abscondere, et in abdito alere : ira se profert, et in faciem exit : quantoque major est, hoc effervescit manifestius. Non vides, ut omnium animalium, simul ad nocendum insurrexerunt, procurrant notæ, ac tota corpora solitum quietumque egrediantur habitum, et feritatem suam exasperent? Spumant apris ora, dentes acuuntur attritu; taurorum cornua jactantur in vacuum, et arena pulsu pedum spargitur; leones fremunt; inflantur colla serpentibus; rabidorum canum tristis adspectus est. Nullum est animal tam horrendum tamque perniciosum natura, ut non appareat in illo, ubi ira invasit, nova feritatis accessio. Nec ignoro, ceteros quoque affectus vix occultari, libidinem metumque, et audaciam dare sui signa, et posse prænosci. Neque enim ulla vehementior intra agitatio est, quæ nihil moveat in vultu. Quid ergo interest? Ceteri affectus apparent, hic eminet.

VERSIO XX.
Humanitas heroem decet.

Jam nobis inchoatus est heros, jam eruditus est : sed nondum est perfectus, nec erit, nisi ad fortitu-

qui s'agite, ses menaces effrayantes, ses traits défigurés, son visage bouffi, quel affreux tableau! quel horrible spectacle!

VERSION XIX.

Suite de la colère.

Oui, j'ose le dire, la colère est encore plus difforme qu'elle n'est détestable. Les autres passions peuvent se cacher, se nourrir en secret; la colère se montre au dehors, elle se peint sur le visage : plus elle est exaltée, plus son effervescence se manifeste. Ne voyez-vous pas les marques extérieures que l'envie de nuire imprime sur les corps de tous les animaux; comme tous leurs membres sortent de leur assiette ordinaire, comme ils semblent redoubler leur férocité naturelle? Le groin du sanglier se remplit d'écume, il frotte ses défenses pour les aiguiser; le taureau frappe l'air de ses cornes, fait voler la poussière sous ses pieds; le lion semble frémir; le col de la vipère se gonfle; l'aspect seul du chien enragé fait horreur. En un mot, il n'y a pas d'animal si horrible et si cruel, qui, dans l'accès de la fureur, ne laisse voir un nouveau degré de férocité. Je n'ignore pas que les autres passions ne se cachent pas non plus sans peine; la luxure, la peur, la témérité ont des symptômes qui les font pressentir; il n'y a pas d'affection intérieure un peu vive, qui ne cause de l'altération sur le visage. Quelle est donc la différence? Les autres passions se montrent, la colère éclate.

VERSION XX.

L'humanité convient au héros.

Nous avons, pour m'exprimer ainsi, commencé et instruit le héros. Mais l'ouvrage n'est pas accompli et

dinem animi et belli scientiam ipsa quoque accedat morum humanitas. Absit enim longe a nobis heros rigidus, asper, intractabilis. Heroem quærimus, qui quum supra hominum vulgus emineat bellicis dotibus, demittat se ad reliquos homines commodis moribus, sitque hominum ut excellentissimus, ita humanissimus omnium. Hæc autem humanitas neque sponte sua nascitur in republica, propter innatam libertatis conscientiam, quæ arrogantiam ingenerat; neque ibi facile acquiritur propter austeram morum gravitatem, quæ sola ferme in libero populo auctoritatem conciliat : neque ibi tuto exercetur propter infestam ambitionis suspicionem, quæ hanc virtutem infamat, præsertim in viris bellica laude commendatis, qui si fiant populares, metus est ne velint dominari populis qui jam imperant exercitibus; neu fiat in civium animis progressus ab admiratione ad amorem, ab amore ad obsequium, ab obsequio ad servitutem. Hic certe timor incautum perdidit Miltiadem, quem innoxium plecti maluerunt Athenienses, quam diutius esse in metu propter singularem unius hominis humanitatem.

VERSIO XXI.

Æmulationis commoda.

Nullum est majus publicæ institutionis commodum, quam quod in animis puerorum æmulationem excitet et alat. Sublata æmulatione, friget bonarum artium et doctrinæ studium, torpent ingenia. et laborem tanquam onus importunum excutiunt. Ubi

ne saurait l'être, si, à la valeur et à la science des armes, on ne joint pour dernier trait l'humanité. Car loin de nous un héros dur, sauvage et intraitable. Nous voulons un héros qui, en s'élevant au-dessus des autres hommes par des qualités héroïques, sache se rapprocher d'eux par des mœurs douces et commodes, et paraître à leurs yeux le plus humain aussi bien que le plus grand des hommes. Or, ce n'est guère du sein des républiques qu'on voit éclore cette humanité. Le sentiment naturel de liberté inspire trop d'orgueil ; moins aisément encore peut-on l'acquérir dans les États libres. L'austérité des mœurs est presque la seule chose qui donne de l'autorité aux citoyens. Il est peu sûr enfin d'oser y faire usage de cette qualité, à cause des ombrages qu'elle fait naître particulièrement à l'égard des guerriers distingués. Deviennent-ils populaires ? les voilà suspects. On craint qu'ils ne veuillent usurper sur le peuple l'empire qu'on leur donne à regret sur les armées, et que les citoyens passant par degrés de l'admiration à l'amour, et de l'amour à l'obéissance, ne viennent à changer l'obéissance en esclavage. Odieuse crainte, qui coûta la vie au malheureux Miltiade, dont Athènes aima mieux se délivrer en perdant un citoyen innocent, que d'avoir à redouter plus longtemps sa rare humanité.

VERSION XXI.

Avantages de l'émulation.

Le plus grand bien de l'instruction publique est d'exciter et d'entretenir l'émulation dans le cœur des jeunes gens. Sans l'émulation, l'amour des sciences et des lettres se refroidit, l'esprit languit et cherche à se débarrasser du travail, comme d'un poids incom-

vero adest virtuti parata laus, nec licet ignaro turpitudinis notam effugere. tum studiis concertantibus, inter se concurrunt, et in ipso conflictu ignescunt animi ; tum in voluptatem convertitur labor ipse iis concitatus stimulis, qui etiam in pungendo delectant. Tum non modo quisque aut ad superandos pares, aut ad superiores æquandos incenditur, sed illi etiam qui ceteris antecellunt secum decertant, et se ipsos vincere nituntur.

VERSIO XXII.

Artemisia Mausoli conjux.

Nupserat Mausolo cui regnum opulentissimum erat Artemisia. Una erat utrique mens et unus animus; quodcunque volebat uxor nunquam respuebat conjux. Nulla fuit inter eos contentio amoris, et quo rarior est inter conjuges concordia, eo placebat magis. Verum, heu ! sæpe in terris quo quis felicior est, eo miserior efficitur. Occidit Mausolus simul, et Artemisia pæne occidit. Illum mors straverat, hanc amor telis graviter vulnerat : luget ademptum conjugem; palatium resonat questibus; lacrimis madet Artemisiæ vultus ; ut par esset damno dolor, fuit sine modo; crescit in dies dolor ille, iterat has voces querulas infelix uxor : « Te sequar, o conjux; dulce erit mihi tecum mori, ut fuit vivere tecum dulce. » Protinus Artemisia jubet ingens exstrui sepulcrum ; ornantur Mausoli manes ; splendida secantur marmora ; surgunt al-

mode. Mais lorsque la gloire est la récompense de la vertu, et que l'ignorance ne peut éviter la honte, l'émulation s'empare des jeunes gens, ils combattent, et dans ce combat les esprits s'enflamment. C'est alors que le travail, armé de cet aiguillon dont la piqûre même fait plaisir, n'est plus une peine pour eux. Chacun cherche alors, non-seulement à surpasser ses égaux, et à égaler ses supérieurs; mais encore ceux qui ont vaincu les autres, font de nouveaux efforts pour se surpasser eux-mêmes.

VERSION XXII.

Artémise, épouse de Mausole.

Artémise avait épousé Mausole, qui possédait un des plus riches royaumes de l'univers. L'époux et l'épouse vivaient si bien ensemble, qu'ils semblaient n'avoir qu'un même esprit et une même volonté. Ce que voulait celui-ci, celle-là le voulait aussi; en tout, ils se cédaient l'un à l'autre. Ils s'efforçaient seulement de se surpasser en amour. Ils goûtaient d'autant mieux la douceur de leur union, qu'elle a coutume d'être plus rare entre des personnes que l'hymen a jointes ensemble. Mais souvent sur la terre notre félicité devient pour nous une source de malheur. Mausole meurt et Artémise est près de succomber. La mort avait mis le premier au tombeau, l'amour frappe la seconde d'une blessure incurable. Elle pleure l'époux qu'elle a perdu; son palais retentit de ses cris lugubres, un torrent de larmes coule de son visage, enfin comme rien n'égalait sa perte, rien n'égalait la douleur dont elle était pénétrée : on l'entendit répéter ces tristes paroles entrecoupées de sanglots : « Oui, mon cher époux, je veux vous suivre dans l'empire des morts; mon seul plaisir était de vivre avec vous; mourir avec vous, c'est l'unique consolation qui me reste. » Cependant Artémise fait élever un superbe mausolée en l'honneur des mânes

tissimæ pyramides. Continet dulces conjugis reliquias vas immensi doloris argumentum. Artemisia urnam accipit et osculatur : « Felix, inquit, urna quæ nostros amores includis; non vos relinquam, dilecti cineres; amantis pectus erit conjugis amati tumulus; vivat conjux in conjuge. » Dixerat, et hausit cineres quos suis antea lacrimis rigaverat.

VERSIO XXIII.

De clementia.

Periculosum est, mihi crede, ostendere civitati, quanto plures sint mali. In senatu romano dicta est aliquando sententia, ut servos a liberis cultus distingueret : deinde apparuit quantum periculum immineret, si servi numerare cives romanos cœpissent. Idem scito metuendum esse, si nulli ignoscitur; cito apparebit pars civitatis tanto gravior quanto deterior. Non minus principi turpia sunt multa supplicia quam medico multa funera. Remissius imperanti melius paretur. Natura contumax est humanus animus, et in contrarium atque arduum luctatur, sequiturque facilius quam ducitur; et ut generosi atque nobiles equi melius facili freno reguntur, ita clementiam voluntaria innocentia impetu suo sequitur, et dignam putat civitas quam servet sibi : plus itaque hac via proficitur. Crudelitas malum est humanitati infestum, indignumque miti animo.

de son cher époux. Déjà la main de l'ouvrier est employée à tailler le marbre, déjà on voit s'élever de magnifiques pyramides; on renferme dans une urne les cendres de Mausole; Artémise la prend et l'embrasse : « Urne précieuse, s'écrie-t-elle, vous renfermez ce que j'ai de plus cher; illustres restes de mon époux, je ne vous abandonnerai jamais ; mon cœur sera votre tombeau, vous y vivrez après votre mort. » Elle dit, et elle but aussitôt les cendres qu'elle avait arrosées de ses larmes.

VERSION XXIII.

De la clémence.

Il est dangereux, croyez-moi, de montrer à un État que les méchants l'emportent en nombre. On décida un jour dans le sénat romain de distinguer par l'habillement les esclaves des gens libres ; on vit bientôt de quel danger on serait menacé, si les esclaves venaient à connaître le nombre des citoyens romains. Sachez que le même péril est à craindre, si l'on ne pardonne à personne ; on ne tardera pas à s'apercevoir que la partie corrompue de l'État est bien supérieure à l'autre. La multiplicité des supplices déshonore autant un prince, que celle des morts un médecin. Plus l'autorité est douce, plus la soumission est facile. L'esprit humain, naturellement récalcitrant, lutte contre les obstacles et les difficultés, et se laisse plutôt aller que conduire. De même que les coursiers fiers et généreux obéissent plus volontiers à un frein qui est doux; ainsi l'innocence de son propre mouvement suit la clémence ; et un État croit qu'il ne peut mieux faire que d'en user. C'est donc une mesure plus avantageuse. La cruauté est un fléau de l'humanité et indigne d'un esprit doux.

VERSIO XXIV.

In festum sanctorum omnium.

Adeste gentes, populi, mortales omnes concurrite, vel potius ubicunque terrarum sitis, erigite oculos, et videte illam prope infinitam sanctorum multitudinem, quæ ante solium Dei feliciter congregata est. Reges superbi, agnoscite quos olim dominatu impotentissimo vexastis. Tyranni immisericordes, intuemini quos omni suppliciorum genere cruciatos enecastis. Amatores voluptatum, adspicite quos olim, etiam illudentes, oppressos vidistis. Quid tamen cogitatis? floruistis equidem in terra, et principatum aliquandiu obtinuistis; aliquas forsan regiones rapido victoriarum cursu peragrastis; audierunt facta vestra populi, et tremuerunt. At hæc tamen gloria quam caduca fuit! iisdem scilicet terminis, quibus vita vestra, definita est. Non vobis quidem defuit solennis pompæ funebris splendor; delatum est cadaver solenni apparatu, sed lugubri; secutus est longus sed tristis comitatus, simulacra eriguntur, appenduntur stemmata, imagines proponuntur. Huc ergo recidit gloria vestra! sic ad tumulum perit omnis triumphorum magnificentia! ex tanta amplitudine tam levis umbra superest! Ah insani! dum meditamur grandia, sæpe captamus inania.

VERSION XXIV.

Sur la fête de tous les saints.

Peuples, nations, mortels, accourez tous ; ou plutôt en quelque pays que vous soyez, levez les yeux, et contemplez cette multitude de saints qui environnent le trône de l'Éternel. Orgueilleux monarques, reconnaissez ces infortunées victimes sur qui vous avez exercé un empire tyrannique. Tyrans inhumains, voyez ces généreux martyrs que votre cruauté a fait expirer au milieu des tourments. Voluptueux, jetez un coup d'œil sur ces misérables à qui vous insultiez dans la misère : quels sont maintenant vos sentiments ? que pensez-vous de leur sort ? Vous avez, il est vrai, brillé sur la terre, vous y avez même régné en maîtres impérieux, vous avez parcouru en vainqueurs des royaumes entiers ; les peuples ont tremblé au seul bruit de votre nom ; mais que cette gloire a été courte et passagère ! Son terme a été celui de vos jours. On vous a rendu après la mort tous les honneurs possibles ; votre corps a été porté au tombeau avec pompe et magnificence, mais d'une manière lugubre. Un nombreux mais triste cortége a accompagné vos funérailles ; on a ensuite dressé des statues en votre honneur ; on vous a érigé des trophées, on a gravé sur votre tombeau des inscriptions. Mais quoi ? voilà donc les tristes débris de votre grandeur ! Est-ce ainsi que toute la magnificence de vos triomphes, que tout l'éclat des honneurs que vous possédiez ont disparu avec vous ; il n'en reste donc plus qu'une ombre légère ! Insensés que nous sommes ! Nous poursuivons la grandeur et souvent nous ne rencontrons que le néant.

VERSIO XXV.

De Fusci et Papirii eloquentia.

Quum mente repeterem quos unquam bene dicentes audissem, occurrit mihi inter alios Papirius philosophus, qui adolescens admodum, tantæ opinionis in declamando, quantæ postea in disputando fuit. Exercebatur apud Fuscum : cujus genus dicendi imitatus, plus deinde laboris impendit, ut similitudinem ejus effugeret, quam impenderat, ut exprimeret. Erat explicatio Fusci splendida quidem, sed operosa et implicita; cultus nimis exquisitus; compositio verborum mollior, quam ut illam tam sanctis fortibusque præceptis præparans se animus pati posset. Summa inæqualitas orationis, quæ modo exilis erat, modo nimia licentia vaga et effusa; principia, argumenta, narrationes aridæ dicebantur. Nihil acre, nihil solidum, nihil horridum. Splendida oratio et magis luxurians quam læta. Ab hac cito se Papirius separavit, et luxuriam quidem, quum voluit, objecit; obscuritatem non potuit evadere. Hæc illum usque in philosophiam prosecuta est. Sæpe minus quam audienti satis est, eloquitur; et in summa ejus ac simplicissima facultate dicendi, antiquorum tamen vitiorum remanent vestigia. Quædam tam subito desinunt, ut non brevia sint, sed abrupta. Deerat Papirio oratorium robur, et ille pugnatorius mucro : splendor vero, velut voluntarius, non elaboratæ orationi aderat. Vultus dicentis lenis, et pro tranquillitate morum remissus; vocis nulla contentio, nulla

VERSION XXV.

Sur l'éloquence de Fuscus et de Papirius.

En repassant dans ma mémoire les orateurs habiles que j'avais entendus, je me rappelai surtout le philosophe Papirius. Jeune encore, il était aussi estimé comme orateur, que, dans la suite, il le fut comme dialecticien. Fuscus lui donnait des leçons. Papirius, après avoir imité la manière de son maître, fit par la suite autant d'efforts pour effacer cette ressemblance, qu'il en avait fait pour la saisir. L'élocutiou de Fuscus était brillante, il est vrai, mais laborieuse et embarrassée. La recherche de son expression et la mollesse de ses tours convenaient peu à un esprit qui se préparait aux saints et mâles préceptes de la philosophie. L'inégalité faisait le caractère de son style qui était tantôt maigre, tantôt vague et diffus jusqu'à l'excès. On reprochait de la sécheresse à ses exordes, à ses preuves et à ses narrations. Rien de vif, rien de solide, rien de sévère. Son style était brillant et avait plus d'abondance que d'agrément. Papirius abandonna bientôt un tel modèle. Tant qu'il le voulut, il déploya, il est vrai un grand luxe de style; mais il ne put éviter l'obscurité; et cette obscurité le suivit jusque dans ses discussions philosophiques. Souvent il n'adresse à ses auditeurs que des demi-mots; et malgré l'élégante simplicité de son éloquence, on y remarque encore l'empreinte de son premier défaut. Quelques-unes de ses périodes se terminent si soudainement, qu'elles ne sont pas concises, mais brusquées. Papirius manquait d'énergie oratoire et de ce glaive qu'emploie l'athlète du barreau : mais son style, où ne se faisait sentir aucune espèce de travail, brillait d'un éclat pour ainsi dire spontané. Lorsqu'il parlait, ses traits avaient de la douceur et du calme, grâce au caractère

corporis agitatio, quum verba velut injussa fluerent. Nunquam inopia verbi substitit, sed velocissimo cursu ac facillimo, omnes res beata circumfluebat oratio.

VERSIO XXVI.

Clementia regum proprium est.

Si dii placabiles et æqui delicta potentium non statim fulminibus persequuntur, quanto æquius est hominem hominibus præpositum miti animo exercere imperium, et cogitare quanto mundi status gratior oculis pulchriorque sit sereno et puro die, quam quum fragoribus crebris omnia quatiuntur et ignes hinc atque illinc micant. Atqui non alia facies est quieti moderatique imperii, quam sereni cœli nitentis. Crudele regnum turbidum tenebrisque obscurum est inter trementes et ad repentinum sonitum expavescentes, nec eo quidem qui omnia turbat inconcusso. Cui ultio in facili est, ex clementia certam laudem mansuetudinis consequitur. Humili loco positis exserere manum, litigare, in rixam procurrere, ac morem iræ suæ gerere liberum est : leves inter paria ictus sunt : regis vociferatio quoque verborumque intemperantia non ex majestate est.

VERSIO XXVII.

De Xaverii ad Japones sacra missione.

Heros, qui divites Indiæ terras peragrasti victor pauper, extremos ergo Japones petis? Tua tibi vir-

paisible de l'orateur; jamais il n'élevait le ton, jamais il ne faisait de gestes; ses paroles semblaient couler d'elles-mêmes : jamais il ne fut pris au dépourvu, et son éloquence, dans sa course facile et rapide, embrassait tous les objets.

VERSION XXVI.

La clémence est la vertu des rois.

Si les dieux se laissent fléchir et sont trop équitables pour punir sur-le-champ par la foudre les crimes des grands, combien est-il plus juste qu'un homme préposé à la conduite des autres hommes, exerce son empire avec douceur, et songe si le spectacle du monde n'est pas plus beau et plus agréable aux yeux quand le ciel est pur et serein, qu'au milieu des fréquents éclats de tonnerre qui ébranlent l'univers, et des feux qui s'élancent des nues de tous côtés? Or, l'aspect d'un empire tranquille et gouverné avec douceur est le même que celui d'un ciel serein et brillant. Dans un gouvernement tyrannique on voit régner le trouble, les ténèbres, l'obscurité, l'épouvante qui consterne les sujets au moindre bruit, tandis que celui même qui fait tout trembler n'est pas à l'abri des secousses. Celui qui peut se venger facilement et qui s'en abstient, est sûr d'être estimé par sa clémence. Dans les conditions inférieures, les voies de fait, les querelles, les disputes, les emportements de la colère sont plus permis; car entre égaux, les coups sont peu dangereux; mais dans un roi, les emportements dans les paroles, les expressions peu mesurées sont indignes de la majesté de son rang.

VERSION XXVII.

Sur le départ de saint Xavier au Japon.

Illustre héros qui, pauvre, avez parcouru en conquérant les riches contrées des Indes, voulez-vous encore

tus destinat sulcata nondum æquora. Gentibus barbaris romanas imponis leges, et in tanto opere conficiendo tibi pretium est mori. Alium modo invisis orbem Europæ arctioris impatiens. Animo ingenti latinæ urbes non sufficiunt, barbarum quæris solum, nec te decurrentem abigunt torrentis zonæ æstus fervidi, nec frigidi Boreæ glacies et durata nivibus terra, ipsum audes Neptuni imperium navibus invisum aggredi, nec te pelagi trucis terrent pericula. Sed putasne tandem, Xaveri, fore scilicet, ut barbaræ nationes humanitatis omnis expertes te admittant, audiant, deponant patrios ritus et Christi jugum accipiant? Sperasne fore ut homines qui suis solum cupiditatibus inservire didicerunt; qui vitia etiam religiose foverunt, sanctiorem vitam profiteantur? Siccine tibi cognita populorum natura et indoles? quid si arma in te convertant? quid si aut insidiis, aut aperta vi opprimant? Sed vana loquor ; omnia prævidisti, heros inclyte, certus quid velis facere et pati.

VERSIO XXVIII.

Homines immortalitatis cupidissimi.

Homines omni ope atque opera eniti videmus ut apud posteros maneat nominis sui memoria. Hinc illa parentum erga liberos bene moratos pietas, ut in alteris veluti semet ipsis aliquando reviviscant. Inde tumulorum ac monumentorum cura diligens a vivis

porter vos conquêtes jusqu'aux extrémités du Japon? Votre courage vous fait affronter des mers où personne n'a encore navigué. Vous soumettez à la foi de l'Église romaine les nations barbares, et pour toute récompense de vos travaux vous ne désirez que la mort. Vous allez chercher un autre monde; l'Europe entière ne saurait vous contenir. Les villes d'Italie ne suffisent pas à vos généreux projets. Une terre barbare est maintenant l'objet de vos vœux. Les chaleurs de la zone torride, les glaces du septentrion, la terre couverte de neige, rien ne peut vous arrêter dans votre course. Vous osez vous exposer sur l'empire de Neptune, si fatal aux vaisseaux, sans être effrayé des dangers que l'on court sur ce perfide élément. Mais pouvez-vous, grand saint, vous flatter que les peuples barbares qui n'ont aucun sentiment d'humanité, vous reçoivent, vous écoutent, et abandonnent la religion de leurs pères pour se ranger sous la bannière de J. C.? Espérez-vous que des hommes dont la religion autorise les vices, et qui n'ont appris qu'à satisfaire leurs passions, changent de mœurs et de conduite? Est-ce ainsi que vous connaissez le génie et le caractère de ces peuples? Peut-être même prendront-ils les armes contre vous! peut-être voudront-ils vous perdre soit en vous attaquant à force ouverte, soit par embûches ou par des artifices! Mais quoi, mes remontrances sont inutiles! vous avez tout prévu et vos travaux et vos souffrances.

VERSION XXVIII.

Les hommes desirent l'immortalité.

Les hommes font tous leurs efforts pour transmettre leurs noms à la postérité. De là la tendresse des pères pour les enfants bien nés, afin de revivre un jour en eux comme en d'autres eux-mêmes. De là ce soin attentif que prennent les vivants d'élever des tombeaux et d'autres monuments aux morts, pour qu'ils se sur-

suscipi solita, ut mortui qua fas est sibimet supersint. Hinc illa splendidior regalium funerum pompa, fasces, galeæ, coronæ, aliaque id genus superbiæ summæ insignia in ipso mortis gremio viventia, quum ne gloria mortuorum eodem sepulcro consepulta jaceat, tum ut partem sui aliquam, si minus omnia, sævienti fato subripiant. Hinc illi demum tot ac tanti plerorumque labores ut famam posteritati suam commendent, et tenebris nomen saltem subducant, quibus ipsi subduci non potuerunt.

VERSIO XXIX.

De Marco Aurelio imperatore.

Imperator Marcus Aurelius filias procreavit complures, mares autem duos, quorum alter natu minor, adolescentulus admodum fato est functus; alterum vero, Commodum nomine, magna diligentia curaque educavit, accersitis undique viris doctrina claris, maximaque proposita mercede, uti mores pro se quisque filii ingeniumque excolerent. Filias porro, quum adolevissent, optimis ex ordine senatorio viris collocavit; neque enim qui longam generis seriem præferrent, aut qui opes nimias ostentarent, sed qui morum probitate atque modestia vitæque innocentia præcellerent, eos sibi generos deligendos putabat; hæc enim sola animi bona certa esse stabiliaque ducebat. Virtutem nullam non magnopere exercuit: adeo litterarum studiosus, ut nemini fuerit in eo genere Græcorum Romanorumque secundus. Argu-

vivent à eux-mêmes autant qu'il est possible. De là cet éclat qui accompagne la pompe funèbre des rois, ces faisceaux, ces casques, ces couronnes, et toutes sortes de marques de l'orgueil des hommes qui vivent au sein même de la mort, non-seulement pour que la gloire des morts ne soit pas ensevelie dans le même tombeau, mais encore pour soustraire à la rigueur du sort, sinon eux tout entiers, du moins une partie de leur être. De là ces travaux si importants et si nombreux pour transmettre son nom à la postérité, et se dérober aux ténèbres auxquelles ils n'ont pu eux-mêmes se soustraire.

VERSION XXIX.

De l'empereur Marc-Aurèle.

L'empereur Marc-Aurèle eut plusieurs filles, et deux fils dont le plus jeune mourut à la fleur de l'âge. Il donna tous ses soins et toute son attention à faire élever l'autre nommé Commode; ayant fait venir de toutes parts les hommes les plus instruits, auxquels il donna de magnifiques récompenses, pour que chacun, selon son talent, formât l'esprit et le cœur de son fils. Pour ses filles, dès qu'elles furent nubiles, il les maria aux plus vertueux d'entre les sénateurs, ne croyant pas devoir prendre pour gendres ceux qui se prévalaient d'une longue suite d'aïeux, ou qui faisaient ostentation de leurs immenses richesses, mais ceux qui se distinguaient par la pureté et l'honnêteté de leurs mœurs, ainsi que par l'intégrité de leur vie; les seuls biens qu'il regardât comme certains et durables. Il n'est pas de vertu qu'il ne pratiquât au plus haut degré. Il était si passionné pour les belles-lettres, qu'il ne le cédait en cette partie à aucun des Grecs et des Romains,

mento sunt permulta quæ ab illo dicta atque conscripta ad nos usque pervenerunt. Adeo vero civilem sese omnibus principem præstabat, ut adeuntium cuivis dexteram placide daret, neminemque a suis custodibus prohiberi aditu pateretur : solus imperatorum sapientiæ studium non verbis aut decretorum scientia, sed gravitate morum vitæque continentia usurpavit. Quo factum est ut permultos sapientes viros ætas illius extulerit; solent enim plerumque homines vitam principis æmulari. Quæcunque ab illo modeste atque fortiter domi forisque sunt gesta, qualemque porro se adversus barbaras nationes septentrioni subjectas solique orienti gesserit, ea sunt multorum doctissimorumque hominum comprehensa monumentis.

VERSIO XXX.

Oratio civis romani ad Caligulam.

Cujus terræ, cujus populi calamitas cum nostra conferri potest? Hactenus tyrannos habuimus, sed te omnium maximum nobis cœlum iratum dedit. Quid ego referam vacuatas civibus civitates, impletas fugitivis nobilibus solitudines? quid perfunctorum honoribus summis virorum bona publicata? Vidimus consulares insignibus spoliatos; vidimus senes prius fortunis quam vita cassos; vidimus flendam securitatem infantium sub ipso sectore ludentium : interim miseri vetamur nos pro miseris gemere : imo etiam cogimur prius mentiri nos beatos ac hilares, dum secreto de nostris

comme le prouvent plusieurs de ses maximes et de ses écrits qui sont parvenus jusqu'à nous. Affable envers tout le monde, il tendait amicalement la main à tous ceux qui l'abordaient, et ne voulait pas que ses gardes écartassent qui que ce fût de sa personne. De tous les empereurs, seul il a mérité le nom de sage, non par des discours et des maximes scientifiques, mais par des mœurs austères et une vie réglée. Aussi son siècle produisit-il beaucoup de philosophes; car d'ordinaire la plupart des hommes se modèlent sur leurs souverains. Ses actes de sagesse et de courage tant au dedans qu'au dehors, ses exploits contre les peuples barbares du nord et de l'orient, se trouvent consignés dans les écrits d'un grand nombre de savants.

VERSION XXX.

Discours d'un citoyen romain à Caligula.

Est-il sur la terre un peuple dont les malheurs soient comparables aux nôtres? Rome a eu jusqu'ici des tyrans pour maîtres; mais le ciel irrité n'avait point encore placé sur nos têtes un tyran aussi barbare que vous; car, sans parler ici de ces villes dépeuplées, de ces déserts remplis de nobles fugitifs, de ces magistrats les plus distingués dont vous avez fait confisquer les biens, nous avons vu des consuls dépouillés de toutes les marques de leur dignité; des vieillards respectables perdre la vie après avoir perdu leurs biens; nous avons vu la déplorable sécurité d'une multitude d'enfants qui jouaient sous la main de leurs bourreaux; et pour comble d'infortune, on veut que nous dissimulions nos disgrâces. Que dis-je? on nous oblige même de paraître heureux et contents, tandis qu'en

malis conquerimur. In publicum procedimus vultu conditioni nostræ non conveniente ; nam si lugeo fratrem enecatum, statim reponis, crudelis imperator : « Num habes filium? gratulare tibi quod tu et ipse vivatis. » Ita fleri non licet amissa metu reliquorum. Est aliquod calamitatis delinimentum, dare lacrimas malis, et pectus laxare suspiriis; nulla vero major est pœna quam esse miserum, nec videri !

VERSIO XXXI.

Errorem fateri sapientis est.

In errorem nonnunquam nos incidere nihil mirum videtur, errare si quidem humanum est. Illud autem mente vix percipitur quosdam esse qui ita sibi placeant, ut errare a se alienum existiment. Cum amicis sæpe quorum familiaritate maxime utebantur, ideo simultates suscipiunt, quod de suis erroribus eos illi benigne moneant. Nihil tamen vulgare magis est, quam viros spectatæ quidem probitatis in errorem nonnunquam lapsos videre. Videas qui præconcepta opinione, partem aliquam suscipiant, cujus autem semel susceptæ nonnunquam pertinaciter tenaces sunt. Frustra quid peccaverint illos monueris; nulla re a proposito possunt dimoveri; errasse videri dedecus sibi ducunt. Quidquid eis dixeris, audiunt quidem, nihil autem ad illud attendunt. Ab hoc vitio summa cura præcaveas, nec unquam ea sit tua agendi ratio quæ vituperationi obnoxium te possit efficere. Tunc enim pertinax

secret nous gémissons de nos malheurs! Nous paraissons en public avec un visage que dément la rigueur de notre triste situation; car si je donne quelques larmes à la mémoire d'un frère que vous avez fait mourir, vous me répondez aussitôt, empereur inhumain : « N'as-tu pas un fils? réjouis-toi donc de vivre encore avec lui. » Ainsi, la crainte de perdre ce qui nous reste nous empêche de pleurer ce que nous avons perdu. Cependant la seule consolation des malheureux est de pouvoir déplorer leurs malheurs, et de soulager leur cœur par des soupirs : être malheureux sans oser le paraître, quel supplice! quel tourment!

VERSION XXXI.

Le sage doit convenir de ses erreurs.

Il n'est pas étonnant que nous tombions quelquefois dans l'erreur; car il est naturel à l'homme de se tromper. Mais on a de la peine à concevoir qu'il se trouve des hommes qui aient une opinion si avantageuse d'eux-mêmes, pour croire qu'ils sont incapables de se tromper. On les voit souvent se brouiller avec leurs meilleurs amis, parce que ceux-ci ont la bonté de les avertir de leurs égarements. Rien cependant n'est plus commun que de voir des personnes d'une probité reconnue, donner dans l'erreur. On en voit qui, par prévention, prennent un parti auquel ils s'attachent avec opiniâtreté, dès qu'ils l'ont embrassé. On a beau leur représenter en quoi ils se trompent, rien ne peut les ramener; ils regardent comme un déshonneur de paraître s'être trompé. Tout ce qu'on leur dit, ils n'y font aucune attention. Gardez-vous de ce défaut avec le plus grand soin, et que votre conduite ne puisse jamais vous exposer à aucun reproche; sans quoi votre entêtement vous ferait accuser, avec raison, d'orgueil,

merito arguereris, et superbe, aut saltem temere egisse. Ante judicium quodlibet, illius momenta mature ponderanda sunt; si vero, lata sententia, te errasse monearis, fateri errorem nunquam te pudeat; omnium benevolentiam tua bona fide assequeris, nedum hujusmodi agendi ratio te contemptui objiciat.

VERSIO XXXII.

De cicada.

O ter quaterque felix
Cicada, quæ supremis
In arborum viretis,
Roris paulum ut bibisti,
Cantare dulce gaudes!
Reginam agens potentem,
Quodcunque conspicaris,
Tuum est, quod arva gignunt,
Quod silva cunque profert.
Te amplectitur colonus,
Quod ejus in labores
Injuriosa non sis.
Colent, cicada, te omnes,
Præsaga quod puteris
Æstatis imminentis.
Te diligunt Camœnæ,
Te diligitque Phœbus,
Vocemque dat canoram.
Te non senecta carpit,
Festiva terræ alumna,

ou du moins de témérité. Avant de porter un jugement quelconque, il faut en examiner mûrement tous les motifs. Mais si, après l'avoir porté, on vous avertit que vous vous êtes trompé, n'ayez jamais honte de convenir de votre erreur. Au contraire, votre franchise vous gagnera tous les cœurs, loin qu'une telle conduite vous expose au mépris.

VERSION XXXII.

La cigale.

Mille fois heureuse, ô cigale! qui, sur le haut des arbustes verdoyants, t'abreuvant du suc de la rosée, te plais à faire entendre les doux accents de ta voix! Telle qu'une souveraine puissante, tout ce que tu vois, les fruits des campagnes, les productions des forêts, tout cela est ton domaine. Le laboureur t'affectionne, parce que tu ne nuis pas à ses travaux. Tout le monde t'aime, ô cigale, parce qu'on te regarde comme l'avant-courrière de l'été. Les Muses te chérissent, ainsi qu'Apollon qui te donne une voix harmonieuse. Tu n'es pas affligée par la triste vieillesse : fille enjouée de la

Cantus amica, et omnis
Mali et doloris expers,
Ulla nec aucta carne,
Nec aucta sanguine ullo,
Ipsis abes parum a diis.

VERSIO XXXIII.

De Hunnorum moribus.

Hunnorum gens, monumentis veteribus Parum nota, ultra paludes Mæoticas Glacialem oceanum accolens, omnem modum feritatis excedit; compactis omnes firmisque membris, et opimis cervicibus; prodigiosi adspectu, deformes, pandi, ut bipedes existimes bestias, vel quales in marginandis pontibus crassi stipites dolantur incompte. In hominum autem figura, licet insuavi, ita feri et asperi sunt, ut neque igni, neque saporatis indigeant cibis, sed radicibus herbarum agrestium et semi cruda cujusvis pecoris carne vescantur. Ædificiis nullis unquam tecti; neque apud eos vel arundine fastigiatum reperiri tugurium potest; sed vagi, montes peragrantes et silvas, pruinas, famem sitimque perferre ab incunabulis assuescunt. Peraegre tecta subeunt, nec nisi adigente necessitate maxima. Indumentis operiutur linteis, vel ex pellibus silvestrium murium consarcinatis : nec tunica collo inserta ante deponitur, aut mutatur, quam diuturna carie in pannulos defluxerit. Galeis incurvis capita tegunt; hirsuta crura coriis muniunt

terre, amie des chants, être exempt de mal et de douleur, qui ne te nourris ni de chair ni de sang, tu diffères peu des dieux.

VERSION XXXIII.

Mœurs des Huns.

La nation des Huns, peu connue par les monuments anciens, habite, au delà des Palus-Méotides, les bords de l'océan Glacial ; rien n'égale la sauvage rudesse de ses mœurs. Tous ont les membres ramassés et robustes, le cou épais. A leur aspect monstrueux et difforme, à leur taille voûtée, on les prendrait pour des animaux bipèdes ou pour ces pièces de bois grossièrement travaillées, qui sont destinées à border les ponts. Ils n'en ont pas moins la figure humaine, quoique repoussante ; mais ils sont si barbares et si féroces qu'ils ne mangent jamais de mets cuits ou assaisonnés : les racines de quelques herbes sauvages, la chair demi-crue des animaux, voilà leur nourriture habituelle. Aucun édifice ne leur sert d'abri ; on ne pourrait même trouver au milieu d'eux un toit couvert de roseaux : errants à travers les montagnes et les forêts, ils s'accoutument dès le berceau à supporter les frimas, la faim et la soif. Ce n'est qu'avec peine, et à moins que la nécessité ne les y force, qu'ils entrent sous un toit. Des tissus de lin ou des peaux de rats sauvages cousues ensemble leur servent de vêtements ; et ils ne quittent ou ne changent une tunique que quand, usée par le temps, elle tombe en lambeaux. Un casque recourbé défend leur tête, leurs jambes velues sont protégées par des peaux de

3.

hædinis, eorumque calcei formulis nullis aptati, vetant incedere gressibus liberis. Qua causa ad pedestres parum accommodati sunt pugnas; verum equis prope affixi, duris quidem et deformibus, et muliebriter iisdem nonnunquam insidentes, funguntur muneribus consuetis.

VERSIO XXXIV.

De peregrinationibus.

Quid prodest mare trajicere et urbes mutare? Si velis ista quibus urgeris effugere, non alibi sis oportet, sed alius. Animum debes mutare, non cœlum. Licet vastum trajeceris mare; licet, ut ait Virgilius, terræ urbesque recedant, sequentur te, quocunque perveneris, vitia. Premit te eadem causa quæ expulit. Quid terrarum juvare novitas potest? quid cognitio locorum? In irritum ista cedit jactatio. Quæris quare te fuga ista non adjuverit? tecum fugis. Onus animi prius deponendum est. Quod si liqueret tibi, non admirareris. Nihil adjuvabit te locorum varietas, in quos subinde cum tædio priorum migras, et ipsa inconstantia mentis te lacessit, teque mobiliorem facit ista cursitatio. Quid prodest nosse quomodo Mæander, poetarum omnium exercitatio et ludus, crebris implicetur anfractibus, et antequam in alveum suum influat, flectatur? Num ille meliorem te faciet et sanctiorem?

bouc. Leur chaussure, sans aucune forme régulière, nuit à la facilité de leur marche, et les rend peu propres aux combats à pied. Cependant, pour ainsi dire cloués sur leurs chevaux, difformes il est vrai, mais infatigables et qu'ils montent quelquefois à la manière des femmes, ils se livrent à leurs occupations accoutumées.

VERSION XXXIV.

Sur les voyages.

A quoi vous sert de traverser les mers, et d'aller de ville en ville? Voulez-vous vous soustraire aux maux qui vous tourmentent? soyez autre, et non pas autre part. C'est de caractère et non de climat qu'il faut changer. En vain vous parcourez de vastes mers; en vain, selon l'expression de Virgile, la terre et les villes semblent fuir devant vous, vos vices vous suivent partout où vous abordez. La même cause qui vous a chassé d'un lieu vous poursuit dans un autre. Quel soulagement peut vous procurer le changement de pays et la reconnaissance des lieux? Cette agitation est en pure perte. La fuite, dites-vous, ne vous est d'aucun avantage : c'est que vous fuyez avec vous-même. Commencez par déposer le fardeau dont votre âme est accablée. Si vous en étiez persuadé, votre étonnement cesserait. La variété des lieux où vous promène successivement l'ennui des premiers, ne vous est d'aucun secours : vous êtes victime de votre inconstance, et toutes ces courses ne font qu'augmenter votre légèreté. Que vous sert de connaître par quels détours le Méandre, sur lequel les poëtes se sont plu à exercer leurs muses, se replie en mille détours, et comment il se détourne encore avant de rentrer dans son lit? en serez-vous meilleur et plus pur ?

VERSIO XXXV.

Cæsar victor de Germanis.

Itaque tantus gentis novæ in castris terror, ut testamenta passim in principiis scriberentur. Sed illa immania corpora quo erant majora, eo magis gladiis ferroque patuerunt. Quis calor in prœliando militum fuerit, nulla re magis exprimi potest quam quod elatis super caput scutis, quum sese veluti testudine barbarus tegeret, super ipsa Romani scuta salirent, et inde in jugulos gladiis secandos descenderent. Cæsar ultro Mosellam navali ponte transgreditur, ipsumque Rhenum : et Hercyniis hostem quærit in silvis; sed in saltus et paludes genus omne diffugerat : tantum pavoris incussit intra ripam subito romana vis. Omnibus terra marique captis, Cæsar respexit Oceanum : et quasi hic Romanis orbis non sufficeret, alterum cogitavit. Classe igitur comparata, Britanniam transit mira celeritate : quippe qui tertia vigilia quum solvisset a Morino portu, ante meridiem insulam ingressus est.

VERSIO XXXVI.

Laus philosophiæ.

Errare mihi videntur, qui existimant philosophiæ fideliter deditos contumaces esse ac refractarios, et contemptores magistratuum ac regum, eorumve per quos publica administrantur. E contrario

VERSION XXXV.

César vainqueur des Germains.

Cette nouvelle nation causa donc un si grand effroi dans le camp, qu'on écrivait de tout côté son testament, même dans les tentes des premiers officiers. Mais ces hommes, d'une taille prodigieuse, plus ils étaient grands, plus ils étaient exposés à périr par le fer et par l'épée. On ne peut mieux exprimer quelle fut l'ardeur des soldats dans le combat, qu'en disant que les barbares faisant la tortue en se couvrant de leurs boucliers, les Romains sautaient dessus et leur enfonçaient leurs épées dans la gorge. César, de son propre mouvement, passe la Moselle sur un pont de bateaux, et le Rhin même : il va chercher l'ennemi dans la forêt Hercynienne. Mais toute cette nation s'était enfuie dans les bois et dans les marais, tant était grande la frayeur qu'avait inspirée tout à coup, en deçà du rivage, la force romaine. S'étant rendu maître de tout sur terre et sur mer, il tourna ses armes vers l'Océan, et comme si ce monde n'eût pas suffi aux Romains, il voulut en conquérir un autre. Il équipe donc une flotte, et passe en Angleterre avec une vitesse incroyable; car ayant levé l'ancre du port Morin à la troisième veille, il aborda dans cette île avant midi.

VERSION XXXVI.

Éloge de la philosophie.

C'est une erreur de croire que les amis dévoués de la philosophie sont par cela même d'un caractère rebelle et séditieux, et qu'ils méprisent l'autorité des rois, des magistrats et de ceux qui administrent les

enim nulli adversus illo gratiores sunt ; nec immerito. Nullis enim plus præstant, quam quibus frui tranquillo otio licet. Itaque hi, quibus ad propositum bene vivendi aditum confert securitas publica, necesse est auctorem hujus boni ut parentem colant, multo magis quam illi inquieti, et in medio positi, qui multa principibus debent, sed multa et imputant, quibus nunquam tam plene occurrere ulla liberalitas potest, ut cupiditates illorum quæ crescunt dum implentur, exsatiet. Quisquis autem de accipiendo cogitat, oblitus accepti est : nec ullum habet malum cupiditas majus, quam quod ingrata est. Adjice nunc, quod nemo corum qui in republica versantur, quos vincat, sed a quibus vincatur, adspicit ; et illis non tam jucundum est, multos post se videre, quam grave, aliquem ante se. Habet hoc vitium omnis ambitio, non respicit. Nec ambitio tantum instabilis est, verum cupiditas omnis, quia incipit semper a fine. At ille vir sincerus ac purus, qui reliquit et curiam, et forum, et omnem administrationem reipublicæ, ut ad ampliora secederet, diligit eos per quos hoc ei facere tuto licet, solusque illis gratuitum testimonium reddit, et magnam rem nescientibus debet. Verum alios quoque rex viribus suis protegit : quis negat ? Sed quemadmodum Neptuno plus debere se judicat, ex his qui eadem tranquillitate usi sunt qui plura et pretiosiora illo mari vexit, et animosius a mercatore, quam a vectore solvitur votum, et ex ipsis mercatoribus effusius gratus est, qui odores ac purpuras et auro pensanda portabat, quam qui vilissima quæque congesserat : sic hujus pacis beneficium ad

affaires publiques. Ils ne peuvent trouver au contraire plus de gratitude que chez le philosophe, et ce n'est pas sans raison ; car le philosophe n'a jamais tant d'obligation qu'à ceux qui lui assurent un tranquille repos. Ainsi cet homme, à qui la sécurité publique laisse les moyens de bien vivre, doit honorer comme un père l'auteur d'un tel bienfait, avec plus de raison sans doute que ces caractères inquiets qui vivent au milieu du tumulte des affaires. Ceux-là, il est vrai, doivent beaucoup au prince, mais aussi ils exigent beaucoup de lui ; et malgré les effets de sa libéralité, ils ne peuvent rassasier leurs désirs toujours renaissants, quoique satisfaits. Or celui qui songe à un bienfait futur, oublie le bienfait passé ; et le plus grand vice de la cupidité, c'est l'ingratitude. Ajoutez que tous les hommes d'État ne regardent pas ceux qu'ils ont vaincus, mais ceux qui peuvent les vaincre, et qu'ils trouvent moins de jouissance à voir ceux qu'ils ont devancés, que de déplaisir à se sentir devancés par un rival. C'est là le défaut de l'ambition ; elle ne regarde jamais derrière elle. Et l'ambition n'est pas le seul vice qui soit inconstant ; il en est de même de toute espèce de cupidité qui commence toujours par où l'on doit finir. Mais cet homme vertueux et pur qui a abandonné le sénat, le forum et toutes les charges publiques pour s'appliquer à de plus grandes occupations, aime ceux qui lui donnent les moyens de s'y livrer avec sécurité ; seul, il leur rend un témoignage désintéressé, et leur a une grande obligation sans qu'ils le sachent. Mais le roi protége ses autres sujets à l'ombre de sa puissance : qui le nie ? De même que parmi ceux qui ont fait une heureuse navigation, celui qui avait confié aux flots une riche cargaison, se croit plus redevable à Neptune ; de même que le marchand s'acquitte de son vœu avec plus d'ardeur que le simple passager ; de même que, parmi les marchands eux-mêmes, celui qui portait des parfums, des étoffes de pourpre et des objets que l'on paye au poids de l'or, témoigne au dieu des mers une reconnaissance plus expansive que le marchand chargé de marchandises à bas prix : ainsi le bienfait de la paix,

omnes pertinens, altius ad eos pervenit qui illa bene utuntur.

VERSIO XXXVII.

Tales simus sani quales futuros esse nos profitemur infirmi.

Nuper me cujusdam amici languor admonuit optimos esse nos, dum infirmi sumus. Quem enim infirmum aut avaritia, aut libido sollicitat? Non appetit honores, opes negligit, et quantulumcunque, ut relicturus, satis habet. Tunc deos, tunc hominem esse se meminit. Invidet nemini, neminem miratur, neminem despicit, ac ne sermonibus quidem malignis aut attendit, aut alitur. Balnea imaginatur et fontes. Mollem in posterum, et tranquillam, si contingat evadere, hoc est, innoxiam beatamque sibi proponit vitam. Possum ergo quod pluribus verbis, pluribus etiam voluminibus philosophi docere conantur, ipse breviter tibi mihique præcipere, ut tales esse sani perseveremus, quales nos futuros esse profitemur infirmi.

VERSIO XXXVIII.

Solitudo improbum pejorem facit.

Crates quum vidisset adolescentem secreto ambulantem, interrogavit quid solus faceret. « Mecum, inquit, loquor. » Cui Crates : « Cave, inquit, rogo, et diligenter attende, ne cum homine malo loquaris. »

qui atteint tous les citoyens, touche plus profondément ceux qui savent la mettre à profit.

VERSION XXXVII.

Soyons tels en santé que nous nous proposons d'être en maladie.

La maladie d'un de mes amis m'a fait penser dernièrement que nous sommes fort honnêtes gens lorsque nous sommes malades. En effet, quel est le malade que l'avarice ou toute autre passion honteuse tourmente? Il n'ambitionne pas les honneurs, il méprise les richesses, et quelque peu qu'il ait, il s'en contente, comme s'il allait tout quitter. C'est alors qu'il se souvient qu'il y a des dieux et qu'il est homme; il n'envie le sort de personne; il n'admire, ne méprise personne, il ne prête pas même l'oreille aux discours de la calomnie; loin de s'en repaître, il ne songe qu'à des bains et à des fontaines. Il fait vœu de mener une vie douce et tranquille, c'est-à-dire innocente et heureuse, s'il a le bonheur de recouvrer la santé. Je puis donc vous faire, à vous et à moi, une leçon dont les philosophes font de longs discours et plusieurs volumes : persévérons à être tels quand nous nous portons bien, que nous nous proposons de devenir quand nous sommes malades.

VERSION XXXVIII.

La solitude rend pire un homme méchant.

Cratès voyant un jeune homme se promener à l'écart, lui demanda ce qu'il faisait seul. « Je m'entretiens, dit-il, avec moi-même. — Prenez bien garde, reprit Cratès, faites-y bien attention, je vous prie, vous pourriez bien vous entretenir avec un méchant homme. » On

Lugentem timentemque custodire solemus, ne solitudine male utatur; nemo est ex imprudentibus qui relinqui sibi debeat. Tunc mala consilia agitant, tunc aut aliis aut ipsis futura pericula struunt. Tunc cupiditates improbas ordinant; tunc quidquid aut metu aut pudore celabat, animus exprimit; tunc audaciam acuit, libidinem irritat, iracundiam instigat. Denique quod unum solitudo habet commodum, nihil ulli committere, non timere indicem, perit stulto; ipse se prodit. Roga bonam mentem, bonam valetudinem animi, deinde corporis. Quidni tu ista vota sæpe facias? Audacter Deum roga, nil illum de alieno rogaturus. Tunc scito te esse omnibus cupiditatibus solutum, quum eo perveneris, ut nihil Deum roges, nisi quod rogare possis palam. Nunc enim, quanta dementia est hominum! turpissima vota Deo insusurrant; si quis admoverit aurem, conticescent; et quod scire hominem nolunt, Deo narrant. Vide ergo ne hoc præcipi salubriter possit : sic vive cum hominibus tanquam Deus videat; sic loquere cum Deo tanquam homines audiant.

VERSIO XXXIX.

Hyemis præconium.

Vos, o temerarii pictores, qui hiemem senili habitu infirmam iujuriosis tabellis adumbrare audetis, ultricem timete deam, cujus cœlum veneratur, cujus terra reformidat numen. Tyrannos omnes furore vincit : Alcide fortior, heroibus superior,

surveille les gens affligés et craintifs, de peur qu'ils n'abusent de la solitude. On ne doit pas abandonner à eux-mêmes les imprudents : c'est alors qu'ils méditent des desseins pervers, qu'ils trament leur propre ruine ou celle des autres, qu'ils concertent des projets criminels ; alors tout ce que la honte ou la crainte leur faisait cacher, leur âme le manifeste ; alors ils s'animent à l'audace, ils irritent leurs passions, ils aiguillonnent leur colère : enfin l'unique avantage de la solitude, de n'avoir ni confident ni témoin, est perdu pour l'insensé qui se trahit lui-même. Demandez un jugement droit, un esprit calme, et ensuite un corps sain. Pourquoi n'adresseriez-vous pas souvent ces vœux ? Faites hardiment cette demande à Dieu, n'en ayant pas d'autre à lui faire. Sachez qu'on est délivré des passions quand on est parvenu à ne demander à Dieu que ce qu'on peut lui demander hautement. Car, quelle est la folie des hommes de ce siècle, ils adressent tout bas à Dieu les vœux les plus honteux ; s'approche-t-on pour les écouter, ils se taisent, et ce qu'ils n'osent dire aux hommes ils le disent à Dieu. Tâchez donc de mettre à profit ce précepte salutaire, vivez avec les hommes comme si Dieu vous voyait, parlez à Dieu comme si les hommes vous entendaient.

VERSION XXXIX.

Éloge de l'hiver.

Peintres téméraires, dont l'injurieux pinceau nous représente l'hiver sous la forme d'un vieillard accablé sous le poids de ses années, et sujet à mille infirmités, craignez le ressentiment de ce dieu. Le ciel le révère, la terre ne le voit qu'en frémissant d'horreur ; sa fureur surpasse celle des plus cruels tyrans ; plus fort qu'un Alcide, supérieur à tous les héros, sa puissance est

sine modo imperat', ipsa fluviorum sistit cursus et undas gelidis coercet vinculis. Ipsa floridum opprimit naturæ decus ; ipsa flamine vel minimo terret mortales, et inter calidos penatum recessus deturbat. Ipsa saxosas dividit rupes : imperat Jovi ; tonantis iras comprimit, et tonitrua arcet nubibus. Ipsa siccat aquas, et imbrem in lapides mira mutatione convertit. Ipsa veris et autumni fructus porrigit, amabilis simul et benefica, risus reducit errantesque sistit Charites. Quid plura? vix regnare incipit dea illa præpotens, quum Mars ponit fulmen ; victores victrici in umbra requiescunt, et victi suas reparare ruinas student.

VERSIO XL.

De præstantia fabularum.

Multos olim tulit Græcia Romaque philosophos, vitiorum acerrimos insectatores hortatoresque virtutum. Quid illi tamen aut sibi ad famam, aut ceteris ad sapientiam honestatemque profuerunt? Siletur vulgo de discipulis, plerorumque magistrorum memoria sensim obscurata ad ultimum interiit, dum nulla ætas de ingeniosis illis fabulatoribus Æsopo et Phædro conticescet. Quis legum divinarum humanarumque scientia, civitatum moderandarum prudentia, celebratior Solone illo fuit, qui tanquam præsens deus aliquis Atheniensibus habebatur? Hunc nihilominus contempsit Crœsus veluti delirantem senem ; Æsopum vero nulla alia re quam

sans bornes, il sait arrêter le cours des fleuves les plus rapides, et enchaîner leurs eaux captives; il rend la nature stérile et moissonne ses dons les plus précieux. Les mortels tremblent en sa présence; d'un seul souffle, il les chasse jusque dans leurs foyers; il fend les plus dures pierres; il donne des lois à Jupiter même; il désarme sa colère, et son tonnerre cesse de gronder dans les airs. Ce dieu a encore un pouvoir absolu sur les éléments : il dessèche les lieux les plus humides; et, par une métamorphose admirable, il change la pluie en pierres. Cependant, quoique ce dieu soit bien terrible, ses faveurs le rendent quelquefois plus aimable; il nous fait goûter les fruits du printemps et de l'automne; il ramène les ris et les jeux, et fixe les Grâces vagabondes. Quoi de plus? A peine commence-t-il à exercer son empire, que Mars laisse reposer ses foudres, on voit pour lors le vainqueur goûter un noble repos à l'ombre de ses lauriers et les vaincus uniquement occupés à réparer leurs pertes.

VERSION XL.

De l'excellence des fables.

La Grèce et Rome produisirent autrefois un grand nombre de philosophes qui étaient les ennemis déclarés du vice, et qui exhortaient à la vertu. Cependant qu'ont-ils fait pour s'acquérir de la réputation ou pour rendre les autres plus sages ou plus honnêtes! On ne parle guère de leurs disciples, et la mémoire de la plupart des maîtres, affaiblie peu à peu, a fini par se perdre entièrement; tandis qu'on ne cessera jamais de parler de ces ingénieux fabulistes Ésope et Phèdre. Qui fut jamais plus versé dans la connaissance des lois divines et humaines, et plus habile dans l'art de gouverner les États, que l'illustre Solon que les Athéniens regardaient comme un dieu tutélaire? Cependant Crésus le méprisa comme un vieillard en délire, tandis qu'il accueillit avec la plus grande politesse Ésope, qui n'était

apologis insignem omni humanitate, benevolentia, honore complexus, consiliorum suorum voluit esse participem.

VERSIO XLI.

Sequitur victoria Cæsaris de Germanis.

Plena erant tumultu hostico littora, et trepidantia ad conspectum rei novæ carpenta volitabant. Itaque trepidatio pro victoria fuit. Arma et obsides Cæsar accepit a trepidis ; et ulterius iisset, nisi improbam classem naufragio castigasset Oceanus. Reversus igitur in Galliam, classe majore, auctisque admodum copiis, in eumdem rursus Oceanum, eosdemque rursus Britannos, caledonias secutus in silvas, unum quoque e regibus cavelanis in vincula dedit. Sed maxima omnium conjuratio fuit Gallorum; quum omnes populos contraxit ille corpore, armis, spirituque terribilis, nomine etiam quasi ad terrorem composito, Vercingetorix; ille festis diebus et comitialibus, quum frequentissimos in lucis haberet, ferocibus dictis ad jus pristinum libertatis erexit. Circa Gergoviam Arvernorum tota belli moles fuit : quippe quum octoginta millia muro, et arce, et saxis abruptis se defenderent : maximam civitatem, vallo, sudibus et fossa, inductoque fossæ flumine, ad hoc decem et octo castellis, ingentique lorica circumdatam primum fame domuit, mox audentem eruptiones, in vallo, gladiis, sudibusque concidit : novissime in deditionem redegit. Ipse ille rex maximum victoriæ decus, supplex quum in castra

connu que par ses fables, le combla de biens et d'honneurs, et lui donna toute sa confiance.

VERSION XLI.

Suite de la victoire de César sur les Germains.

Les rivages furent remplis d'ennemis qui étaient en tumulte, et les chariots y volaient en désordre à la vue de cette nouveauté. Ainsi leur émotion tint lieu de victoire. César reçut les armes et les otages de ces peuples saisis de frayeur, et il fût allé plus avant si l'Océan n'eût châtié par un naufrage la témérité de sa flotte. Étant donc retourné dans la Gaule, il repassa une seconde fois le même Océan avec une flotte plus considérable et des troupes plus nombreuses; il poursuivit de nouveau les mêmes Bretons, jusque dans les forêts calédoniennes, et fit même prisonnier un des rois cavélaniens. Mais le plus grand et le dernier de tous les soulèvements fut celui des Gaulois, qui avaient à leur tête un homme terrible par sa stature, ses armes et sa fierté, dont le nom même semble fait pour inspirer de la terreur, Vercingétorix. Cet homme haranguait les Gaulois les jours de fête, dans les bois sacrés où ils étaient réunis en grand nombre, leur adressait des discours pleins de fierté, et les animait à recouvrer leur liberté. Aux environs de Gergovie, cité des Arvernes, il fut décidé du sort de la guerre. En effet, quoique quatre-vingt mille hommes la défendissent à la faveur des murs, de la citadelle et des rochers escarpés, il dompta d'abord par la faim cette grande ville, en l'entourant de pieux, de palissades, d'un fossé où il fit couler la rivière; en outre, de dix-huit petits forts, ce qui formait une très-grande circonvallation. Il repoussa les assiégés qui avaient tenté des sorties, en fit un grand carnage sur le rempart, et les força enfin à se rendre. Ce fameux roi lui-même, le plus grand ornement de cette victoire, étant venu dans le camp en qualité de suppliant, jeta ses ornements

venisset, tum et phaleras et sua arma ante Cæsaris genua projecit. « Habes, inquit, fortem virum, vir fortissime : vicisti. »

VERSIO XLII.

Consolatio ad Helviam.

Sæpe jam, mater optima, impetum cepi consolandi te, sæpe continui. Ut auderem, multa me impellebant. Primum, videbar depositurus omnia incommoda, quum lacrimas tuas, etiam si supprimere non potuissem, interim certe abstersissem. Deinde, plus habiturum me auctoritatis non dubitabam ad excitandam te, si prior ipse consurrexissem. Præterea timebam ne a me non victa fortuna aliquem meorum vinceret. Itaque utcunque conabar, manu super plagam meam imposita, ad obliganda vulnera vestra reptare. Hoc propositum meum, erant rursus quæ retardarent. Dolori tuo, dum recens sæviret, sciebam occurrendum non esse, ne illum ipsa solatia irritarent et accenderent. Nam in morbis quoque nihil est perniciosius, quam immatura medicina. Exspectabam itaque dum ipse vires suas frangeret, et ad sustinenda remedia mora mitigatus, tangi se ac tractari pateretur. Præterea, quum omnia clarissimorum ingeniorum monumenta ad compescendos moderandosque luctus composita evolverem, non inveniebam exemplum ejus qui consolatus suos esset, quum ipse ab illis comploraretur. Ita, in re nova hæsitabam, verebarque ne hæc non consolatio, sed exulceratio esset. Quid quod

militaires et ses armes aux pieds de César. « O le plus brave des guerriers, lui dit-il, vous voyez devant vous un homme qui ne manque pas de valeur : vous avez vaincu. »

VERSION XLII.

Consolation à Helvia.

Plus d'une fois, ô ma mère! j'ai eu le dessein de vous consoler; plus d'une fois j'ai réprimé ce mouvement. Plusieurs motifs m'inspiraient la hardiesse de vous écrire; d'abord, j'espérais soulager tous mes chagrins, en essuyant au moins vos larmes, si je ne pouvais en arrêter le cours; ensuite je me flattais d'avoir plus d'ascendant sur votre douleur, après m'être relevé le premier : de plus, je craignais que la fortune ne triomphât aisément des miens, si je ne parvenais moi-même à la surmonter; je m'efforçais donc de me traîner la main appuyée sur ma plaie, pour panser de mon mieux les vôtres. Mais cette résolution était combattue par d'autres raisons : je savais qu'il ne faut pas brusquer les premiers accès de la douleur; qu'en cet état les consolations mêmes ne font que l'aigrir et l'enflammer; que pareillement dans les maladies du corps, rien de plus dangereux que des remèdes violents : j'attendais donc que votre chagrin usât lui-même ses propres forces, que le temps l'adoucît et le rendît assez traitable pour supporter la main du médecin. D'ailleurs en parcourant les monuments que nous ont laissés les génies les plus célèbres, pour modérer la douleur, je n'y trouvais pas l'exemple d'un homme qui eût consolé ses proches, dans le temps même où il était l'objet de leurs larmes. La nouveauté de cette situation me tenait en suspens; je craignais de ranimer votre blessure, au lieu de la guérir. Ajoutez qu'il fallait des expressions neuves, et

novis verbis, nec ex vulgari et quotidiana sumptis allocutione opus erat homini ad consolandos suos ex ipso rogo caput allevanti. Omnis autem magnitudo doloris modum excedentis necesse est delectum verborum eripiat, quum sæpe vocem quoque ipsam intercludat. Utcunque connitar : non fiducia ingenii, sed quia possum instar efficacissimæ consolationis esse, consolator. Cui nihil negares, huic hoc utique te non esse negaturam (licet omnis mœror contumax sit) spero, ut desiderio tuo velis a me modum statui.

VERSIO XLIII.

Mors Tiberii Gracchi.

Primam certaminum facem Tiberius Gracchus accendit. Genere, forma, eloquentia facile princeps, rem ausus ingentem. Postquam rogationis dies aderat, ingenti stipatus agmine rostra conscendit; hinc illi aderat turba immensa, inde nobilitas et tribuni qui illius partes sequebantur. Sed ubi intercedentem legibus suis Cnæum Octavium videt Gracchus, contra fas collegii, jus potestatis, injecta manu depulit rostris : adeoque præsenti metu mortis exterruit, ut abdicare se magistratu cogeretur. Sic triumviratus creatus dividendis agris. Quum ad perpetranda cœpta, die comitiorum, prorogari sibi vellet imperium, obvia nobilium manu, eorumque, quos agris moverat, cædes e foro cœpit. Inde quum in Capitolium profugisset, plebemque ad defensionem salutis suæ, manu caput tangens hortaretur, præbuit

non de ces lieux communs de consolation, tels qu'on en emploie tous les jours, à un homme qui, du milieu de son propre bûcher, lève la tête pour consoler les siens : mais l'excès de la douleur interdit le choix des mots, puisque souvent il étouffe la voix même; néanmoins je m'efforcerai de vous consoler, non par une confiance aveugle dans mes talents ; mais parce que je puis être pour vous le consolateur le plus efficace. Quoique la douleur soit naturellement obstinée, j'espère que vous ne refuserez pas à un fils auquel vous n'avez jamais rien refusé, la grâce de mettre un terme à vos regrets.

VERSION XLIII.

Mort de Tibérius Gracchus.

Le premier feu des dissensions fut allumé par Tibérius Gracchus, qui était sans contredit le premier des Romains par sa naissance, sa bonne mine et son éloquence, et qui osa entreprendre de grandes choses. Lorsque le jour de proposer la loi fut venu, il monta à la tribune aux harangues, escorté d'une foule prodigieuse; de l'autre côté, toute la noblesse et les tribuns qui étaient de son parti allèrent à sa rencontre. Voyant Cnéus Octavius s'opposer à ses lois, il fit mettre la main sur lui, et le chassa de la tribune, sans avoir égard à ce qu'il devait à l'assemblée et contre le droit de la puissance des tribuns. Il l'effraya tellement par le crainte d'une mort imminente, qu'il le contraignit d'abdiquer sa magistrature. C'est ainsi que l'on créa un triumvirat pour le partage des terres. Mais comme le jour de l'assemblée il voulait obtenir la prolongation de sa charge pour achever ce qu'il avait commencé, une troupe de nobles, et surtout ceux qu'il avait dépouillés de leur terres, vinrent à lui, et le carnage commença par la place publique. De là, s'étant sauvé dans le Capitole, comme il engageait le peuple à lui donner du secours pour défendre sa vie, en touchant sa tête de la main, on crut à ce mouvement qu'il de-

speciem regnum sibi et diadema poscentis : atque ita, duce Scipione Nasica concitato in arma populo, specioso jure oppressus est.

VERSIO XLIV.

Quam sit periculosum gloriæ amorem in imperio exstinguere.

Tale olim fuit gentium prudentissimarum judicium, ut si semel in civium animis frigesceret gloriæ cupiditas, repentinam imperium ruinam faceret. Nam quibus jactatæ procellis ac tempestatibus urbes ita corruerunt, ut ipsa vix supersint imperiorum cadavera, reliquiæ quidem nobiles ruinæ miserabilis? An Martis, o urbes, an Fortunæ ictibus cecidistis? Vosne concursationes barbarorum ac impetus more torrentium prostravere? an irrequieta heroum ambitio tot opes devoravit? an ætatum et temporum diuturnitas, ut omnia, vos eodem gurgite absumpsit. Vestris ignoscite tyrannis, Athenienses : Lacedæmonii, finitimis : barbaris, Romani : nec bellum, nec fortunam, nec temporum vicissitudines incusate : accusate vosmet ipsos : vestrum est, si ad tantum gloriæ fastigium conscendistis : si graviore lapsu deturbati estis, vestrum est. Vos, vos, inquam, pereundi causa exstitistis. Vos, qui gloriæ amorem in civium pectoribus emori sivistis. Vos, Athenienses, qui civem, quo quis melior et probatior foret, eo nocentiorem judicastis : vos, Spartiatæ, qui veterem sapientiæ famam politica ac turpi fraude decolorastis, et

mandait le trône et le diadème; alors, sous la conduite de Scipion Nasica, le peuple ayant été excité à prendre les armes, il fut mis à mort avec une apparence d'équité.

VERSION XLIV.

Il est dangereux d'éteindre l'amour de la gloire dans un empire.

Telle était autrefois l'idée des nations les plus sages, que si une fois l'amour de la gloire venait à se refroidir dans le cœur des citoyens, l'État tombait bientôt en ruine. En effet par quelles tempêtes tant de villes ont-elles été bouleversées, au point que l'on voit à peine les cadavres des empires, restes précieux d'une ruine déplorable? O cités! est-ce sous les coups de la Fortune ou du dieu Mars que vous êtes tombées? sont-ce les incursions et les efforts des barbares qui, comme des torrents, vous ont renversées? est-ce l'inquiète ambition des conquérants qui a dévoré tant de richesses? est-ce la révolution des années et des siècles qui vous a précipitées dans le gouffre qui engloutit tout? Pardonnez à vos tyrans, Athéniens; vous, Spartiates, à vos voisins; vous, Romains, aux barbares. N'accusez, vous tous, ni les guerres, ni la fortune, ni la révolution des temps; n'accusez que vous-mêmes. C'est à vous que vous devez votre élévation et votre gloire; c'est aussi à vous que vous devez votre terrible chute. Oui, c'est vous qui fûtes la cause de votre perte, vous qui laissâtes périr dans tous les cœurs les traces de la gloire. Vous, Athéniens, qui jugeâtes un citoyen d'autant plus coupable qu'il était plus vertueux et plus éprouvé; vous, Spartiates, qui, flétrissant votre ancienne réputation de sagesse par une basse et honteuse politique, ne per-

quemquam vetuistis gloriam sine crimine et supplicio adipisci : vos, Romani, qui antiquæ virtutis obliti, novarum rerum cupidi, opibus immensis pæne obruti, lucro gloriam, factionibus honoris æmulationem, virtutes vitiis commutare non erubuistis. Vos omnes tyrannis arma dedistis in manus, vestra ipsi vincula fabricastis, bona, fortunas, opes contrivistis, domos, oppida, imperia vestra funditus diruistis, ipsis hostibus vestram in perniciem crudeliores.

VERSIO XLV.

Servi in Sicilia rebellant.

Syrus quidam nomine Ennus, fanatico furore simulato, dum Syriæ deæ comas jactat, ad libertatem et arma servos, quasi numinum imperio concitavit; idque ut divinitus fieri probaret, in ore addita nuce, quam sulphure et igne stipaverat, leniter inspirans, flammam inter verba fundebat. Hoc miraculo primum duo millia ex obviis ; mox jure belli refractis ergastulis, sexaginta amplius millium fecit exercitum : regiisque, ne quid mali deesset, decoratus insignibus, castella, oppida, vicos miserabili direptione vastavit. Quin, illud quoque ultimum belli dedecus, capta sunt castra prætorum; nec nominare ipsos pudebit, castra Manlii, Lentuli, Pisonis, Hypsori. Itaque qui pro fugitivis retrahi debuissent, prætorios duces, profugos prœlio, ipsi sequebantur. Tandem, Perpenna

mîtes à personne d'aspirer à la gloire sans crime et sans supplices; vous, Romains, qui, oubliant votre ancienne vertu, avides de nouveautés, presque accablés d'immenses richesses, n'avez pas rougi de changer la gloire même en vil intérêt, les rivalités d'honneur en factions, et les vertus en vices. Vous tous avez mis les armes aux mains des usurpateurs, vous avez forgé vos chaînes; vous avez détruits, biens, fortunes, richesses, maisons, cités, empires, plus cruels contre vous-mêmes que vos propres ennemis.

VERSION XLV.

Révolte des esclaves en Sicile.

Un certain Syrien, nommé Eunus, feignant d'être agité d'une fureur fanatique, fait le sacrifice de sa chevelure à la déesse de Syrie, excite les esclaves à prendre les armes pour recouvrer leur liberté, comme s'il eût agi par l'ordre des dieux; et pour leur prouver qu'il y avait en lui quelque chose de divin, il tenait cachée dans sa bouche une noix remplie de soufre et de feu, et en poussant doucement son haleine, il faisait sortir des flammes même en parlant. Par ce prétendu miracle, il rassembla d'abord deux mille hommes qu'il rencontra, et peu après une armée de plus de soixante mille, ayant, par le droit de la guerre, fait ouvrir les prisons; et pour qu'il ne manquât rien à ces malheurs, il se para des ornements royaux, fit ravager et piller les châteaux, les villes et les bourgs. Bien plus, ce qui est le dernier degré d'infamie, il prit le camp des préteurs, et je n'aurai pas honte de les nommer, il prit le camp de Manlius, de Lentulus, de Pison et d'Hypsorus. Ainsi ceux qui auraient dû être ramenés comme esclaves fugitifs, poursuivaient eux-mêmes les chefs prétoriens, après les avoir mis en fuite dans le combat. Enfin, sous

imperatore, supplicium de eis sumptum est : hic enim victos, quum apud Ennam novissime obsessos, tum fame, tum pestilentia consumpsisset, reliquias latronum compedibus et catenis religavit, crucibusque affigi jussit.

VERSIO XLVI.

Pestilentiæ descriptio.

Accessit et pestilentia commune malum quod facile utrorumque animos a belli consiliis averteret. Nam tempore autumni, et locis natura gravibus, multo tamen magis extra urbem, quam in urbe intoleranda vis æstus per utraque castra omnium ferme corpora læsit. Et primo, temporis vitio ægri erant, et moriebantur; postea curatio ipsa et contactus ægrorum vulgabant morbos; ut aut neglecti desertique morerentur, aut assidentes curantesque eadem vi morbi repletos secum traherent, continuaque funera, et mors ob oculos esset, ut undique dies noctesque ploratus exaudirentur. Postremo ita assuetudine mali efferaverant animos, ut non modo non lacrimis justoque comploratu prosequerentur mortuos, sed ne efferrent quidem aut sepelirent, jacerentque strata corpora in conspectu similem mortem exspectantium; mortui ægros, ægri validos secum traherent tum pestifero odore corporum, tum tabe. Utferro potius morerentur, quidam invadebant stationes hostium. Multo tamen major vis postius affecerat castra Pœnorum quam Romano-

le commandement de Perpenna, on leur fit souffrir le supplice qu'ils méritaient : en effet, ce général, après les avoir vaincus par la peste et par la famine, auprès d'Enna où il les tenait assiégés, chargea d'entraves et de chaînes le reste de ces brigands qu'il fit attacher à des croix.

VERSION XLVI.

Description de la peste.

A tous les maux inséparables de la guerre, vint se joindre une maladie contagieuse qui, commune aux deux partis, les obligea de suspendre les hostilités. Les chaleurs excessives de l'automne, jointes à l'insalubrité du pays, avaient dans les deux camps, mais plus encore au dehors qu'au dedans de la ville, cause des affections morbides presque générales. D'abord, l'intempérie de la saison et le mauvais air amenèrent des maladies, qui devenaient mortelles. Bientôt les soins donnés aux malades et la communication avec eux propagèrent la maladie, et l'on se vit réduit à la triste alternative ou de les laisser périr faute de secours, ou de respirer auprès de leur lit des vapeurs pestilentielles, et d'être victime des soins qu'on leur rendait. On n'avait plus sous les yeux que les tableaux de morts et de funérailles ; bientôt jour et nuit l'on n'entendit que des cris et des gémissements ; enfin l'habitude du mal émoussa la sensibilité, au point que non-seulement on cessa de payer aux morts le tribut d'une juste douleur, mais qu'on négligea même de leur donner la sépulture. La terre était jonchée de morts sous les yeux de leurs compagnons qui attendaient le même sort. D'un côté, la chaleur, de l'autre, l'odeur cadavéreuse des corps hâtait la fin des malades, et infectait ceux qui résistaient encore à la violence du mal : quelques-uns même pour mourir par le fer, se précipitaient dans les postes ennemis. Toutefois la peste causa plus de ravages dans le camp des Carthaginois que dans celui des Ro-

rum, Syracusas circumsedendo, cœlo aquisque se magis assueverant.

VERSIO XLVII.

Amicus sapiens nobis eligendus.

Aliquis vir bonus nobis eligendus est, ac semper ante oculos habendus, ut sic tanquam illo spectante vivamus, et omnia tanquam illo vidente faciamus. Hoc Epicurus præcepit : nobis custodem et pædagogum dedit, nec immerito. Magna pars peccatorum tollitur, si peccaturis testis adsistat. Aliquem itaque habeat animus quem vereatur, cujus auctoritate etiam secretum suum sanctius faciat. O felicem illum, cujus non adspectus tantum, sed etiam cogitatus emendat! O felicem, qui sic aliquem vereri potest, ut ad memoriam quoque ejus se componat atque ordinet! Qui sic aliquem vereri potest, et ipse cito erit verendus. Elige itaque Catonem : si hic videtur tibi nimis frigidus, elige remissioris animi Lælium : elige eum cujus tibi placuit et vita et oratio et ipsius animum ante te ferens et vultum, illum semper tibi ostende, vel custodem, vel exemplum. Opus est amico ad quem mores nostri se ipsi exigant. Nisi ad regulam, prava non corriges.

mains, que la longueur du siège de Syracuse avait acclimatés.

VERSION XLVII.

Il nous faut choisir un ami sage.

Il faut choisir un homme de bien qui soit toujours présent à notre esprit, vivre comme si nous étions continuellement sous ses yeux, et agir comme s'il voyait tout ce que nous faisons. Ce précepte est d'Epicure : il veut que nous nous donnions à nous-mêmes un précepteur et un censeur, et ce n'est pas sans raison. On ferait bien moins de fautes, si au moment d'en commettre, on avait un témoin. Il faut à l'âme quelqu'un qu'elle respecte, et dont l'autorité sanctifie pour ainsi dire ses plus secrètes pensées. Heureux celui de qui non-seulement la vue, mais encore l'idée seule est capable de corriger! heureux encore celui qui respecte assez l'homme de bien, pour que son souvenir seul règle sa conduite, le rappelle au bon ordre! et celui qui sera capable d'un tel respect, sera bientôt digne de l'inspirer lui-même. Choisissez à cet effet Caton : s'il vous paraît trop rigide, prenez Lélius, d'une vertu plus indulgente : choisissez tel autre dont la conduite et les principes vous conviennent le mieux ; que son idée et son image soient toujours sous vos yeux ; représentez-vous-le sans cesse comme un guide et un modèle. On a besoin de quelqu'un pour corriger ses mœurs. Sans le secours de la règle, on ne peut corriger ses défauts.

VERSIO XLVIII.

Adolescentium fortis disciplina sustentet animum.

Vultis magnos, quales decet, spiritus ad eloquentiæ studium afferat adolescens; assuescat statim sentire viriliter. Illius animum præparet fortis disciplina, quæ mansurum et fidele solum tanto quasi ædificio substernat. Hoc viderant felicia eloquentiæ sæcula, et quæ merito appellas aurea; quorum a laude mirum non esse debet, si tam alte descensum fuerit, quum ab eorum institutis et diligentia sit tantopere degeneratum. Infantiam statim errori permittimus et nugis; illa ætas, quæ, quo tractabilior est et sequacior, eo formanda diligentius, delicias non tantum habet in conspectu, sed quantum potest in usu. Quam mihi spem generosæ indolis dabit quem prava exempla undique circumstrepunt, et ad libidinem excitant? His paulatim enervatur animus. Non his juventus (liceat in tali querela Horatii voces usurpare) parentibus infecit æquor sanguine punico. Non hac, inquam, semita ad victricem illam animorum eloquentiam, qua verius quam de Roma vetere dicas, eam omnibus humanis opibus superiorem esse, antiquitas ascendit.

VERSION XLVIII.

*Une éducation vigoureuse doit former le cœur
de la jeunesse.*

Voulez-vous qu'un jeune homme apporte à l'étude de l'éloquence des dispositions heureuses et convenables, il faut que, de bonne heure, il s'accoutume à penser en homme ; qu'un plan d'éducation mâle prépare son cœur, afin de pouvoir présenter aux fondements d'un édifice aussi considérable, un sol ferme et solide. C'est à quoi s'étaient attachés les siècles heureux de l'éloquence, qu'on pourrait avec raison appeler l'âge d'or. La distance qui nous sépare d'un tel degré de gloire ne doit pas nous étonner, puisque nous avons tellement dégénéré des règles et de l'activité alors en vigueur. Nous abandonnons l'enfance à des caprices et à des jeux frivoles. Cet âge qui doit être formé avec d'autant plus de soin, qu'il est plus souple et plus docile, non-seulement n'a que des plaisirs devant les yeux, mais même ne fait que s'y livrer, du moins tant qu'il lui est possible. Quel espoir d'un heureux caractère pourra donner un enfant qui n'est entouré que de mauvais exemples, qui le font avancer à grands pas dans la carrière du vice ? et c'est ainsi que peu à peu le cœur s'énerve. Ce n'était pas (qu'il me soit permis d'employer ici les expressions dont Horace se sert en se plaignant des mêmes abus), ce n'était pas, dis-je, une jeunesse sortie de pareils pères, qui teignait la mer du sang des Carthaginois ; ce ne fut pas par cette route que l'antiquité arriva à cette éloquence qui subjuguait les esprits, et de laquelle on peut dire avec plus de vérité que de l'ancienne Rome : elle est au-dessus de toutes les puissances humaines.

VERSIO XLIX.

Allegoriæ de Tartaro.

Atque eo nimirum quæcunque Acheronte profundo
Prodita sunt esse, in vita sunt omnia nobis.
Nec miser impendens magnum timet aere saxum
Tantalus, ut fama est, cassa formidine torpens :
Sed magis in vita divum metus urget inanis
Mortales, casumque timent quemcunque ferat fors.
Nec Tityon volucres ineunt Acheronte jacentem :
Nec, quod sub magno scrutentur pectore quidquam
Perpetuam ætatem poterunt reperire profecto,
Quamlibet immani projectu corporis exstet,
Qui non sola novem dispansis jugera membris
Obtineat, sed qui telluris totius orbem :
Non tamen æternum poterit perferre dolorem,
Nec præbere cibum proprio de corpore semper :
Sed Tityus nobis hic est, in amore jacentem,
Quem volucres lacerant, atque exest anxius angor,
Aut alia quavis scindunt cupidine curæ.
Sisyphus in vita quoque nobis ante oculos est,
Qui petere a populo fasces sævasque secures
Imbibit, et semper victus tristisque recedit.
Nam petere imperium quod inane est, nec datur un-
Atque in eo semper durum sufferre laborem, [quam,
Hoc est adverso nixantem trudere mento
Saxum, quod tamen a summo jam vertice rursum
Volvitur, et plani raptim petit æquora campi.
Deinde animi ingratam naturam pascere semper,
Atque explere bonis rebus, satiareque nunquam,

VERSION XLIX.

Allégories sur le Tartare.

Non, tout ce qu'on raconte des supplices que voit le Tartare est faux; c'est dans la vie que nous trouvons toutes ces horreurs. Tantale, glacé d'une vaine frayeur, ne redoute pas, comme le disent les fables, la chute d'un énorme rocher suspendu sur sa tête : c'est bien plutôt la superstition et la vaine crainte des dieux qui trouble et agite ces malheureux mortels, craignant toujours quelque événement funeste, dans les simples effets du hasard. Tityus, couché sur les bords de l'Achéron, n'est pas la proie de vautours déchirants; pourraient-ils pendant l'éternité trouver de quoi fouiller dans sa vaste poitrine, quand même l'énorme étendue de son corps au lieu de neuf arpents couvrirait la terre entière? L'infortuné d'ailleurs pourrait-il suffire à une douleur éternelle, et de sa propre substance fournir un éternel aliment à la voracité de ses bourreaux? Le vrai Tityus est celui que l'amour a terrassé, que déchirent les vautours, que les soucis rongent, que les angoisses de quelqu'autre passion déchirent. Le vrai Sisyphe est sous nos yeux; c'est celui qui s'obstine à demander au peuple les haches et les faisceaux redoutables, et toujours refusé se retire toujours avec la tristesse dans le cœur. Briguer une dignité qui n'est rien, sans jamais l'obtenir; pour arriver à son but essuyer sans cesse les plus rudes travaux, voilà ce que j'appelle pousser avec effort vers la cime d'un mont un énorme rocher qui bientôt retombant, roule et se précipite dans la plaine. Enfin repaître la nature ingrate de son âme, la combler

Quod faciunt nobis annorum tempora, circum
Quum redeunt, fetusque ferunt, variosque lepores,
Nec tamen explemur vitāi fructibus unquam,
Hoc, ut opinor, id est ævo florente puellas,
Quod memorant, laticem pertusum congerere in vas,
Quod tamen expleri nulla ratione potestas.

VERSIO L.

Laus Bossuetii.

Vir unus litterarum gallicarum decus exornavit, spiritus magnificentia præcellentissimus, grandis, elatus, hanc liberiorem audaciam præ se ferens, ut alienis insistere vestigiis minime posse videatur, ille, inquam, Bossuetus, vel Tullio, vel Demosthene animosior et sublimior, electus in quo christiana religio ostenderet, quantum posset ad promovendas ingenii vires et ardorem oratoris inflammandum. Te præsertim clarissimum Galliæ nostræ lumen, Græcis et Romanis opponere non dubitamus, ultro interrogantes quis contra sisteretur? Nam tibi singularis et unica quædam concessa est vis eloquentiæ, sive calamitosos populorum casus et indignissimam reginarum fortunam enarras, regesque commonefactos suspicere in cœlum jubes, horrendasque rerum mutationes ex alto peragentem agnoscere cœli regnatorem; sive regum filiæ immaturo interitu præreptæ illacrimaris, et omnia luctu et comploratione misces, perturbatus ipse et inopino malo percussus; sive bellicum canens erumpis in prœlia,

de biens sans jamais la rassasier, jouir du retour invariable des saisons, en recueillir les fruits, s'enivrer de leurs douceurs, et jamais n'être rassasié de tous les biens de la vie, c'est bien là selon moi le supplice des jeunes princesses qui, au rapport de la Fable, fournissent sans cesse de l'eau à un vase sans fond, sans pouvoir jamais le combler.

VERSION L.

Eloge de Bossuet.

Un homme a paru, l'honneur et la gloire des lettres en France, supérieur à tous par la magnificence de son génie, esprit vaste, élevé, remarquable par un caractère si hardi, si original, qu'on voit bien qu'il lui était impossible de suivre un chemin déjà battu. Je veux parler de Bossuet, cet orateur plus véhément, plus sublime que Démosthène et Cicéron. Suscité par la Divinité comme une preuve de ce que peut la religion chrétienne, pour développer toutes les forces du génie, pour allumer tout le feu de l'éloquence. Astre brillant de la France! aussi nous ne faisons aucune difficulté de t'opposer aux Grecs et aux Latins, et de leur demander qui parmi eux pourrait soutenir ce parallèle. A toi seul a été donné le talent unique d'une éloquence pleine d'énergie. Soit que tu retraces les catastrophes des empires, ou les infortunes si peu méritées d'une grande reine; soit que, donnant des leçons aux rois, tu les forces de lever les yeux en haut, et de voir celui qui règne dans les cieux, réglant du haut de son trône les affreuses révolutions des empires; soit que, déplorant la perte de la fille de tant de rois, enlevée à la fleur de l'âge, tu remplisses tout de deuil et de désolation, et que, troublé toi-même, tu restes consterné de ce coup inattendu; soit qu'embouchant la trompette guerrière, tu t'élances au milieu des combats, commençant ton

orationem ab ipsa re late exorsus, victoriam immortalemque Condæi celeritatem quodam igne volucrem, pari velocitate consequeris ardens et incitatus, donec paulum restinctis animorum incendiis placidior christiani bellatoris constantissimam mortem exhibeas, omnibusque vocatis, tu quoque desideratissimi principis ad tumulum accedas lacrimabundus, ac de propria morte cogitans. Salve igitur gallicæ facundiæ parens, veræ sapientiæ magister, christianæ religionis assertor ! tu solus apud nos veterum eloquentiam virilem illam et oratoriam repræsentavisti, tu solus effecisti, ut quorum bellicas laudes adæquaverimus, illorum non vinceremur ingenio.

VERSIO LI.

De magno Condæo.

Henricus quartus, magnus ipso nomine, regiis virtutibus major, ubi summam potestatem adeptus est, eo subinde curas omnes intendit, ut eam corroboraret sanciretque, debilitandis paulatim hæreticarum partium viribus, præbendisque palam clarissimis indiciis sui catholicam in religionem studii atque animi, quam sibi denique profitendam sumpserat. Utrumque, etsi necessarium, operosum tamen erat et arduum; nec periculi expers, pro ratione temporis, si politicam scientiam consuleres. Sed incredibili felicitate, quidquid in utroque difficultatis inerat ac periculi superavit, quum hæreticis quod unum ipsis restabat præsidium, principem Condæum,

discours par une victoire. Ardent, impétueux, non moins rapide que l'immortel Condé, tu le suis dans sa marche aussi prompte que la foudre, jusqu'à ce qu'enfin, l'ardeur de ton génie s'adoucissant peu à peu, tu nous mettes sous les yeux la piété et la mort courageuse du héros chrétien, et qu'après tous les autres tu t'approches pour rendre les derniers devoirs à un prince si regretté, en baignant sa tombe de tes larmes, et en pensant à ta propre mort. Salut, père de l'éloquence française! salut, docteur de la véritable sagesse, apôtre de la religion chrétienne! toi seul as ramené parmi nous cette éloquence énergique, cet art vraiment oratoire des anciens : c'est à toi seul que nous devons d'égaler en génie ceux que nous avons déjà égalés en valeur.

VERSION LI.

Le grand Condé.

Henri IV, grand par son nom même, et plus grand encore par ses vertus royales, lorsqu'il fut élevé sur le trône, ne pensa dans la suite qu'à l'affermir, en affaiblissant peu à peu l'hérésie, et donnant à la religion catholique, pour laquelle il s'était enfin déclaré, toutes les marques d'un véritable attachement. L'un et l'autre, quoique nécessaires, étaient difficiles; et, selon les maximes de la politique, l'un et l'autre, eu égard au temps, pouvaient être dangereux. Mais il surmonta fort heureusement et les difficultés et les dangers de l'un et de l'autre, en ôtant aux hérétiques le seul appui qui leur restait, et retirant d'entre leurs mains le jeune prince de Condé, auquel il voulut désormais tenir

adhuc puerum abstulit, et iis ereptum in suam fidem tutelamque deinceps, tanquam alter parens, educandum recepit. Quis assequi dicendo possit, quam felix sapientissimo consilio eventus responderit? Hoc scilicet vulnere calviniana secta, quæ secundis rebus antea ferox et erecta regnabat, concidit : religio adhuc trepida et abjecta, erexit se, jusque suum et principatum, securitate ac tranquillitate obtinuit. Ita Condæus religioni catholicæ datus, omen pignusque illi fuit certissimæ felicitatis ac secundissimi cursus quem deinde, Deo favente, tenuit : idem hæresi ablatus et ereptus, insanabilis ac mortifera partium impiarum plaga fuit.

VERSIO LII.

De bellis civilibus Romanorum.

Jam pæne toto orbe pacato, majus erat imperium romanum, quam ut ullis externis viribus exstingui posset. Itaque invidens fortuna principi gentium populo, ipsum illum in exitium suum armavit. Ac mariana quidem cinnanaque rabies intra urbem præluserat, quasi experiretur : sullana tempestas latius, intra Italiam tamen, detonuerat : furor Cæsaris atque Pompeii, urbem, Italiam, gentes, nationes, totum denique, qua patebat imperium, quodam quasi diluvio, corripuit ; adeo ut non recte tantum civile dicatur, ac ne sociale quidem, sed nec externum, sed potius commune quoddam ex omnibus, et plus quam bellum.

lieu de père, et de l'éducation duquel il se chargea. Qui pourrait dire avec quel succès et avec quelle bénédiction? Par là le calvinisme, de dominant et de fier qu'il avait été, se sentit consterné et abattu, et par là la vraie religion, de consternée et d'alarmée qu'elle était encore, acheva d'être pleinement, et même tranquillement la religion dominante. Posséder le prince de Condé, fut pour elle une assurance et un gage de toutes les prospérités dont le ciel l'a depuis comblée; et l'avoir perdu, fut pour le parti protestant le coup mortel qui l'atterra.

VERSION LII.

Guerres civiles des Romains.

Déjà presque tout l'univers était pacifié, l'empire romain était trop étendu pour être subjugué par une force étrangère. La fortune porte envie au premier peuple du monde, l'arme lui-même pour sa perte. Il est vrai que la fureur de Marius et de Cinna avait préludé dans l'enceinte de la ville, comme pour faire un coup d'essai. L'orage suscité par Sylla avait éclaté plus loin. Cependant il s'était contenu dans les bornes de l'Italie; mais la fureur de César et de Pompée, comme par une espèce de déluge, emporta la ville, l'Italie, les peuples, les nations, enfin tout l'empire; en sorte que cette guerre ne pourrait pas être nommée seulement une guerre civile et même sociale, ni même étrangère, mais plutôt une espèce de guerre commune, composée des trois ensemble, et quelque chose de plus qu'une guerre.

VERSIO LIII.

De stoicis.

Tantum inter stoicos, Serene, et ceteros sapientiam professos interesse, quantum inter feminas et mares, non immerito dixerim : quum utraque turba ad vitæ societatem tantumdem conferat, sed altera pars ad obsequendum, altera imperio nata sit. Ceteri sapientes molliter et blande, ut fere domestici et familiares medici, ægris corporibus, non qua optimum et celerrimum est, medentur, sed qua licet : stoici virilem ingressi viam, non ut amœna ineuntibus videatur curæ habent, sed ut quamprimum nos eripiant, et in illum editum verticem educant, qui adeo extra omnem teli jactum surrexit, ut supra fortunam emineat. At ardua per quæ vocamur, et confragosa sunt. Quid enim plano aditur excelsum ? sed ne tamen abrupta quidem sunt, quam quidam putant. Prima tantum pars saxa rupesque habet, et invii speciem : sicut pleraque ex longinquo speculantibus abscissa et connexa videri solent, quum aciem longinquitas fallat. Deinde propius adeuntibus eadem illa, quæ in unum congesserat error oculorum, paulatim adaperiuntur : tum illis, quæ præcipitia ex intervallo apparebant, redit lene fastigium. Nuper quum incidisset mentio M. Catonis, indigne ferebas (sicut es iniquitatis impatiens), quod Catonem ætas sua parum intellexisset, quod supra Pompeios et Cæsares surgentem, infra Vatinios posuisset : et tibi indignum videbatur, quod

VERSION LIII.

Des stoïciens.

Je crois ô Sérénus, pouvoir vous dire qu'il y a autant de différence entre les stoïciens et les philosophes des autres sectes, qu'entre les femmes et les hommes : il est vrai que l'un et l'autre sexe contribue également à la conservation de la société, mais l'un est fait pour obéir, et l'autre pour commander. Les autres philosophes cherchent à flatter; et semblables aux médecins domestiques, ils n'emploient pas les remèdes les meilleurs et les plus prompts, mais se prêtent à la mollesse et aux fantaisies du malade. Les stoïciens se comportent d'une façon plus mâle, ils ne s'embarrassent point de plaire à ceux qui commencent à prendre leurs leçons, ils ne songent qu'à nous tirer au plus tôt de l'abîme, pour nous conduire au sommet élevé où nous serons à couvert des traits de la fortune, et même fort au-dessus d'elle. Les routes par lesquelles ils nous mènent sont, à la vérité, escarpées et difficiles; mais peut-on s'élever en suivant un chemin uni? Néanmoins ces routes ne sont pas si difficiles que bien des gens se l'imaginent; il n'y a que le commencement qui paraisse pierreux, inaccessible et rempli de rochers. Il est des routes qui nous paraissent escarpées, et qui, vues de loin, nous présentent des masses impénétrables; c'est alors l'éloignement qui trompe nos regards : lorsque nous en approchons, ce que l'erreur des yeux nous faisait prendre pour un obstacle insurmontable semble peu à peu nous ouvrir un passage, et nous ne trouvons qu'une pente douce où l'éloignement nous montrait des précipices affreux. Dernièrement, lorsqu'on vint à parler de Caton, peu fait pour supporter l'injustice, vous étiez indigné de voir que son siècle n'eût pas senti le mérite de ce grand homme, et qu'il eût préféré des Vatinius à un personnage fort au-dessus des Pompée et des César. Vous trouviez qu'il était infâme, que voulant détourner le

illi dissuasuro legem toga in foro esset erepta, quodque a rostris usque ad arcum Fabianum, per seditiosæ factionis manus tractus, voces improbas, et sputa, et omnes alias insanæ multitudinis contumelias pertulisset. Tunc ego respondi habere te quod reipublicæ nomine movereris, quam hinc P. Clodius, hinc Vatinius, ac pessimus quisque venundabat : et cæca cupiditate correpti, non intelligebant, se, dum istam venderent, etiam semetipsos venire.

VERSIO LIV.

Sequitur de bellis civilibus Romanorum.

Reapse, si duces ejus inspicias, totus senatus in partibus : si exercitus, hinc undecim legiones, inde decem et octo, flos omnis et robur Italiæ sanguinis : si auxilia sociorum, hinc gallici germanicique delectus : inde Dejotarus, Ariobarzanes, Tarcondematus, Cothus, omne Thraciæ Cappadociæque, Ciliciæ, Macedoniæ, Græciæ, Ætoliæ totiusque robur Orientis : si moram belli, quatuor anni, et pro clade rerum breve tempus : si locum et spatium ubi commissum est, intra Italiam, inde se in Galliam Hispaniamque deflexit, reversumque ab occasu, totis viribus in Epiro Thessaliaque consedit : hinc in Ægyptum subito transiliit : inde et respexit Asiam, inde Africam incubuit : postremo in Hispaniam remeavit, et ibi aliquando defecit. Sed non et odia partium finita cum bello; non enim prius quievere, quam in urbe ipsa, medio senatu, eorum qui victi erant odia cæde victoris sese satiarent.

peuple de recevoir une loi, on l'eût dépouillé de sa toge dans la place publique, qu'une faction séditieuse l'eût entraîné de la tribune aux harangues jusqu'à l'arc de Fabius, et qu'il eût été forcé d'essuyer les injures, les mauvais traitements et les insultes d'une populace insensée. Je vous disais alors que vous auriez eu bien des raisons de vous irriter pour la république, que Clodius, Vatinius et tous les mauvais citoyens mettaient en vente. Ces misérables, aveuglés par la cupidité, ne voyaient pas qu'en la vendant ainsi, ils se vendaient eux-mêmes.

VERSION LIV.

Suite des guerres civiles des Romains.

Si l'on examine les chefs de cette guerre, le sénat est dans les deux partis; si l'on examine les armées, d'un côté il y a onze légions, de l'autre dix-huit, la fleur et la force de l'Italie; si l'on considère les alliés, d'un côté est l'élite des Gaulois et des Germains; de l'autre, Déjotarus, Ariobarzane, Tarcondématus, Cothus, toutes les forces de la Thrace, de la Cappadoce, de la Cilicie, de la Macédoine, de la Grèce, de l'Étolie et de tout l'Orient; si c'est la durée de la guerre, elle est de quatre ans entiers, temps très-court en raison des malheurs qu'elle a causés; si c'est le lieu ou l'espace où elle s'est faite, ce fut d'abord dans l'intérieur de l'Italie, ensuite elle s'est détournée en Gaule et en Espagne; puis étant revenue de l'Occcident, elle ravagea l'Épire et la Thessalie; de ces provinces elles vint fondre sur l'Égypte, de là en Asie, ensuite en Afrique; enfin elle retourna en Espagne où elle fut terminée. Mais les haines des partis ne finirent pas avec la guerre; car elles ne s'apaisèrent pas avant que, dans la ville même, au milieu du sénat, les haines des vaincus ne fussent assouvies par le meurtre du vainqueur.

VERSIO LV.

Oratio Ulyssis ad Achillem.

Plaudat sibi Græcia : latebat Achilles, latentem Ulysses quæsivit : diu quæsitum tandem videt et alloquitur : « Frustra, juvenis inclyte, frustra alieno dissimulatus habitu meis oculis tentas fallaciter illudere. Vera et nescia fuci virtus fraudis tenebras proprio semper lumine discutit, et obtegi impatiens apparet ubique virtus : sua viros grandes studia produnt : et ore verus bellator agnoscitur facile ; in solo herois vultu patet heros : in Achillis ore prostat et quasi legitur Achilles. Plaudat ergo sibi Græcia brevi triumphatura ; contremiscat Troja propinqui casus præsaga. Verum, o princeps, nunc, quam te mutatum a te ipso intueor ! Quo cessit pristinum comparandæ gloriæ studium ? quo pristinus acquisitus splendor ? te quondam juvit irrequietus labor, nunc obscura frangunt otia. Gloriose olim vivebas in castris, ingloriam in deliciis nunc agis vitam. Solam olim loricam bellicæ fortitudinis specimen te juvabat induere ; mutato nunc turpiter sexu et amictu, muliebri sub mundo delitescis ; solius olim gloriæ studiosus hanc vitæ periculo inquirebas, nunc vitam gloriæ detrimento servas : sic tu, o Achilles ! ex heroe factus es degener ? sic te nepotem Jovis probas et filium Thetidis ? sic nobilitatem tuam cœlestemque originem factis adæquas ingen-

5.

VERSION LV.

Discours d'Ulysse à Achille.

Que toute la Grèce s'applaudisse : Achille était caché dans une obscure retraite : Ulysse, après bien des recherches, l'a enfin découvert ; il le voit, il lui parle : « C'est en vain, jeune guerrier, c'est en vain que sous un habit étranger vous tâchez d'en imposer à mes yeux. Le vrai mérite ne saurait se déguiser ; il dissipe toujours, par son propre éclat, les ténèbres de l'artifice ; impatient d'être caché, il paraît malgré lui tel qu'il est. Un héros n'est pas difficile à reconnaitre ; il porte, gravé sur son front, le caractère du héros, on lit dans les yeux d'Achille tout ce qu'il est. C'est donc aujourd'hui un jour de triomphe pour les Grecs ; c'est en ce moment que leur courage doit se ranimer. Pour vous, Troyens, tremblez, votre ville orgueilleuse va tomber à la vue du héros que j'annonce. Mais quoi ! quel funeste changement en vous, illustre guerrier ! on vous cherche en vain dans vous-même : qu'est devenue cette noble ardeur d'acquérir de la gloire ? qu'est même devenue celle que vous aviez déjà acquise ? Les fatigues de la guerre faisaient autrefois vos délices, et maintenant vous languissez dans une honteuse oisiveté ; autrefois c'était un plaisir pour vous d'endosser la cuirasse qui est la marque ordinaire qui distingue le guerrier ; aujourd'hui, cet ornement si honorable n'est plus celui que vous portez ; vos sentiments ne sont plus les mêmes ; le héros, en vous se métamorphose pour ainsi dire en femme, et vous en prenez tous les ajustements. Autrefois passionné pour la gloire, vous ne viviez que pour en acquérir, aujourd'hui, il semble que vous ne veuillez vivre que pour en obscurcir l'éclat ; héros à la fleur de votre âge, est-ce ainsi que vous dégénérez du point d'héroïsme où vous étiez parvenu ? est-ce donc ainsi que vous vous montrez digne fils de Jupiter et de Thétis ? est-ce ainsi que vous répondez à la noblesse de votre illustre naissance ?

tibus? Audi martios regum ad Trojam concurrentium clamores. Vide principes ætatis tuæ ad gloriam certatim convolantes. »

VERSIO LVI.

Prioris civilis belli romani historia.

Causa tantæ calamitatis eadem, quæ omnium, nimia felicitas. Si quidem, Quinto Metello, Lucio Afranio consulibus, quum romana majestas toto orbe polleret, recentesque victorias, ponticos et armenios triumphos in pompeianis theatris Roma cantaret, nimia Pompeii potentia apud otiosos, ut solet, cives movit invidiam. Metellus ob imminutum Cretæ triumphum ; Cato, potentibus semper infensus, detrectare Pompeium, contraque omnia obstrepere. Hunc dolor transversum egit, et ad præsidium dignitati parandum impulit. Fórte tunc Crassus genere, divitiis, dignitate florebat; vellet tamen auctiores opes. Caius Cæsar eloquentia et spiritu, ecce jam consulatu allevabatur. Pompeius tamen super utrumque eminebat. Sic igitur Cæsare dignitatem comparare, Crasso augere, Pompeio retinere cupientibus, omnibusque pariter potentiæ cupidis, de invadenda republica facile convenit.

Entendez les cris guerriers de tant de rois qui volent au siége de Troie. Voyez des princes de votre âge, courir à grands pas dans le chemin de la gloire. »

VERSION LVI.

Première guerre civile chez les Romains.

La cause d'une grande calamité fut la même que celle de toutes les autres : la trop grande félicité. En effet, sous le consulat de Quintus Métellus et de Lucius Afranius, lorsque la majesté de Rome dominait sur la terre, et que, sur les théâtres de Pompée, Rome chantait les nouvelles victoires et les triomphes du Pont et de l'Arménie, la trop grande puissance de Pompée excita, comme c'est l'ordinaire, l'envie des citoyens oisifs. Métellus à cause de son triomphe de Crète qui n'avait pas été assez brillant ; Caton, toujours l'ennemi des puissants, parlaient mal de Pompée et murmuraient contre tout. De là vint le dépit qui détourna celui-ci du droit chemin, et lui fit prendre la résolution de se préparer des appuis pour soutenir sa dignité. Crassus était alors distingué par sa noblesse, ses richesses et ses honneurs, et il aurait bien voulu cependant accroître sa puissance. Caïus César s'élevait par son éloquence, par son ambition, et déjà même par son consulat. Pompée cependant paraissait au-dessus de l'un et de l'autre : ainsi César désirant acquérir de la dignité, Crassus augmenter la sienne, Pompée la conserver, et tous trois étant également avides de puissance, ils convinrent sans difficulté d'envahir la république.

VERSIO LVII.

Mors imperatoris Vitellii.

Præcipue luxuriæ deditus Vitellius, epulas trifariam semper, interdum quadrifariam dispertiebat in jentacula et prandia, et cœnas comissationesque; facile omnibus sufficiens vomitandi consuetudine. Pronus vero ad cujusque et quacunque de causa necem atque supplicium, nobiles viros condiscipulos et æquales suos, omnibus blanditiis ad se allectos, vario genere fraudis occidit. Octavo imperii mense desciverunt ab eo omnes fere exercitus romani, ac pars in absentis, pars in præsentis Vespasiani verba jurarunt. Superatus tandem aut proditus terra marique palatium petiit : ibi quum deserta omnia reperisset, dilabentibus etiam qui simul erant, zona aureorum plena se circumdedit confugitque in cellulam janitoris, religato pro foribus cane, lectoque et culcita objectis. Irruperant autem jam agminis antecessores, ac nemine obvio rimabantur, ut fit, singula. Ab his extractus e latebra sciscitantes quisnam esset (nam ignorabatur), et ubi esset Vitellius, mendacio elusit. Deinde agnitus, religatis post terga manibus, injecto cervicibus laqueo, veste discissa, seminudus in forum tractus est, inter magna rerum verborumque ludibria, per totum viæ Sacræ spatium reducto coma capite, ceu noxii solent, atque etiam mento mucrone gladii subrecto, ut visendam præberet faciem, neve submitteret; quibusdam stercore et cœno incessentibus; aliis incen-

VERSION LVII.

Mort de l'empereur Vitellius.

Le vice favori de Vitellius était la gourmandise ; il faisait régulièrement trois repas par jour et souvent quatre : le déjeuner, le dîner, le souper et la débauche ; il suffisait à tout par l'habitude de vomir : toujours prêt à condamner et à sévir sur toutes sortes de prétextes il fit périr, de différentes manières, des citoyens nobles qui avaient été ses condisciples et ses camarades, et qu'il avait attirés auprès de lui par des caresses. Le huitième mois de son règne, presque toutes les armées romaines se révoltèrent contre lui, et prêtèrent serment à Vespasien absent ou présent. Vaincu enfin, ou trahi sur terre et sur mer, il rentre dans son palais ; il le trouve désert : lui-même est bientôt abandonné de ceux qui l'avaient suivi. Alors il s'entoure d'une ceinture pleine de pièces d'or, se réfugie dans la chambre du portier, attache le chien devant la porte, et se barricade avec un lit et des matelas. La tête de l'armée s'avançait déjà ; et les soldats, ne rencontrant personne devant eux, se répandent dans le palais, et se mettent à chercher partout ; ils tirent Vitellius de sa retraite, et, ne sachant qui il est, lui demandent où est l'empereur ; il chercha à les tromper. Lorsqu'il fut reconnu, on le traîna demi-nu dans la place publique, ses habits déchirés, la corde au cou, les mains liées derrière le dos, en butte aux affronts et aux mauvais traitements de la populace, et les cheveux ramassées derrière la tête comme ceux des criminels ; quelques-uns même lui relevèrent le menton avec la pointe de leur épée, pour que l'on vît mieux son visage, et qu'il ne pût baisser la tête ; d'autres lui jetaient de la boue et des ordures, l'appelant gourmand et incendiaire ; la populace lui

diarium et patinarium nuncupantibus; parte etiam vulgi corporis vitia exprobrante, tandem apud Gemonias minutissimis ictibus excarnificatus atque confectus est.

VERSIO LVIII.

Sequitur oratio Ulyssis ad Achillem.

« Te tandem ex infami torpore excitet bellorum quæ quondam amasti recens tumultus : te pudeat in labore communi solus quiescere. Quid igitur moraris? Propera ad Trojam, alas pudor addat : argivam pubem tibi longe præviam celeri volatu assequere; imo antevola : exempla fortitudinis quæ tibi nunc præbet, illustrioribus exemplis supera : sic agas necesse est, ut videaris ideo tantum latuisse, quo majori posthac et nobiliori luce refulgeres. At si te minus tangit propriæ gloriæ studium, te saltem moveat illata toti Græciæ ab imbelli Trojano injuria; quod tuæ utilitati ac famæ renuis, id a te extorqueant ultionis amor et indignatio : vides in Menelao violatum sceptri decus : tu rex tuere; non victoriarum auceps, non laurorum messor, quoniam tibi sordent : sed repulsator injuriarum, sed vindex infamiæ : hoc te supplex rogat patria, rogant conjurati principes, rogat ipse Ulysses, nec incassum, ut sperat. »

reprocha jusqu'à ses défauts corporels; enfin traîné aux Gémonies, il y fut torturé à petits coups et mis à mort.

VERSION LVIII.

Suite du discours d'Ulysse à Achille.

« Sortez donc enfin au bruit des armes que vous entendez de toutes parts, et qui charmaient autrefois vos oreilles; sortez du profond assoupissement où vous êtes plongé. Quoi donc? serait-il dit que le digne fils de Pelée demeurât seul tranquille et oisif, tandis que tant de princes magnanimes s'empressent à l'envi de se signaler? Non sans doute : car, qui vous arrêterait plus longtemps dans votre retraite, illustre héros? Hâtez-vous donc de partir pour Troie; que la honte d'avoir tant tardé vous donne des ailes pour y voler; efforcez-vous d'atteindre cette brillante jeunesse qui vous a devancé; osez même, à votre tour, la surpasser : il faut enchérir sur les beaux exemples de valeur qu'elle vous donne, c'est le seul parti qui vous reste à prendre, si vous voulez prouver à toute la Grèce que vous ne vous êtes dérobé à ses yeux que pour reparaître avec plus d'éclat. Mais si le zèle de votre propre gloire n'est pas un motif assez puissant pour ranimer votre courage, que ce soit du moins l'affront et l'outrage que le plus lâche des Troyens a fait à votre patrie. Soyez insensible, j'y consens, à vos intérêts et à votre réputation; accordez du moins à la vengeance et à l'indignation ce que vous refusez à votre propre gloire. Vous voyez dans la personne auguste de Ménélas, les droits de la majesté du trône violés; c'est à vous, en qualité de roi, de les soutenir. Les triomphes et les lauriers vous paraissent vils et méprisables, mais du moins, prenez les armes pour repousser une injure et venger un affront. Pourrez-vous, grand prince, vous refuser aux vœux, aux désirs, aux prières de votre patrie, de tant de princes, d'Ulysse lui-même qui ose se flatter du succès de son entreprise? »

VERSIO LIX.

Cato moriens, lecto Platonis libro de animæ immortalitate.

Sic, sic se habere rem necesse prorsus est,
Ratione vincis, do libens manus, Plato.
Quid enim dedisset, quæ dedit frustra nihil,
Æternitatis insitam cupidinem,
Natura? Quorsum hæc dulcis exspectatio
Vitæ? quo non explenda melioris sitis?
Quid vult sibi aliud iste redeundi in nihil
Horror, sub imis quemque agens præcordiis?
Cur territa in se refugit anima, cur tremit
Attonita, quoties morte ne pereat timet?
Particula nempe est cuique nascenti indita
Divinior, quæ corpus incolens agit,
Hominique succinit : tua est æternitas?
Æternitas! O lubricum nimis adspici,
Mixtumque dulci gaudium formidine!
Quo demigrabitur alia hinc in corpora?
Quæ terra mox incognita? Quis orbis novus
Manet incolendus? Quanta erit mutatio?
Hæc intuenti spatia mihi quæque patent
Immensa ; sed caliginosa nox premit!
Nec luce clara vult videri singula.
Figendus hic pes, certa sunt hæc hactenus.
Si quod gubernet numen humanum genus
(At quod gubernet esse clamant omnia),
Virtute non gaudere certe non potest.
Non esse non beata, qua gaudet, potest.

VERSION LIX.

Caton mourant, après avoir lu le traité de Platon sur l'immortalité de l'âme.

Oui, oui, Platon, il faut qu'il en soit ainsi, tu l'emportes par la force de la raison; je me rends à toi volontiers. Car pourquoi la nature, qui ne donne rien en vain, nous aurait-elle donné, en naissant, cette passion de l'immortalité? Pourquoi cette douce espérance? pourquoi cette soif insatiable d'une vie plus heureuse? Que signifie cette horreur de tomber dans le néant, dont l'idée se fait sentir jusqu'au fond de notre cœur? Pourquoi l'âme effrayée rentre-t-elle en elle-même? pourquoi tremble-t-elle épouvantée, toutes les fois qu'elle craint d'être anéantie dans la mort? Sans doute chacun a reçu en naissant, une portion de la divinité qui anime le corps qu'elle habite, et crie sans cesse à l'homme : l'éternité est ton partage. O éternité? ô idée incompréhensible! ô joie mêlée d'une douce terreur! Quel autre corps sera la demeure de notre âme? Quelle terre inconnue, quel monde nouveau devons-nous habiter? Quelle sera cette grande révolution? De quelque côté que je jette mes regards, je n'aperçois que d'immenses espaces; mais une nuit ténébreuse dérobe la lumière, et empêche de voir distinctement chaque objet. Il faut s'en tenir à cette vérité, voilà ce qui est certain. S'il est un Dieu qui gouverne les humains (et c'est ce que toute la nature atteste), il ne peut qu'aimer la vertu : la vertu qu'il aime ne peut qu'être heureuse.

VERSIO LX.

Sequitur prioris civilis belli historia.

Ergo quum mutuis viribus, in suum quisque decus niteretur, Galliam Cæsar invadit, Crassus Asiam, Pompeius Hispaniam : et jam sic orbis imperium societate trium principum occupatur. Decem annos transit ista dominatio. Exinde quoniam mutuo metu tenebantur, Crassi morte apud Parthos, et morte Juliæ Cæsaris filiæ, quæ nupta Pompeio generi socerique concordiam matrimonii fœdere tenebat, statim æmulatio erupit. Jam Pompeio suspectæ Cæsaris opes, et Cæsari Pompeiana dignitas gravis. Nec hic ferebat parem ; nec ille superiorem : nefas ! sic de principatu laborabant, tanquam duos tanti imperii fortuna non caperet. Ergo Lentulo Marcelloque consulibus, rupta prima conjurationis fide, de successione Cæsaris senatus, id est Pompeius agitabat; nec ille abnuebat, si ratio sui proximis comitiis haberetur. Consulatus absenti, quem decem tribuni plebis, favente Pompeio, nuper decreverant, tum dissimulante eodem, negabatur. Veniret, et peteret majorum more. Ille contra flagitare decreta; se nisi ut fide permanerent, non se remittere exercitum; ergo ut in hostem, in eum decernitur.

VERSION LX.

Suite de la première guerre civile des Romains.

Comme chacun par un secours mutuel travaillait pour sa propre gloire, ils se saisirent, César de la Gaule, Crassus de l'Asie, Pompée de l'Espagne, et déjà par ce moyen l'empire de la terre est occupé par trois chefs alliés. Cette domination dura pendant dix ans. Ensuite, comme ils n'étaient retenus que par une crainte mutuelle, Crassus étant mort chez les Parthes, et Julie, fille de César, qui, mariée à Pompée, tenait en respect le gendre et le beau-père par ce mariage, étant morte aussi, leur jalousie éclata tout à coup. Déjà la puissance de César était suspecte à Pompée, et la dignité de Pompée déplaisait à César. Celui-ci ne souffrait point d'égal, celui-là de supérieur. Chose étrange! ils se disputaient la prééminence, comme si la fortune d'un si grand empire n'eût pas suffi à deux. Sous le consulat de Lentulus et de Marcellus, la foi de leur première alliance étant rompue, le sénat, c'est-à-dire Pompée, délibéra de donner un successeur à César, et celui-ci ne le refusait pas, pourvu qu'on eût égard à lui dans les prochaines assemblées. Mais le consulat que les dix tribus du peuple lui avaient décerné depuis peu, quoiqu'il fût absent, parce que Pompée le favorisait, lui était refusé, attendu que le même Pompée usait de dissimulation. Qu'il vienne, disait-on, et qu'il le demande selon la coutume de nos ancêtres. César, au contraire, requiert avec instance l'exécution des décrets, et dit que si on ne demeure pas fidèle à la parole qu'on lui a donnée, il ne renverra point son armée. On porte donc contre lui un décret, comme contre un ennemi.

VERSIO LXI.

Ludovici quarti decimi laudes.

Virtute duce, comite victoria, famulante fortuna, bella suscipere, gerere, conficere, heroum est propria laus, genuina species, certissimus ad gloriam gradus. Heroem volo, qui virtutem sequatur ducem; quem famula sequatur fortuna; qui, dum celeriter vincit, nil amet magis in celeritate victoriæ, quam quod pacem acceleret; qui, si non semper vincat, semper victoria dignus videatur. Heroem appello, qui non ambitioni, ut Alexander, sed virtuti militet; non patriam, ut Cæsar, sed patriæ vincat; qui, sicut prosperis non insolescit, adversis frangi nesciat; qui denique gloriam suam fortunæ non debeat, ut multi, sed cujus gloriæ ita re fortuna ipsa debeat, ut nunquam ab ipsius castris avolet, quin cæcitatis et perfidiæ continuo insimuletur. Hæc illa est veri herois germana effigies, qua, vel tacente me, Ludovicum quartum decimum graphice delineatum non modo potuistis omnes, verum etiam debuistis agnoscere. Ecquis enim, sive bella juste suscepta, sive bella fortiter gesta, sive bella feliciter confecta penitius introspexerit, Ludovicum virtutis asseclam, victoriæ, pacis, fortunæ fere semper arbitrum, adeoque heroem maximum appellare dubitaverit?

VERSION LXI.

Éloge de Louis XIV.

Des guerres autorisées par la raison, accompagnées de la victoire, couronnées par la fortune, voilà ce qui caractérise les héros ; voilà ce qui les distingue du reste des hommes ; voilà ce qui conduit infailliblement à la gloire. Je veux un guerrier que la justice guide toujours dans ses entreprises, dont la fortune suive les étendards ; qui, vainqueur rapide de ses ennemis, n'envisage dans la rapidité de ses conquêtes que l'avantage de hâter la paix ; un guerrier toujours digne de vaincre, lors même que la victoire l'abandonne ; je demande un héros qui ne combatte point pour l'ambition, comme Alexandre, mais pour l'équité ; qui ne triomphe point de sa patrie comme César, mais qui triomphe pour elle ; qui, supérieur à tous les événements, soit sans orgueil dans les succès, sans faiblesse dans les revers ; qui, comme tant d'autres, ne doive point sa gloire aux caprices de la fortune, mais qui sache tellement unir les intérêts de la fortune aux siens, qu'elle ne puisse le trahir sans se rendre coupable d'aveuglement et de perfidie : c'est à ce portrait que je reconnais le vrai héros. Vous dirai-je que c'est aussi là le portrait de Louis XIV ? Vous m'avez prévenu, et aux traits que j'ai réunis, vous avez pu, j'ose même dire, vous avez dû le reconnaître. Car enfin, pour peu qu'on examine la justice des guerres qu'il a entreprises, le courage avec lequel il les a soutenues, le bonheur dont elles ont été suivies, pourra-t-on balancer à le nommer le partisan de la vertu, l'arbitre de la victoire, de la paix, de la fortune ; et par une conséquence nécessaire, un héros véritablement admirable ?

VERSIO LXII.

Bolæi laudes.

Gratulentur, per me licet, fortunæ suæ Latini, quod patria sua viros aluerit, qui urbis mores ingeniose carperent, et inficetos auctores faceto sale aspergerent. Plaudat sibi et Anglia, quod morum suorum Spectatorem habeat ingeniosissimum; quem, judice me, quibusdam in rebus minus esse perspicacem deceat; neque tam ceterorum, quam sui ipsius castigatorem interdum fieri. Habet Gallia satiricos in uno multos, cujus satiræ satiram non reformident; qui, Lucilio vehementior, ac magis tersus; Juvenale mordacior, licet minus asper; Horatianam urbanitatem tantum non attigit, Flaccique filius non degener paternas opes ita fecit suas, ut in heredis thesauro eumdem propemodum splendorem retinuerit. Regnierio præcessori suo multis locis sed hoc maxime anteferendus, quod quum hujus sententias aliquando excerpserit, amovit spurcitias, castigavit impudentiam, acerbitatem emolliit : futurus idem seipso longe perfectior, si dum poetam quandoque agebat, non tentasset perperam agere theologum.

VERSIO LXIII.

Sequitur belli civilis historia.

His agitatus Cæsar, statim, præmia armorum armis defendere. Prima civilis belli area, Italia fuit :

VERSION XLII.

Éloge de Boileau.

Que les Latins se félicitent, j'y consens, d'avoir eu des hommes qui censuraient ingénieusement les mœurs de Rome, et qui, par d'agréables railleries, la faisaient rire aux dépens des mauvais écrivains. Que l'Angleterre se félicite de son Spectateur, qui, dans bien des choses, pourrait se dispenser d'être si clairvoyant, et qui quelquefois ne ferait pas mal de tourner sur lui-même la censure qu'il tourne contre les autres. La France a tous les satiriques du monde dans un seul de ses auteurs, dont les pièces ne craignent point l'œil perçant de la satire ; plus véhément et plus poli que Lucilius, plus mordant et tout à la fois moins dur que Juvénal, il a presque égalé la finesse d'Horace, dont il s'était fait le disciple : mais, digne élève d'un tel maître, digne héritier d'un tel père, il s'est tellement approprié ses richesses, qu'en changeant de place et de possesseur, elles n'ont pas changé de prix : préférable par bien des endroits à Régnier son prédécesseur, mais surtout en ce que, prenant quelquefois ses pensées, il n'a jamais pris sa licence ; aussi attentif à éviter sa hardiesse qui ne rougit de rien, qu'à adoucir sa mauvaise humeur, qui ne ménage personne, Boileau se serait surpassé lui-même, s'il s'était contenté d'être poëte, sans vouloir mal à propos faire le théologien.

VERSION LXIII.

Suite de la première guerre civile des Romains.

César irrité de ce procédé est résolu de défendre par les armes la récompense de ses glorieux travaux. Le premier théâtre de la guerre civile fut l'Italie : Pompée

cujus arces levibus præsidiis Pompeius occupaverat : sed omnia subito Cæsaris impetu oppressa sunt. Prima Arimini signa cecinerunt. Tum pulsus Etruria Libo, Umbria Thermus, Domitius Corfinio. Et peractum erat bellum sine sanguine, si Pompeium Brundusii opprimere potuisset, et cœperat; sed ille per obsessi claustra portus nocturna fuga vadit. Turpe dictu ! modo princeps patrum, pacis bellique moderator, per triumphatum a se mare lacera et pæne inermi nave fugiebat. Nec Pompeius ab Italia, quam senatus ab urbe fugatur prior ; quam pæne vacuam metu Cæsar ingressus, consulem se ipse fecit. Ærarium quoque sacrum, quia tardius aperiebant tribuni, jussit effringi, censumque et patrimonium populi romani ante rapuit quam imperium. Pulso fugatoque Pompeio maluit prius ordinare provincias quam illum sequi. Siciliam et Sardiniam annonæ pignora per legatos habet.

VERSIO LXIV.

De beneficiis.

Inter multos ac varios errores temere inconsulteque viventium, nihil propemodum, vir optime Liberalis, dixerim nocentius, quam quod beneficia nec dare scimus, nec accipere. Sequitur enim ut male collata, male debeantur ; de quibus non redditis, sero querimur : ista enim perierunt, quum darentur. Nec mirum est, inter plurima maximaque

s'était emparé des places fortes avec des troupes peu nombreuses ; mais tout fut bientôt envahi par l'arrivée prompte et impétueuse de César. Ses trompettes sonnèrent, et donnèrent le premier signal dans Rimini. Alors furent chassés Libon de l'Étrurie, Thermus de l'Ombrie, Domitius de Corfinium. La guerre aurait été terminée sans effusion de sang, s'il eût pu surprendre Pompée dans Brindes, et peu s'en fallut qu'il n'y parvînt; mais Pompée s'échappa, et s'enfuit de nuit à travers la digue qu'on avait faite pour fermer le port. Chose honteuse! celui qui peu auparavant était le premier des sénateurs, l'arbitre de la paix et de la guerre, s'enfuyait dans un vaisseau brisé et presque sans rames, sur cette mer dont il avait naguère triomphé. Au reste Pompée ne fut pas chassé de l'Italie avant que le sénat le fût de Rome. César y entra sans difficulté; car la crainte l'avait presque rendue déserte; il se fit lui-même consul, il ordonna de rompre les portes du trésor sacré, parce que les tribuns les ouvraient trop lentement; et il avait le bien et le patrimoine du peuple romain avant que d'en ravir l'empire. Pompée chassé et mis en fuite, César aima mieux mettre ordre aux affaires des provinces que de s'amuser à le poursuivre. Il s'empara de la Sicile et de la Sardaigne par ses lieutenants, provinces qui fournissaient des vivres à Rome.

VERSION LXIV.

Des bienfaits.

Parmi cette foule d'erreurs dans lesquelles nous jettent l'imprudence et la légèreté de notre conduite, je n'en connais pas, vertueux Libéralis, de plus fâcheuse que l'ignorance où nous sommes sur la manière de répandre et de recevoir les bienfaits : en conséquence, des services mal rendus sont mal reconnus. Il n'est plus temps de se plaindre, quand on n'en a pas recueilli le fruit ; ils étaient perdus, dès l'instant même du placement. Il est donc naturel de croire que de tant de vices

vitia nullum esse frequentius, quam ingrati animi. Id evenire ex pluribus causis video ; prima, quod non eligimus dignos, quibus tribuamus : sed nomina facturi, diligenter in patrimonium et vasa debitoris inquirimus : semina in solum effœtum et sterile non spargimus : beneficia sine ullo delectu magis projicimus, quam damus. Nec facile dixerim, utrum turpius sit infitiari, an repetere beneficium. Id enim genus hujus crediti est, ex quo tantum recipiendum sit, quantum ultro refertur : decoquere vero fœdissimum ob hoc ipsum, quia non opus est ad liberandam fidem facultatibus, sed animo ; reddit enim beneficium, qui libenter debet. Sed quum sit in ipsis crimen, qui ne confessione quidem grati sunt, in nobis quoque est. Multos experimur ingratos, plures facimus : quia alias graves exprobratores exactoresque sumus ; alias leves, et quos paulo post muneris sui pœniteat ; alias queruli, et minima momenta calumniantes. Ita gratiam omnem corrumpimus, non tantum postquam dedimus beneficia, sed dum damus.

VERSIO LXV.

Sequitur belli civilis romani historia.

Nihil hostile erat in Gallia : pacem Cæsar ipse fecerat. Sed ad Hispanienses Pompeii exercitus transeunti per eam duci portas claudere ausa Massilia est. Misera, dum cupit pacem, belli metu in bellum incidit : sed quia tuta muris erat, vinci eam sibi jussit absenti. Græcula civitas, non pro mollitie

odieux il n'y en a pas de plus commun que l'ingratitude. J'en découvre plusieurs causes : la première, c'est que nous ne choisissons pas des hommes dignes de nos bienfaits. Avant de prêter, on s'informe avec soin de la fortune et des biens de l'emprunteur; on ne risque point de semer dans une terre stérile ou épuisée : mais pour les bienfaits, nul discernement; on ne les place pas, on les jette à l'aventure. Il n'est pas aisé de décider s'il y a plus de honte à nier ou à redemander un bienfait. D'un côté c'est une espèce de créance, de laquelle on ne doit retirer que ce que le débiteur veut payer de son plein gré : de l'autre, la banqueroute est d'autant plus criminelle, qu'il ne faut pas de fonds pour se libérer; la seule envie de le faire suffit: c'est en effet rendre un bienfait, que de le reconnaître. Mais si la faute vient de ceux à qui la gratitude ne coûterait qu'un aveu, elle vient aussi de nous-mêmes. Si nous trouvons beaucoup d'ingrats, nous en faisons encore plus. Les uns sont ou trop exigeants, ou fatigants par leurs reproches; les autres, par inconstance, se repentent un moment après du bien qu'ils ont pu faire; d'autres, par humeur, font un crime de la moindre occasion où on leur manque. Ainsi nous étouffons la reconnaissance, non-seulement après le service rendu, mais même en le rendant.

VERSION LXV.

Suite de la guerre civile chez les Romains.

Il n'y avait plus d'hostilités en Gaule; César lui-même l'avait pacifiée. Mais comme il y passait pour aller en Espagne contre les armées de Pompée, Marseille osa bien lui fermer ses portes. Misérable ville qui, en désirant la paix par la crainte de la guerre, en devient elle-même le théâtre. Comme ses murailles la mettaient en sûreté, César ordonne de la presser vivement en son absence. Cette ville grecque se dé-

nominis, et vallum rumpere, et incendere machinas ausa et congredi navibus; sed Brutus, cui mandatum erat bellum, victos terra marique perdomuit. Mox dedentibus sese ablata omnia, præter quam potiorem omnibus habebant libertatem. Anceps, variumque et cruentum in Hispania bellum, cum legatis Cneii Pompeii Petreio et Afranio, quos Leridæ castra habentes apud Sigorim amnem obsidere, et ab oppido intercludere aggreditur. Interim auctu verni fluminis commeatibus prohibetur. Sic fame castra tentata sunt, obsessorque ipse quasi obsidebatur.

VERSIO LXVI.

De Pentecostes die.

Stat sua promisso muneri fides, adolescentes christiani. Homo Deus in cœlum receptus mittit e cœlo Deum. « Quum complerentur dies Pentecostes; » quum pia discipulorum turba donum cœleste piis evocaret suspiriis, « factus est repente de cœlo sonus tanquam advenientis spiritus vehementis. » Non illius « procellarum spiritus, » qui nubium in gremio conceptus, tonitrua inter et fulgura erumpens, terrorem et exitium mortalibus inferat, sed Spiritus ejus, qui procedens e fecundo Patris Filiique pectore, et amore utriusque mutuo conflatus salubrem et vitalem auram animis inspiret. « Emittes Spiritum tuum, etc. » Ab ipso quidem exordio Deus, postquam « de limo terræ formavit hominis » simulacrum, « inspiravit in faciem ejus spiraculum vitæ;

fendit, non avec une mollesse proportionnée à son nom, mais elle eut la hardiesse de forcer les retranchements, de brûler les machines, et d'en venir à un combat naval. Mais Brutus, à qui cette guerre avait été confiée, défit les Marseillais sur terre et sur mer, et parvient à les abattre. Peu après, ils se rendirent, et on leur ôta tout, excepté la liberté, qu'ils regardaient comme le plus précieux de tous les biens. En Espagne, la guerre contre Pétréius et Afranius, lieutenants de Pompée, fut douteuse, inégale et sanglante. Comme ils étaient campés à Lérida, auprès de la Sègre, César entreprit de les attaquer et de couper la communication de leur camp avec l'armée. Cependant, par un débordement qui arrive au printemps, il est lui-même privé de vivres. Ainsi, son camp fut pressé par la famine, et d'assiégeant qu'il était, César se trouva lui-même assiégé.

VERSION LXVI.

Le jour de la Pentecôte.

Aujourd'hui, jeunes chrétiens, la promesse faite aux hommes par Jésus-Christ reçoit son accomplissement. Aujourd'hui, l'homme-Dieu envoie un Dieu du haut du ciel. « Les jours de la Pentecôte étaient accomplis, » et la pieuse assemblée des disciples appelait de ses soupirs ardents le céleste présent ; « on entend tout à-coup un grand bruit, comme d'un vent impétueux qui venait du ciel. » Ce n'est point ce « vent des tempêtes » qui, conçu dans le sein des nuages et s'échappant avec fureur à travers la foudre et les éclairs, apporte aux hommes la mort et la terreur ; c'est l'Esprit même qui procède du sein fécond du Père et du fils, qui est formé de leur amour mutuel, et qui répand dans les âmes un souffle vital et salutaire. « Vous enverrez votre Esprit, etc. » Dès l'origine du monde, Dieu, « après avoir formé une figure d'homme du limon de la terre, avait soufflé sur sa face l'es-

et factus est homo in animam viventem. » Sed tunc divinæ, si ita loqui fas est, auræ particulam duntaxat indidit. Hodie totum Spiritum inserit hominibus, ut pleniore afflati anima novam incipiant vitam vivere, et quasi denuo creentur. « Emittes Spiritum tuum, et creabuntur. » Sic reparatur illa imago Dei, quæ homini primum impressa, ab homine statim deformata, vix aliquid pristinæ dignitatis retinuerat. Sic instauratur facies terræ, unde coaluimus, et divini Spiritus flamine expurgata renovatur. « Emittes Spiritum tuum, et creabuntur, et renovabis faciem terræ. »

VERSIO XLVII.

Sequitur de Pentecostes die.

Hodie igitur demum, et hodie primum absoluta est humani generis renovatio. Magnum fuerat, Christe, homines inter, te hominem vixisse, majus te mortem pro hominibus oppetiisse; te, quam moriendo vitam illis dederas, resurgendo confirmasse, maximum : sed nisi emitteres Spiritum tuum ex alto, nisi hominum mentibus infunderes, nondum satis redemeras hominem ab illa servitute miserrima, in quam peccando inciderat; sed non expuleras ex illius mente inductam per peccatum ignorantiæ caliginem : sed virium firmitatem peccati vitio amissam voluntati ejus non restitueras. Hominis itaque renovationem non absolveras. Optimis quidem illum erudieras præceptionibus, exemplis præluxeras sanctissimis; sed nisi Spiritus « ve-

prit de vie, » et l'homme était devenue une âme vivante. » Mais il ne reçut alors, si je puis m'exprimer ainsi, qu'une particule de l'Esprit divin. Aujourd'hui cet esprit entre tout entier dans l'homme, afin qu'animé par un esprit plus abondant en grâces, il recommence une nouvelle vie, et qu'il soit créé de nouveau. « Vous enverrez votre Esprit, et ils seront créés.» Ainsi est réparée cette image de Dieu qui, donnée d'abord à l'homme, avait été aussitôt déformée par l'homme lui même, et qui avait à peine conservé quelque trace de son ancienne noblesse; ainsi est restaurée cette portion terrestre dont nous avons été formés ; ainsi, purgée par le souffle et l'Esprit divin, elle est renouvelée tout entière. « Vous enverrez votre Esprit, ils seront créés, et vous renouvellerez la face de la terre. »

VERSION XLVII.

Suite de la Pentecôte.

Aujourd'hui enfin, et aujourd'hui pour la première fois, est accompli le renouvellement du genre humain. C'est sans doute beaucoup, ô Jésus! que, vous faisant homme, vous ayez vécu parmi les hommes, bien plus encore, que vous ayez souffert la mort de la croix pour l'homme; c'est le comble de la bonté, que par votre résurrection vous ayez confirmé la vie que vous lui aviez donnée ; mais si vous n'envoyez votre Esprit d'en haut, si vous ne l'insinuez dans le cœur des hommes, vous n'aurez point encore arraché l'homme à cette déplorable servitude dans laquelle il est tombé par le péché ; vous n'aurez point encore écarté de son esprit ce nuage d'ignorance produit par le péché; vous n'aurez point rendu, à sa volonté, cette force perdue par le péché : en un mot, vous n'aurez point achevé le grand œuvre de son renouvellement. Vous aviez, à la vérité, éclairé son cœur par les préceptes les plus beaux, vous lui aviez donné les exemples de la sainteté la plus parfaite mais, si l'esprit « de vérité » ne l'anime

ritatis » intus suggerat, quid ea profuerit audivisse, quæ mens cæca non possit intelligere? Nisi Spiritus « virtutis » adjuvet, quid ea vidisse, quæ voluntas ignava non audeat aggredi? Hoc ipse satis indicaveras, quum paulo ante obitum significares discipulis expedire ut vaderes, missurus subinde « Spiritum veritatis, qui omnem veritatem doceret ; » quum redivivus præciperes ut « sederent in civitate, donec instruerentur virtute ex alto, » quæ infirmitatem animi corroboraret. Præceptis paruerunt ; promisso « veritatis » et « virtutis » Spiritu induti sunt, simul renovati sunt, et quodammodo recreati. « Emittes Spiritum tuum, et creabuntur, et renovabis faciem terræ. »

VERSIO LXVIII.

Maceriarum obsidio.

Imperator Carolus Quintus pace cum Francisco primo sublata, cum triginta et quinque hominum millibus Campaniam provinciam adortus est. Hujus finitimæ provinciæ urbes illi repugnando impares erant, Cæsarianique haud difficile medium regnum occupare poterant. Quo nuntio, suos rex gallus congregavit duces agitandi gratia, quid in tam gravi rerum statu agendum esset. Postquam diu deliberatum est, Macerias urbem incendi placuit, cui hostium primi impetus essent sustinendi, et circumjacentia loca vastari, ut perfidi imperatoris milites fame interirent. Huic desperato consilio Bayardus solus for-

intérieurement, que lui sert-il d'avoir entendu des choses que son esprit aveuglé ne peut comprendre? Mais si l'esprit « de force » ne l'aide, que lui sert-il de voir le but que sa volonté indolente n'ose atteindre? Vous aviez vous-même indiqué suffisamment la nécessité d'envoyer votre Esprit, lorsqu'avant votre mort vous aviez dit à vos disciples qu'il était nécessaire que vous vous en allassiez, pour envoyer en suite « l'esprit de vérité qui leur devait enseigner toute vérité, » lorsqu'après votre résurrection, vous leur ordonnâtes « de rester dans la ville, jusqu'à ce qu'ils eussent reçu la force d'en haut, » cette force qui devait venir au secours de leur infirmité. Ils ont obéi à vos ordres : ils ont été revêtus de cet esprit « de force » et de « vérité » qui leur était promis; ils ont été aussitôt renouvelés, et comme recréés de nouveau par l'esprit. « Vous enverrez votre Esprit, ils seront créés, et vous renouvellerez la face de la terre. »

VERSION LXVIII.

Siége de Mézières.

L'empereur Charles-Quint, ayant rompu tout à coup la paix conclue avec François Ier, fit marcher trente-cinq mille hommes vers la Champagne. Les villes frontières de cette province n'étaient pas en état de résister, et les impériaux pouvaient, sans peine, pénétrer en peu de temps dans le centre du royaume. Le monarque français, à cette nouvelle, assembla son conseil de guerre pour délibérer sur le parti qu'il fallait prendre dans une circonstance si pressante. Après bien des avis, on conclut qu'il fallait brûler Mézières, ville qui serait la première à soutenir les efforts de l'ennemi, et dévaster tous les environs pour affamer les soldats du perfide empereur. Bayard seul s'opposa fortement à

titer obstitit : « Rex, inquit, nullum est oppidum satis immunitum, quod repugnare non possit, dummodo ibi sint viri boni qui illud tueantur. Ego ipse Macerias petam, ibique clausus illas tibi retinebo. » Intrepidi equitis consilio applausum est. Frequentes strenui, et flos nobilitatis illius sequendi de honore inter se contendunt. Proficiscuntur, paucisque interjectis diebus Macerias perveniunt, quas judicant imminentem sibi obsidionem sustinere non posse. Bayardus primo eos qui arma ferre nequibant, urbe ejecit. Quum deinde Mosæ pontem adortus fuisset, jussit antiqua refici munimenta, novaque exstrui. Laborantibus ipse aderat; pecuniam illis largiebatur, seque duris eorum operibus adjungebat; et : « Vobisne exprobrabitur oppidum illud vestra culpa omissum ? »

VERSIO LXIX.

Quomodo danda sunt beneficia.

Sequitur ut dicamus quæ beneficia danda sint, et quemadmodum. Primo demus necessaria, deinde utilia, deinde jucunda, utique mansura. Incipiendum est autem a necessariis ; aliter enim ad animum pervenit, quod vitam continet : aliter quod exornat, aut instruit. Potest in eo aliquis fastidiosus esse æstimator, quo facile cariturus est, de quo dicere licet : « Recipe, non desidero, meo contentus sum. » Interim non reddere tantum libet quod acceperis, sed abjicere. Ex his quæ necessaria sunt, quædam

cette résolution désespérée : « Sire, dit-il, il n'y a point de place faible dès qu'il y a des gens de cœur pour la défendre : j'irai moi-même m'enfermer dans Mézières, et je vous en rendrai bon compte. » On applaudit au généreux projet de l'intrépide chevalier. Une foule de braves, et l'élite de la noblesse, se disputent l'honneur de le suivre : ils partent, et en peu de jours arrivent à Mézières, qu'ils trouvent hors d'état de soutenir le siége dont cette ville était menacée. Bayard commence par faire sortir toutes les bouches inutiles. Ensuite, s'étant emparé du pont de la Meuse, il ordonna de rétablir les anciennes fortifications, et d'en construire de nouvelles. Il accompagnait les travailleurs, il leur distribuait de l'argent, il partageait avec eux leurs pénibles travaux, et il leur disait : « Vous sera-t-il reproché que cette ville a été perdue par votre faute ? »

VERSION LXIX.

Manière de répandre les bienfaits.

Exposons maintenant quels bienfaits l'on doit accorder, et comment il faut s'y prendre : donnons d'abord le nécessaire, ensuite l'utile, puis l'agréable, mais surtout le solide. Il faut commencer par le nécessaire. On est bien autrement touché d'un bienfait d'où dépend la vie, que de celui qui ne contribue qu'à son agrément. On peut faire le dédaigneux sur un présent dont on se serait aisément passé, dont on peut dire : « Reprenez votre don, je n'en ai nul besoin ; ce que j'ai me suffit. » Quelquefois, non-seulement on veut rendre ce qu'on a reçu, mais on va jusqu'à le jeter. Le nécessaire se divise en trois classes : la pre-

primum obtinent locum, sine quibus non possumus vivere ; quædam secundum, sine quibus non debemus ; quædam tertium, sine quibus nolumus. Primi ordinis beneficia sunt, hostium manibus aliquem eripere, et tyrannicæ iræ, et proscriptioni, et aliis periculis quæ varia et incerta humanam vitam obsident. Quidquid horum discusserimus, quo majus ac terribilius erit, eo majorem inihimus gratiam. Subit enim cogitatio, quantis sint liberati malis : et lenocinium est muneris, antecedens metus. Nec tamen ideo debemus tardius quemquam servare, quam possumus, ut muneri nostro timor imponat pondus. Proxima ab his sunt, sine quibus possumus quidem vivere, sed ut mors potior sit : tanquam libertas, et pudicitia, et mens bona. Post hæc habebimus conjunctione ac sanguine, usuque et consuetudine longa, cara, ut liberos, conjuges, penates, ceteraque quæ usque eo animus sibi applicuit, ut ab illis quam a vita divelli gravius existimet. Subsequuntur utilia, quorum varia et lata materia est. Hic erit pecunia non superfluens, sed ad sanum modum habendi parata; hic erit honor, et processus ad altiora tendentium. Nec enim utilius quidquam est, quam sibi utilem fieri. Jam cetera ex abundanti veniunt, delicatos factura. In his sequemur, ut opportunitate grata sint, ut non vulgaria, quæque aut pauci habuerint, aut pauci intra hanc ætatem habent, aut quæ etiam si natura pretiosa non sunt, tempore aut loco fiant. Videamus quid oblatum maxime voluptati futurum sit; quid frequenter occursurum habenti, ut toties nobiscum, quoties cum illo sit.

mière comprend les choses sans lesquelles on ne peut
vivre; la seconde, celles sans lesquelles on ne le doit
pas; la troisième, celles sans lesquelles on ne le veut
pas. Les bienfaits de la première classe, sont d'arracher
un homme au fer des ennemis, à la rage d'un tyran,
à la proscription, enfin à tant de périls divers et ino-
pinés qui assiégent la vie humaine. Quel que soit celui
de ces dangers que vous fassiez disparaître, plus il est
terrible, plus la reconnaissance s'accroît. On se rappelle les maux dont on a été tiré, et la crainte antérieure
rend le bienfait plus doux. Cependant il ne faudrait pas
différer de sauver un homme, afin que la peur accrût
l'importance du service. On peut vivre sans les biens
de la seconde classe, tels que la liberté, l'honneur, la
vertu; mais la mort est préférable à une telle vie. Enfin,
le sang, l'affinité, l'usage, l'habitude nous attachent
à nos enfants, à nos femmes, à nos pénates, et à d'autres
objets dont nous nous séparerions plus difficilement
que de la vie même. Au nécessaire succède l'utile; il se
subdivise en un grand nombre d'espèces diverses; il
comprend et l'argent non accumulé jusqu'au superflu,
mais réglé sur la mesure de la raison; et les honneurs,
et surtout les progrès dans la science de la vertu :
en effet, la première utilité est celle qui se rapporte à
l'homme même. Viennent enfin les choses d'agrément,
qui sont innombrables. La règle à suivre par rapport
à celles-ci, c'est qu'elles plaisent par l'à-propos:
qu'elles ne soient pas communes; que peu de personnes
en aient ou en jouissent dans ce siècle, ou en possèdent
de semblables : le temps ou la circonstance leur donne
un prix qu'elles n'ont pas naturellement. Cherchons
les objets les plus agréables à présenter; des objets de
nature à frapper souvent la vue du possesseur, et à
nous rappeler autant de fois à son souvenir.

VERSIO LXX.

Sequitur de obsidione Maceriarum.

Duo vix dies effluxerunt ex quo gallicus exercitus oppidum fuerat ingressus, quum cæsarianus undique miles irrumpens prospectus est. Postera die hujus exercitus duces miserunt qui Bayardo denuntiarent ut oppidum sibi traderet. Legati illi eum monuerunt plurimi fieri virtutem illius a ducibus qui illos mittebant, illosque moleste laturos si vi expugnaretur : quod quidem illius honori dedecus allaturum, ipsumque periculum vitæ aditurum. « Nuntiate illis qui vos miserunt, retulit subridens Bayardus, me, priusquam oppidum deseram, quod regi placuit fidei meæ credere, ex illius hostium conjectis corporibus pontem exstructurum fuisse, per quem egredi possim. » Legati cum illo responso dimissi, illud detulerunt coram præfecto quodam gallo cui nomen erat Joannes Picardus; qui illis : « Domini, inquit, novi Bayardum, et sub illo duce merui : ne speretis vos Macerias ingressuros, donec huic urbi aderit : mallem hanc urbem insuper decem millia hominum habere, Bayardumque abesse.

VERSION LXX.

Suite du siége de Mézières.

Il n'y avait pas deux jours que les Français étaient entrés dans la place, lorsqu'on aperçut l'armée impériale qui s'approchait de tous côtés. Le lendemain, les généraux de cette armée envoyèrent sommer Bayard de leur remettre la ville. Ces députés lui dirent que ceux qui les envoyaient vers lui estimaient beaucoup sa valeur, et qu'ils seraient fâchés, s'il était pris d'assaut, car son honneur pourrait en souffrir, et peut-être même lui en coûterait-il la vie. « Dites à ceux qui vous envoient, répondit en riant le chevalier, qu'avant que j'abandonne une place que le roi mon maître a bien voulu confier à ma foi, j'aurai fait des corps de ses ennemis entassés le seul pont par où il me soit permis d'en sortir. » Les hérauts, congédiés avec cette réponse, la rendirent à leurs maîtres en présence d'un capitaine français, nommé Jean Picard, qui leur dit : « Messeigneurs, je connais Bayard, et j'ai servi sous lui. Ne vous attendez pas d'entrer dans Mézières, tant qu'il sera dedans. J'aimerais mieux qu'il y eût dans la place dix mille hommes de guerre de plus, et que sa personne n'y fût point. »

VERSIO LXXI.

Dux quidam carthaginiensis Annibalem cessantem increpat.

Perge, imperator invictissime, victrices duc Romam copias, fortuna utere, dum favet; vides quantus militum animos persequendæ victoriæ ardor inflammaverit, vides ut nullum, te duce, deprecentur laborem. Ergo age, invade urbem non exteras duntaxat gentes, sed fidelissimos socios intolerabili jugo premere assuetam. Funestetur ignibus curia illa, ex qua toties in nos plena insolentissimi fastidii responsa, plena sævitiæ jussa prodierunt. Eruatur a fundamentis illud Capitolium quod non miserorum minus spoliis locupletatum est quam sanguine purpuratum. Immitte senatoribus vincula, qui se orbis terrarum principes gloriabantur : nihil te moveat, nihil te conterreat : jam consules, tribunos, legiones tua prostravit fortitudo. Jam fortissima reipublicæ propugnacula corruerunt : habes, Annibal, habes in his agris cannensibus jacentem Romam : Romæ præter mœnia superest nihil : rebus fortasse desperatis Romani suos armabunt servos, sed quem ipsi Romani ferre non potuerunt, an Romanorum mancipia sustinebunt?

VERSION LXXI.

Un officier carthaginois reproche à Annibal son inaction.

Courage, invincible général ; conduisez à Rome vos troupes victorieuses ; profitez de la fortune tandis qu'elle vous est favorable. Vous voyez quelle noble ardeur anime vos soldats à suivre la victoire. Vous voyez qu'il n'y a point de travaux si pénibles qui puissent les rebuter sous un chef tel que vous ; courage donc et rendez-vous maître de cette ville superbe, accoutumée à opprimer sous le joug d'un empire tyrannique, non-seulement les nations étrangères, mais encore ses plus fidèles alliés. Portez le feu au milieu de ce sénat qui vous a si souvent fait des réponses pleines de mépris et de fierté ; qui vous a imposé tant de fois des lois dictées par la cruauté seule. Renversez de ses fondements ce superbe Capitole, qui n'est pas moins enrichi des dépouilles des malheureux, qu'arrosé de leur sang. Chargez de fer ces sénateurs qui se regardent comme les maîtres de la terre. Que rien ne soit capable de vous détourner, de vous effrayer. Déjà votre bras invincible a terrassé les consuls, les tribuns, les légions romaines, déjà les plus fortes citadelles sont tombées. Annibal, vous avez abattu toutes les forces de Rome à la bataille de Cannes ; il ne lui reste plus que l'enceinte de ses murs. Sans doute, dans son désespoir, elle armera ses esclaves contre vous ; mais les esclaves des Romains résisteront-ils à celui que les Romains eux-mêmes n'ont pu soutenir ?

VERSIO LXXII.

Sequitur de obsidione Maceriarum.

Tribus abhinc hebdomadibus hostes oppido instabant. Mœnium partem tormenta bellica everterant; hostesque jam equitem ipsiusque milites penes se arbitrabantur. Bayardus vero, apud quem vigebant duæ imperatoris egregiæ dotes, virtus scilicet et astutia, id singulare adhibuit, ut Sickengenum averteret, quo potissimum impediebatur. Id rustico cuidam commisit, ut Lamarco qui Sedani erat, epistolam his verbis conscriptam ferret : « Ni fallor, uno abhinc anno mihi pollicitus es, tu Nassovium comitem in partes regis mei adducturum, eumdemque tuum esse propinquum. Quod quidem non minus quam tu exoptarem, quod amandus admodum habeatur. Quod si fieri posse credas, operi instes tibi suadeo ; nam priusquam quatuor et viginti horæ effluxerint, ille et ejus castra profligabuntur. Certior factus sum duodecim millia Helvetiorum, et armatorum hominum octoginta et centum tribus adhinc leucis cubitum venturos, cras, prima luce, in eum impetum facturos, dum ego irruptionem faciam vehementem ; et felicem prorsus qui mortem vitabit ; illud te volui monitum, sed tacendum est. »

VERSION LXXII.

Suite du siége de Mézières.

La place était vivement attaquée depuis plus de trois semaines. Le canon avait renversé une partie des murailles, et les ennemis se flattaient d'avoir bientôt entre leurs mains le chevalier et ses soldats. Mais Bayard qui réunissait à un degré éminent les deux qualités d'un grand capitaine, le courage et la ruse, imagina l'expédient le plus singulier pour se débarrasser du général Sickengen qui l'incommodait beaucoup. Il chargea un paysan d'aller porter au seigneur de Lamark, qui était à Sedan, une lettre conçue en ces termes : « Il me semble que depuis un an vous m'avez dit que vous vous proposiez d'attirer le comte de Nassau au service du roi mon maître, et qu'il est votre parent. Je le désirerais autant que vous, sur la réputation qu'il a d'être un homme fort aimable. Si vous croyez que cela puisse se faire, je vous donne avis d'y travailler plutôt aujourd'hui que demain, parce que, avant qu'il soit vingt-quatre heures, lui et son camp seront mis en pièces. J'ai avis que douze mille Suisses et huit cents hommes d'armes doivent coucher ce soir à trois lieues d'ici ; que demain, au point du jour, ils fondront sur lui, pendant que de mon côté je ferai une vigoureuse sortie ; et sera bien heureux celui qui en échappera. J'ai cru devoir vous en prévenir ; mais il faut garder le secret.

VERSIO LXXIII.

De vitio ingrati animi.

Non referre beneficiis gratiam, et est turpe, et apud omnes habetur, Æbuti Liberalis. Ideo de ingratis etiam ingrati queruntur : quum interim hoc omnibus hæreat, quod omnibus displicet : adeoque in contrarium itur, ut quosdam habeamus infestissimos non post beneficia tantum, sed propter beneficia. Hoc pravitate naturæ accidere quibusdam, non negaverim : pluribus, quia memoriam tempus interpositum subduxit. Nam quæ recentia apud illos viguerunt, ea interjecto spatio obsolescunt. Multa sunt genera ingratorum, ut furum, ut homicidarum : quorum una culpa est, ceterum in partibus varietas magna. Ingratus est, qui beneficium accepisse se negat, quod accepit; ingratus est, qui dissimulat; ingratus, qui non reddit : ingratissimus omnium, qui oblitus est. Illi enim si non solvunt, tamen debent : et exstat apud illos vestigium certe meritorum, intra malam conscientiam conclusorum : et aliquando ad referendam gratiam converti ex aliqua causa possunt, si illos pudor admoverit, si subita honestæ rei cupiditas; qualis solet ad tempus etiam in malis pectoribus exsurgere : si invitaverit facilis occasio : hic nunquam fieri gratus potest, cui totum beneficium elapsum est. Et utrum tu pejorem vocas, apud quem gratia beneficii intercidit, an apud quem etiam memoria? Vitiosi oculi sunt, qui lucem reformidant :

VERSION LXXIII.

De l'ingratitude.

L'ingratitude est un vice honteux, Ébutius Libéralis, tout le monde en convient; les ingrats se plaignent eux-mêmes des ingrats : néanmoins ce vice odieux à tout le monde est presque universel. La conduite des hommes est tellement en opposition avec leurs principes, qu'on ne hait jamais tant qu'après avoir été obligé, et même pour l'avoir été. Cette inconséquence est sans doute dans quelques-uns l'effet d'une perversité naturelle ; mais le plus communément c'est le temps qui efface la mémoire du bienfait : quand il était récent il subsistait dans toute sa vigueur; mais le temps, à la longue en fait disparaître les traces. Il est plusieurs espèces d'ingrats, comme de voleurs et d'homicides. La faute est toujours la même ; elle ne varie que dans les circonstances. On est ingrat, quand on nie les bienfaits reçus; on l'est quand on les dissimule ; on l'est quand on ne les acquitte pas: on l'est complétement quand on les oublie. Les premiers, ne payant pas, n'en restent pas moins débiteurs : leur conscience, toute corrompue qu'elle est, conserve au moins la trace des services : un motif quelconque peut un jour les porter à la reconnaissance : peut-être seront-ils réveillés, ou par la honte, ou par un mouvement subit de vertu, comme il s'en élève quelquefois dans les cœurs les plus dépravés, ou bien ils seront excités à la gratitude par une occasion plus facile de la montrer. Mais il n'y a plus de ressources quand le bienfait se trouve entièrement effacé. Lequel, à votre avis, est le plus coupable, ou de celui qui n'a pas de reconnaissance du bienfait ou de celui qui n'en a pas même le souvenir? Les yeux ne sont que malades quand ils craignent la lumière ; ils sont aveu-

cæci, qui non vident ; et parentes suos non amare, impietas est : non agnoscere, insania. Quis tam ingratus est, quam qui, quod in prima parte animi positum esse debuit, et semper occurrere, ita seposuit et abjecit, ut in ignorantiam verteret? Apparet illum non sæpe de reddendo cogitasse, cui obrepsit oblivio.

VERSIO LXXIV.

Julii Cæsaris effigies.

Fuisse traditur excelsa statura, colore candido, teretibus membris, ore paulo pleniore, nigris vegetisque oculis, valetudine prospera, nisi quod tempore extremo repente animo linqui, atque etiam per somnum exterreri solebat. Comitiali quoque morbo bis inter res agendas correptus est. Circa corporis curam morosior, ut non solum tonderetur diligenter ac raderetur, sed velleretur, etiam, ut quidam exprobraverunt. Calvitii vero deformitatem iniquissime ferre, sæpe obtrectatorum jocis obnoxiam expertus, ideoque et deficientem capillum revocare a vertice assueverat : et ex omnibus decretis sibi a senatu populoque honoribus, non aliud aut recepit, aut usurpavit libentius, quam jus laureæ coronæ perpetuo gestandæ. Etiam cultu notabilem ferunt : usum enim lato clavo ad manus fimbriato, nec ut unquam aliter quam super eum cingeretur, et quidem fluxiore cinctura. Unde emanasse Sullæ dictum, optimates sæpius admonentis, ut male præcinctum puerum caverent.

glés, quand ils ne la voient pas du tout. C'est une impiété que de ne pas aimer ses parents; c'est un délire que de ne vouloir pas les reconnaître. Qui pousse l'ingratitude jusqu'à écarter totalement, jusqu'à rejeter et méconnaître ce qui devrait occuper le premier rang dans ses pensées? Il paraît qu'on s'est bien peu occupé de la restitution, quand on en est venu jusqu'à l'oubli du bienfait.

VERSION LXXIV.

Portrait de Jules César.

Il avait la taille haute, le teint blanc, le corps gras, le visage plein, les yeux noirs et vifs, le tempérament robuste, si ce n'est que vers la fin de sa vie il était sujet à des défaillances subites, et à un sommeil si troublé, qu'il se réveillait souvent avec terreur. Il eut deux attaques d'épilepsie, qui le surprirent dans une conférence politique. Il portait le soin de lui-même jusqu'à la gêne : on lui reprocha non-seulement de se faire raser avec trop de recherche, mais encore de se faire arracher la barbe. Il souffrait impatiemment d'être chauve, d'autant plus que ses ennemis en avaient plaisanté : aussi avait-il coutume de faire revenir sur son front le peu de cheveux qu'il avait; et de tous les décrets rendus en son honneur par le sénat et par le peuple, aucun ne lui fut plus agréable que celui qui lui donnait le droit de porter toujours une couronne de laurier. Son habillement était remarquable; il portait ordinairement une robe garnie de franges qui lui descendaient jusque sur les mains. Sa ceinture était attachée par-dessus son laticlave, et elle était très-lâche; ce qui donna lieu à ce mot de Sylla, qui disait souvent aux grands : « Méfiez-vous de ce jeune homme à ceinture lâche. »

VERSIO XLXV.

De vera magnitudine reipublicæ romanæ.

Nolite existimare, inquit civis romanus, majores nostros armis rempublicam ex parva magnam fecisse; quod si esset, multo pulchriorem eam nos haberemus : quippe sociorum atque civium, præterea armorum equorumque major copia nobis, quam illis est. Sed alia fuere ex quibus in multas crevit opes, quæque nobis nulla sunt : intus industria, foris justum imperium, animus in consulendo liber. Pro his nos habemus luxuriam atque avaritiam, publice egestatem, privatim opulentiam : laudamus divitias, sequimur inertiam. Inter bonos et malos discrimen nullum ; omnia virtutis præmia tenet ambitio ; quisque sibi ipsi consilium capit ; unde accidit, ut impetus fit in vacuam rempublicam.

VERSIO LXXVI.

Sequitur de Maceriarum obsidione.

Jubente Bayardo, Sickengenis ad castra tendit villicus ; qui vix ex urbe egressus ab excubiis hostium captus, ad ducem adducitur vinctus : dux eum interrogat, eique mortem minitatur. Perterritus villicus, et imminens capiti periculum avertere cupiens, secretum omne detegit, litteras Sickengeno tradit : quibus perlectis, dux indignatus concionem

VERSION LXXV.

De la vraie grandeur de la république romaine.

Ne croyez pas, disait un citoyen romain, que ce soit par la voie des armes que nos ancêtres aient amené la république à un si haut degré de puissance ; s'il en était ainsi, elle serait de nos jours bien plus florissante, puisque nous avons plus d'alliés et de citoyens, plus d'armes et de chevaux, qu'ils n'en purent avoir. Leur grandeur eut des principes bien différents, ces principes n'existent plus pour nous : au dedans l'industrie, au dehors un gouvernement équitable, et une entière liberté dans les délibérations. Au lieu de ces précieux avantages, on voit régner parmi nous le luxe et l'avarice, l'État est dans la misère et les particuliers dans l'opulence. Nous estimons les richesses, et nous nous abandonnons à la mollesse. Point de distinction entre les bons et les mauvais citoyens. L'ambition envahit le prix du mérite, chacun ne consulte que ses intérêts ; de là vient que l'on attaque la république sans défense.

VERSION LXXVI.

Suite du siége de Mézières.

Par l'ordre du chevalier, le villageois prend la route du côté du camp de Sickengen. A peine est-il sorti de la ville, qu'on l'arrête ; on le conduit au général, on le questione, on le menace : le bonhomme, intimidé, découvre son secret, pour éviter la mort qu'il croyait déjà voir sur sa tête. Il donne la lettre à Sickengen ; ce capitaine la lit, et plein d'indignation, il la

advocat, præfectosque de re certiores facit. Conclamant omnes in furorem versi Nassavium proditorem : tuba canitur, signa velluntur, sarcinæ colliguntur, atque ultra flumen transitur. Frustra Nassovius, audito consilii tam repentini nuntio, collegam ad se trahere et retinere conatur. Missi ab eo legati proditionis suæ suspicionem confirmant : utrinque castra solvuntur ; atque Maceriæ ab obsidione liberantur. Interea, trepidantibus cunctis, villicus in urbem regressus Bayardo quid sibi contigisset narrat. Is ingenti gaudio elatus ad tam felicis rerum eventus nuntium, maximos edit risus ; et : « Quandoquidem, ait, ii jocum primi incipere renuunt, et ipse ego incipiam. » Tunc, eo jubente, tormenta bellica undique erumpunt, magnamque hostium multitudinem prosternunt. Sic Bayardi solertia Maceriæ liberantur. Sic Gallia, quæ Cæsarianorum exercitibus ne unum quidem exercitum opponere potuisset, salutem suam ducis industriæ debuit. Quo quidem facto ab omnibus regni ordinibus publicæ gratiæ testimonia recepit fortissimus eques.

VERSIO LXXVII.

De usu temporis.

Ita fac, mi Lucili : vindica te tibi, et tempus quod adhuc aut auferebatur, aut surripiebatur, aut excidebat, collige et serva. Persuade tibi sic esse, ut scribo ; quædam tempora eripiuntur nobis, quædam subducuntur, quædam effluunt. Turpissima tamen est jactura, quæ per negligentiam venit : et

communique à son conseil. La fureur s'empare de tous les esprits, on s'écrie que le comte de Nassau est un traître, on sonne la retraite, on lève l'étendard, on plie bagage, et l'on passe la rivière. En vain le comte, instruit de cette résolution précipitée, veut retenir son collègue. Les différentes députations ne servent qu'à augmenter les soupçons ; on décampe de part et d'autre : Mézières est délivrée. Durant ce tumulte, le porteur de la lettre était rentré dans la ville, et avait appris au chevalier tout ce qui lui était arrivé. Bayard éclata de rire en voyant l'heureux succès de son stratagème, et, dans l'excès de la joie, il dit : « Puisqu'ils n'ont pas voulu commencer le jeu, ce sera donc à moi de le faire ; » et dans l'instant éclatent de toutes parts les batteries qui firent beaucoup de mal à l'ennemi. C'est ainsi que, par l'adresse de Bayard, fut levé le siége de Mézières ; exploit qui sauva la France, où il n'y avait point alors d'armée en état d'arrêter celle de l'empereur, et qui mérita au valeureux chevalier les preuves les plus sensibles de la reconnaissance de tous les ordres de l'État.

VERSION LXXVII.

Sur l'emploi du temps.

Oui, mon cher Lucilius, rendez-vous à vous-même. Le temps qu'on vous enlevait, qu'on vous dérobait, qui vous échappait, il faut le recueillir et le garder. N'en doutez pas : on nous ravit le temps, on le surprend, nous le laissons aller ; et pourtant, la perte la plus honteuse est celle qui vient de notre négligence. Songez-y bien, une partie de la vie se passe à mal

si volueris attendere, magna vitæ pars elabitur male agentibus, maxima nihil agentibus, tota aliud agentibus. Quem mihi dabis, qui aliquod pretium tempori ponat? qui diem æstimet? qui intelligat se quotitie mori? In hoc enim fallimur, quod mortem prospicimus : magna pars ejus jam præteriit; quidquid ætatis retro est, mors tenet. Fac ergo, mi Lucili, quod facere te scribis ; omnes horas complectere : sic fiet, ut minus ex crastino pendeas, si hodierno manum injeceris. Dum differtur vita, transcurrit. Omnia, mi Lucili, aliena sunt : tempus tantum nostrum est. In hujus rei unius fugacis ac lubricæ possessionem natura nos misit, ex qua nos expellit quicunque vult. Sed tanta stultitia mortalium est, ut quæ minima et vilissima sunt, certe reparabilia, imputarisibi, quum impetravere, patiantur : nemo se judicet quidquam debere, qui tempus accepit; quum interim hoc unum est, quod ne gratus quidem potest reddere. Interrogabis fortasse, quid ego faciam, qui tibi ista præcipio? Fatebor ingenue : quod apud luxuriosum, sed diligentem, evenit, ratio mihi constat impensæ. Non possum dicere me nihil perdere : sed quid perdam, et quare, et quemadmodum, dicam : causas paupertatis meæ reddam. Sic evenit mihi quod plerisque non suo vitio ad inopiam redactis : omnes ignoscunt, nemo succurrit. Quid ergo est? non puto pauperem, cui, quantulumcunque superest, sat est. Tu tamen malo serves tua; et bono tempore uti incipias. Nam, ut visum est majoribus nostris, sera parcimonia in fundo est. Non enim tantum minimum in imo, sed pessimum remanet.

faire; la plus grande, à ne rien faire; la totalité, à faire autre chose que ce qu'on devrait. Trouvez-moi un homme qui sache apprécier le temps, estimer les jours et comprendre qu'il meurt à chaque instant. Notre erreur est de ne voir la mort que devant nous : elle est derrière en grande partie : tout le temps passé, elle le tient. Faites donc, Lucilius, comme vous l'écrivez : ramassez toutes les heures : saisissez-vous du présent, vous dépendrez moins de l'avenir. La vie se passe à la remettre. Mon cher Lucilius, tout le reste est d'emprunt, le temps seul est à nous. Cet être fugitif qui s'envole est la seule possession que la nature nous ait assignée; encore nous en dépouille qui veut. Eh bien ! telle est la folie des hommes; des objets chétifs, méprisables, dont la perte du moins est réparable, on se croit obligé pour les avoir obtenus : a-t-on reçu du temps ; on ne croit rien devoir : c'est cependant la seule dette que la reconnaissance même ne peut acquitter. Vous me demanderez peut-être comment je me conduis, moi qui donne des leçons. Je vous le dirai franchement : comme un homme magnifique, mais attentif, je dépense, et je me rends compte : je ne puis dire que je ne perde rien; mais je sais ce que je perds, et comment, et pourquoi, je connais les causes de ma pauvreté. Aussi me trouvé-je dans le cas des gens ruinés sans leur faute : tout le monde les excuse; personne ne les assiste. Après tout, je n'appelle pas pauvre celui qui se contente du peu qui lui reste. Vous ferez pourtant mieux de ménager votre bien, et de mettre à profit, sans délai, un temps précieux. Suivant un vieux proverbe, l'économie n'est plus de saison, quand le vase est à la fin ; au fond du tonneau, la quantité est moindre et la qualité pire.

VERSIO LXXVIII.

Commercium malorum vitare memento.

Subducendus populo est tener animus et parum tenax recti : facile transitur ad plures. Socrati, Catoni et Lælio excutere mentem suam dissimilis multitudo potuisset; adeo nemo nostrum, qui maxime concinnamus ingenium, ferre impetum vitiorum magno comitatu venientium potest. Unum exemplum aut luxuriæ aut avaritiæ multum mali facit : convictor delicatus paulatim enervat et emollit; vicinus dives cupiditatem irritat; malignus comes quamvis candido et simplici rubiginem suam affricuit. Quid tu accidere his credis in quos publice factus est impetus? necesse est aut imiteris, aut oderis. Utrumque autem devitandum est, ne vel similis malis fias, quia multi sunt, neve inimicus multis quia dissimiles sunt. Recede in te ipsum quantum potes : cum his versare qui te meliorem facturi sunt; illos admitte quos tu potes facere meliores : mutuo ista fiunt, et homines dum docent, discunt.

VERSIO LXXIX.

Cornelia impellit Brutum ad ulciscendum Cæsaris morte Pompeium.

Fata Pompeii ultima, et miserandam mortem secum revolvebat Brutus : ponebat ante oculos tanti

VERSION LXXVIII.

Souvenez-vous d'éviter tout commerce avec les méchants.

Il faut éloigner de la multitude un esprit encore faible et peu affermi dans le bien : on se range aisément du parti le plus nombreux. La vertu des Socrate, des Caton, des Lélius, aurait échoué contre une multitude dont les principes auraient été opposés aux leurs ; à plus forte raison, nous qui travaillons à régler nos penchants, sommes-nous incapables de soutenir le choc des vices qui nous attaquent en foule. Un seul exemple de luxe ou d'avarice cause beaucoup de mal : un convive qui fait ses délices de la table, énerve et amollit insensiblement; le voisinage d'un riche irrite la cupidité; la compagnie d'un homme méchant ternit l'âme la plus pure et la plus sincère. Qu'arrive-t-il, à votre avis, à ceux contre qui se fait un assaut général ? Il leur faut ou imiter ou haïr : or, vous devez éviter les deux extrêmes, soit pour ne pas ressembler aux méchants, parce qu'ils sont en grand nombre, soit pour ne pas être l'ennemi du grand nombre, parce qu'il ne vous ressemble pas. Rentrez en vous-même, autant qu'il est possible ; recherchez ceux qui peuvent vous rendre meilleur, accueillez ceux à qui vous pouvez procurer le même avantage ; c'est un service réciproque, et en instruisant les autres on s'instruit soi-même.

VERSION LXXIX.

Cornélie anime Brutus à venger Pompée par la mort de César.

Brutus repassait dans son esprit la mort tragique du grand Pompée; il se rappelait les vertus de ce

virtutem viri, partum triumphis exstinctum decus : Siccine, inquiebat, periisse, Roma, tuos amores? siccine inultus morietur qui te toties ultus est? O Roma ingrata ! o patria infidelis! Talia dum mente agitat Brutus, adest Pompeii uxor Cornelia, fusis sine ordine capillis, genis madentibus, triste spirans : « Vidi, inquit, Pompeium mille confossum vulneribus, media jacentem arena, sepulcrali carentem honore; vidi, Brute, et adhuc te video, nec vindictam spiras, et vobis, romani equites, nullum parentis optimi desiderium est. Regnat Caesar, et regnantem, et vobis fabricantem vincula, deosculamini. Tuum est, Brute, Romam ab imminenti periculo liberare : hæc te laus manet, hæc victoria decet Brutos. Avorum virtutem imitare : ducis equidem ab illo sanguinem Bruto, cui primum fasces Roma liberata detulit : illius consulis vestigia sequere, si te alterum patriæ vindicem prædicari amas. »

VERSIO LXXX.

Quomodo vitia sunt emendanda.

Quod ad duos amicos nostros pertinet, diversa via eundum est; alterius enim vitia emendanda, alterius frangenda sunt. Utar libertate tota : non amo illum, nisi offendero. Quid ergo? inquis ; quadragenarium pupillum cogitas sub tutela tua continere? Respice ætatem ejus jam duram et intractabilem; non potest reformari; tenera finguntur. An profecturus sim nescio : malo successum mihi quam fidem deesse. Nec desperaveris, etiam diutinos

héros et sa gloire passée qu'un moment venait d'obscurcir. Rome, s'écriait-il, était-ce là le terme fatal où devait aboutir celui qui faisait autrefois tes délices? Rome, qu'il vengea si souvent de ses ennemis, ne lui fourniras-tu pas de vengeur? Ville ingrate! perfide patrie! Ainsi se disait Brutus. Cornélie, femme de Pompée, s'avance vers lui, les cheveux épars, les yeux baignés de larmes : « J'ai vu, dit-elle en soupirant, j'ai vu Pompée percé de mille coups, étendu sur le sable, privé de la sépulture; je l'ai vu, Brutus, et je vous vois encore ici, et vous ne courez pas à la vengeance! Quoi donc? vous aussi, chevaliers romains, vous paraissez insensibles au triste sort de votre père commun? César règne en maître, et vous adorez ce tyran, et vous baisez les chaînes qu'il vous prépare! C'est à vous, ô Brutus! c'est à vous de délivrer Rome du pressant danger qui la menace. Cette gloire, ce triomphe n'est dû qu'aux Brutus. Marchez sur les traces de vos ancêtres : c'est vous, sans doute, qui comptez parmi vos aïeux cet illustre Brutus auquel Rome sauvée déféra pour la première fois les faisceaux de consul; imitez son exemple, si vous voulez avoir la gloire d'être un second libérateur de la patrie. »

VERSION LXXX.

Comment il faut corriger les défauts.

Parlons d'abord de nos deux amis. Ils demandent des traitements divers : dans l'un il suffit de corriger le caractère, dans l'autre il faut le rompre. Avec celui-ci j'userai d'une liberté entière; ne pas le heurter, c'est ne pas l'aimer. Quoi! tenir en tutelle un pupille de quarante ans? A cet âge l'âme n'est plus souple ni maniable : elle ne saurait être corrigée; on ne réforme que ce qui est jeune. J'ignore si je réussirai : mais j'aime mieux manquer de succès que de zèle. Les maladies, même les plus incurables, ne sont pas désespérées, si

ægros posse sanari, si contra intemperantiam steteris, si multa invitos et facere coegeris et pati. Nec de altero quidem satis fiduciæ habeo : excepto eo, quod adhuc peccare erubescit. Nutriendus est hic pudor : qui quamdiu in animo ejus duraverit, aliquis erit bonæ spei locus. Cum hoc veterano parcius agendum puto, ne in desperationem sui veniat : nec ullum tempus aggrediendi melius fuit, quam hoc, dum interquiescit, dum emendato similis est. Aliis hæc intermissio ejus imposuit, mihi verba non dat : exspecto cum magno fœnore vitia reditura, quæ nunc scio cessare, non deesse. Impendam huic rei dies : et utrum possit aliquid agi, an non possit, experiar. Tu nobis te, ut facis, fortem præsta, et sarcinas contrahe. Nihil ex his quæ habemus necessarium est. Ad legem naturæ revertamur : divitiæ paratæ sunt.

VERSIO LXXXI.

Quæ vulgo placent fugienda.

Vitate quæcunque vulgo placent, quæ casus attribuit ; ad omne fortuitum bonum suspiciosi, pavidique subsistite. Et fera et piscis spe aliqua oblectante decipitur. Munera ista fortunæ putatis? insidiæ sunt. Quisquis nostrum tutam agere vitam volet, quantum plurimum potest, ista fucata beneficia devitet, in quibus hoc quoque miserrimi fallimur : habere nos putamus, habemur. In præcipitia cursus iste deducit : hujus eminentis vitæ exitus, cadere est. Deinde ne resistere quidem licet quum cœpit transversos

l'on s'oppose à l'intempérance des malades, si on les contraint à faire ou à souffrir ce qui leur déplait. Quant à l'autre, je n'ai pas encore grande confiance en lui, si ce n'est que jusqu'à présent il rougit de mal faire. Cette honte, il faut l'entretenir : qu'il la garde, et nous aurons lieu d'espérer. Avec notre vétéran quadragénaire, les ménagements sont indispensables : il tomberait dans le désespoir. Le temps le plus propre à l'attaquer, c'est dans ses moments de relâche, dans ceux où il paraît corrigé. Ces intervalles en imposent aux autres, mais je n'en suis pas la dupe : ils ne m'annoncent qu'un surcroît de vices ; en lui le vice quelquefois sommeille, et ne meurt pas tout à fait. Je consacrerai quelques jours à sa réforme : j'éprouverai si l'on peut y réussir ou non. Parlons de vous à présent. Mon ami, persistez dans votre courageuse entreprise : continuez à réduire tout cet attirail de superfluités. De tous les objets que nous possédons, nul ne nous est nécessaire. Rentrons sous les lois de la nature, et nous voilà très-opulents.

VERSION LXXXI.

Il faut fuir tout ce qui plaît au vulgaire.

Fuyez tous les goûts du vulgaire, tous les dons du hasard ; opposez aux biens fortuits la crainte et la méfiance. Le gibier et le poisson se laissent prendre à un appât trompeur. Croyez-vous que ce soient des présents de la fortune? Non, ce sont des pièges. Quelqu'un de nous veut-il mener une vie tranquille, qu'il évite, autant qu'il pourra, tous ces bienfaits captieux, qui nous jettent dans la plus funeste erreur, en ce qu'au lieu de prendre, nous sommes pris. Cette course conduit au précipice, et la fin de cette élévation ne peut être qu'une chute. Ensuite le moyen de résister, quand

agere felicitas. Aut saltem rectis aut temet frueris.
Qui hoc faciunt, non evertit fortuna, sed inclinat et
allidit. Hanc ergo sanam et salubrem formam vitæ
tenere memento, ut corpori tantum indulgeas quantum bonæ valetudini satis est. Scito hominem tam
bene culmo quam auro tegi. Contemne omnia quæ
supervacuus labor velut ornamentum ac decus ponit. Cogita in te præter animum nihil esse mirabile,
cui magno nihil magnum est.

VERSIO LXXXII.

Legati cujusdam ad Coloniæ incolas oratio.

Vobis gratulamur, quod tandem liberi inter liberos eritis. Nobis ad hanc diem flumina et terras,
et cœlum quodam modo ipsum clauserant Romani,
ut colloquia congressusque nostros arcerent ; vel,
quod contumeliosius est viris ad arma natis, iner-
mes ac prope nudi, sub custode et pretio coiremus.
Sed, ut amicitia societasque nostra in æternum rata
fiat, postulamus a vobis muros Coloniæ, munimenta
servitii, detrahatis. Etiam fera animalia, si clausa
teneas, virtutis obliviscuntur. Romanos omnes in
finibus vestris trucidetis : haud facile libertas et
domini miscentur. Liceat nobis vobisque utramque
ripam colere, ut olim majoribus nostris. Quomodo
lucem diemque omnibus hominibus, ita omnes terras fortibus viris natura aperuit. Instituta cultum-
que patrium resumite ; abruptis voluptatibus quibus
Romani plus adversus subjectos, quam armis, valent.

la prospérité nous entraîne? Du moins vous jouirez des gens de bien ou de vous même. En se conduisant ainsi, on peut être abaissé ou froissé par la fortune, mais non pas renversé. N'oubliez donc pas cette règle utile et salutaire, de n'accorder au corps que ce qui est nécessaire pour la santé. Sachez que l'homme n'est pas moins à couvert sous le chaume que sous les lambris dorés. Méprisez tout ornement, tout faste, fruits d'un travail superflu. Songez qu'il n'y a rien d'admirable que l'âme : est elle grande, rien ne sera grand pour elle.

VERSION LXXXII.

Discours d'un député aux habitants de Cologne.

Nous vous félicitons d'être enfin libres avec nous. Jusqu'ici, les Romains, pour nous écarter les uns des autres, nous avaient fermé les fleuves, les terres, et pour ainsi dire le ciel même ; et, ce qui est plus honteux pour des nations guerrières, nous ne pouvions nous voir que sans armes, presque nus, avec des gardes, et à prix d'argent. Mais pour rendre éternelles notre alliance et notre amitié, abattez les murs de Cologne, ces monuments d'esclavage. Les bêtes féroces même perdent leur courage si on les emprisonne : massacrez les Romains dans tout votre pays ; la liberté ne souffre point de maîtres auprès d'elle. Osons, comme nos ancêtres, habiter l'une et l'autre rive : la nature, qui a donné à tous les hommes la vie et la lumière, offre toute la terre aux hommes courageux. Reprenez le culte et les institutions de vos pères. Abandonnez ces voluptés dont les Romains se servent plus que des armes pour vous assujettir. Redevenus un peuple franc,

Sincerus et integer et servitutis oblitus populus, aut ex æquo agetis, aut aliis imperitabitis.

VERSIO LXXXIII.

De Nilo flumine.

Ex eo quantus sit Nilus æstimari potest, quod ingentia animalia, et pabulo sufficienti, et ad vagandum loco continet. Babillus, virorum optimus, in omni genere litterarum clarissimus, auctor est, quum ipse præfectus obtineret Ægyptum, Heracleotico ostio Nili, quod est maximum, spectaculo sibi fuisse delphinorum a mari decurrentium, et crocodilorum a flumine adversum agmen agentium, velut pro partibus prœlium. Crocodilos ab animalibus placidis morsuque innoxiis victos. Hinc superior pars corporis dura et impenetrabilis est etiam majorum animalium dentibus, at inferior mollis ac tenera. Hanc delphini spinis quos dorso eminentes gerunt, submersi vulnerabant, et in adversum enixi dividebant. Præcisis hoc modo pluribus, ceteri velut acie versa refugerunt. Fugax scilicet animal audaci, audacissimum timido est. Nec illos Tentyritæ generis aut hastæ proprietate superant, sed contemptu et temeritate. Ultro enim insequuntur fugientesque injecto trahunt laqueo. Plerique pereunt, quibus minus præsens animus ad persequendum fuit.

indépendant et libre, vous observerez envers les autres les droits de l'équité, ou vous acquerrez le droit de leur commander.

VERSION LXXXIII.

Du Nil.

On peut juger de la grandeur du Nil par les énormes animaux qui y trouvent une nourriture suffisante, et un espace assez grand pour nager à leur aise. Babillus, le plus vertueux des hommes et le plus consommé en tout genre de connaissances, assure avoir vu, pendant sa préfecture d'Égypte, à l'embouchure Héracléotique du Nil, qui est la plus considérable, un combat en règle d'une troupe de dauphins venus de la mer, contre une armée de crocodiles qui s'était avancée du fleuve à leur rencontre : il ajoute que les crocodiles furent vaincus par des ennemis dont la nature est pacifique et la morsure nullement dangereuse. Les crocodiles, quoique couverts dans la partie supérieure de leur tissu, d'écailles dures, impénétrables aux dents même des plus énormes animaux, ont le dessous du ventre souple et tendre : les dauphins, au moyen des épines saillantes dont leur dos est armé, blessaient cette partie en plongeant sous l'eau, et leur fendaient le ventre en s'avançant en sens contraire. Plusieurs ayant été tués de cette manière, les autres prirent la fuite comme après une défaite. En effet, le crocodile est un animal qui fuit ceux qui le bravent, et devient hardi avec les lâches : aussi n'est-ce point par leur constitution, par aucun avantage résultant de leurs armes, mais par la témérité et le mépris du danger, que les Tentyrites en viennent à bout : ils osent même les poursuivre et les prendre dans leur fuite en leur jetant des lacets; mais c'en est fait de ceux qui n'ont pas la présence d'esprit de les poursuivre.

VERSIO LXXXIV.

Tam turpe est confugere ad mortem, quam fugere mortem.

Ista quæ ut speciosa et felicia trahunt vulgum a multis sæpe contemnuntur. Fuere qui divitias rejecerunt, fuere qui honores; alii paupertatem, alii morbos passi sunt toleranter. Nos quoque aliquid faciamus animose : simus inter exempla. Quare deficeremus ? quare desperaremus ? Quidquid fieri potuit, potest. Nos modo purgemus animum, sequamurque naturam, a qua aberrante cupiendum timendumque est, et fortuitis serviendum. Efficiamus, ut nostrum quisque dolores, quocunque modo corpus invaserint, perferre possit, et fortunæ dicere : tibi cum viro negotium est : quære quem vincas. His cogitationibus lenitur illud amici nostri ulcus, quod quidem opto mitigari, et aut sanari, aut stare et cum ipso senescere. Sed securus de ipso sum : de nostro agitur damno, quibus egregius senex eriperetur; nam ipse vitæ plenus est, cui adjicit nihil sua causa, sed eorum quibus utilis est. Liberaliter facit quod vivit : alias jam fortasse hos cruciatus finiisset : hic tam turpe putat ad mortem confugere, quam fugere mortem.

VERSION LXXXIV.

*Il est aussi honteux de recourir à la mort que
de la fuir.*

Bien des gens méprisent ces prétendus biens qui séduisent le vulgaire sous l'apparence flatteuse du bonheur. On a vu des hommes refuser les richesses et les honneurs; d'autres ont supporté avec patience la pauvreté ou les maladies. Signalons-nous aussi par quelque action d'éclat; devenons des modèles. Pourquoi nous laisser abattre? pourquoi désespérer? Tout ce qui a pu se faire est possible. Appliquons-nous à purifier notre cœur; prenons la nature pour guide : quiconque s'en écarte devient le jouet de la cupidité, de la crainte, et l'esclave de la fortune. Faisons en sorte que chacun de nous puisse supporter les douleurs de quelque manière qu'elles viennent assaillir le corps, et puisse dire à la fortune : tu as affaire à un homme de cœur; cherche qui tu puisses vaincre. C'est par de telles réflexions que notre ami modère la douleur qui le ronge : je fais des vœux pour qu'elle puisse se calmer, se guérir, ou ne plus faire de progrès, et vieillir avec lui. Mais son sort ne m'inquiète nullement : la perte serait pour nous, si la mort nous enlevait cet excellent vieillard; car il est rassasié de la vie, il voudrait la prolonger, non pour lui, mais pour ceux à qui il est utile. Son existence est un acte de générosité; tout autre peut-être eût déjà mis fin à ses tourments; mais il regarde comme aussi honteux d'avoir recours à la mort que de la fuir.

VERSIO LXXXV.

Clyti mors.

Clyti lingua inter epulas vino nimium soluta dictis Alexandrum violaverat, et bella a Philippo pugnata, victoriis nati præferre ausus erat. Grande equidem nefas : displicent enim alienæ laudes, et sæpe levius afficiunt injuriæ quam alterius facta superbe laudata. Temerariam nimis linguam non tulit Alexander, in iras exarsit, et sui oblitus et probri memor arma capit; vinum oculis et furorem evomit; nequicquam duces conantur ultrices flammas exstinguere, manibus excutiunt hastam; sed arma non desunt furori; ergo non sui compos tentoria deserit, et telum quod miles primo in limine gestabat manu arripit, et ipse sui factus satelles, mox amici sui tortor futurus Clytum quærit. Clytus sese offert obvium; at seu bacchi vitio, seu opaca nocte vix bene visus fuit ab Alexandro, qui ira inflammatus : « Tu quis es? » exclamat. Clytus amicum se profert, neque suum celat nomen : veniam vel solo nomine tot meritis noto, si quid nosset bacchus, promeruit. Sed nihil prodest Clyti virtus, nil servasse regem et regis periculum suo populsasse. Ferit hasta Clytum, cruor fluit de vulnere, cadit Clytus fato meliore dignus. Sic bacchus Alexandrum et Clytum sontes fecit.

VERSION LXXXV.

Mort de Clytus.

Clytus, dans un festin, avait parlé trop librement; ses paroles avaient offensé Alexandre, parce qu'il avait osé préférer les batailles que Philippe avait livrées aux victoires que son fils avait remportées. C'était là sans doute un grand crime; car les éloges décernés aux autres déplaisent souvent à ceux qui les entendent. On souffre ordinairement plus volontiers une injure personnelle que le récit des belles actions d'un rival. Ce courtisan indiscret irrita, par des louanges mal placées, la jalousie d'Alexandre. Ce prince, outré de dépit, s'oubliant lui même, et se livrant aux sentiments de l'outrage prétendu qu'il venait de recevoir, prend les armes et veut en tirer vengeance. Le vin et la colère enflamment ses yeux; c'est en vain que ses généraux veulent l'apaiser par leurs larmes : ils lui arrachent, il est vrai, la lance qu'il tenait entre ses mains; mais la fureur trouve toujours des armes : il sort donc de sa tente et prend la javeline du garde qu'il rencontre à l'entrée; et se faisant son propre satellite pour devenir bientôt le bourreau de son ami, il cherche Clytus : la victime se présente; mais soit que le vin ou les ténèbres de la nuit empêchassent Alexandre de le reconnaître, il s'écrie avec colère : Qui êtes-vous? Clytus se proclame son ami et ne cache pas son nom. Ce nom seul, connu à tant de titres, aurait dû désarmer son courroux, si l'ivresse connaissait quelque chose. La valeur de Clytus, les dangers qu'il avait courus pour sauver la vie à Alexandre ne purent lui être utiles; celui-ci le perce de sa lance; le sang coule à grands flots, et Clytus expire sans doute digne d'un sort plus heureux. C'est ainsi que la débauche porta Alexandre et Clytus à des excès qui les rendirent tous deux coupables.

VERSIO LXXXVI.

Claudii imperatoris effigies.

Auctoritas dignitasque formæ non defuit vel stanti, vel sedenti, ac præcipue quiescenti; nam et prolixo, nec exili, corpore erat : et specie canitieque pulchra, opimis cervicibus. Ceterum et ingredientem destituebant poplites minus firmi; et remisse quid vel serio agentem multa dehonestabant : risus indecens, ira turpior, spumante rictu, humentibus naribus : præterea linguæ titubantia, caputque, quum semper, tum in quantulocunque actu, vel maxime tremulum. Valetudine sicut olim gravi, ita princeps perprospera usus est, excepto stomachi dolore; quo se correptum etiam de consciscenda morte cogitasse dixit. Convivia agitavit et ampla et assidua, ac fere patentissimis locis, ut plerumque sexcenteni simul discumberent. Convivatus est super emissarium Fucini lacus, ac pæne submersus, quum emissa impetu aqua redundasset. Adhibebat omni cœnæ et liberos suos cum pueris puellisque nobilibus, qui more veteri ad fulcra lectorum sedentes vescerentur. Convivæ, qui pridie scyphum aureum subripuisse existimabatur, revocato in diem posterum, calicem fictilem apposuit.

VERSION LXXXVI.

Portrait de l'empereur Claude.

Il ne manquait pas d'une certaine dignité dans son extérieur, soit qu'il fût assis ou debout, et surtout lorsqu'il reposait. Sa taille était grande et forte; ses cheveux blancs rendaient sa physionomie assez belle; il avait le cou gras. Mais lorsqu'il marchait, ses genoux étaient chancelants; et, dans les actions sérieuses de sa vie comme dans ses moments de loisir, il avait plus d'un désagrément naturel : un rire niais, une colère dégoûtante qui le faisait écumer et lui rendait les narines humides; une prononciation embarrassée, et un tremblement de tête continuel, dans les moindres mouvements. Sa santé fut très-mauvaise jusqu'à son avénement au trône, et très-bonne depuis ce moment, à l'exception pourtant de quelques douleurs d'estomac, qui quelquefois furent si vives, qu'il fut sur le point, à ce qu'il dit lui-même, de se donner la mort. Il était fort adonné aux plaisirs de la table, et ses festins étaient longs et nombreux : il mangeait dans des endroits très-vastes, et avait le plus souvent jusqu'à six cents convives. Il pensa périr auprès des écluses du lac Fucin où il donnait un repas, l'eau ayant fait irruption tout d'un coup. Il avait toujours ses enfants à sa table, et la jeune noblesse des deux sexes mangeait assise, suivant l'ancienne coutume, et appuyée contre les piliers des lits. Un convive fut accusé d'avoir volé une coupe d'or; il l'invita de nouveau le lendemain, et fit mettre devant lui une tasse de terre.

VERSIO LXXXVII.

Cæsar deflet Pompeii mortem.

Est sua laus lacrimis, nec sola femina decenter flere potest : turpe quidem mala sua, sed alterius sortem lugere præclarum est. Pompeium suo magno frustra defensum nomine prodiderat fortuna : inops, exsul hospitium quærit : salutem potuisset reperire, si homines sacra fidei jura tueri scirent : sed quum fallit fortuna, nocentem facit fidem. Ergo quem miserum fecit damnatur morte, et servili cadit gladio mundi caput; sanguineum maris unda recipit cadaver quod eluit, sed tuum, Ptolemæe, facinus non abluit. Caput illud venerabile gladio obtruncatum victori offert imperii scelerisque tui minister Achillas. Ut videt Cæsar ferale munus, generi vultum agnoscit, et tacitus pererrans oculis paulatim dediscit iras, et hostem deponens, mutato animo socerum resumit. Ingemit, et victi sortem miseratus, jam dolet vicisse; nec suum celat dolorem, cadunt ex oculis piæ lacrimæ pectoris indices sui. Jam parcite, Pompeii manes, fata incusare aspera : si vobis tellus barbara funeris exsequias negat, sepulcri honores compensant lacrimæ Cæsaris ex oculis fluentes.

VERSION LXXXVII.

César pleure la mort de Pompée.

Les larmes ont quelquefois leur mérite, et les femmes ne sont pas les seules qui puissent en répandre sans se rabaisser. Il est vrai qu'il y a de la bassesse à pleurer ses propres malheurs; mais il faut aussi avouer qu'il y a de la grandeur d'âme à donner des larmes aux infortunes d'autrui. Le grand nom de Pompée n'avait pu le mettre à couvert des traits de la fortune ; il se voit tout à coup dépouillé de tous ses biens et exilé de sa patrie. Il cherche un asile chez un peuple étranger ; il l'eût dû trouver sans doute, si la fidélité eût été moins rare parmi les hommes. Mais quand une fois la fortune nous abandonne, elle fait un crime de la fidélité. Ainsi Pompée, en butte aux tristes revers de la fortune, est condamné à mort. Cet homme qui avait été le plus grand de l'univers, tombe sous les coups d'un vil esclave. Son cadavre ensanglanté est jeté dans la mer, et ses eaux le purifient ; mais elles ne sauraient, ô perfide Ptolémée, te laver de ton crime. Cette tête respectable est présentée au vainqueur par Achillas, qui est tout à la fois le ministre de ton royaume et de ta fureur. César, à la vue de ce fatal présent, reconnaît le visage de son gendre, et, plongé dans un profond silence, il parcourt des yeux tous les traits de ce visage auguste ; à l'instant sa colère se dissipe, et, changeant tout à coup de sentiment, il n'est plus ennemi de Pompée, il est son beau-père. Il pousse un profond soupir, et, touché du sort malheureux de ce grand homme, il voudrait ne l'avoir point vaincu ; sa vive douleur éclate, il verse des larmes qui sont les fidèles interprètes de son grand cœur. Cessez donc, mânes de Pompée, cessez d'accuser la rigueur du destin ; si une terre barbare vous refuse les honneurs de la sépulture, les larmes de César sont plus précieuses pour vous que la plus magnifique pompe funèbre.

VERSIO LXXXVIII.

In philosophia vera nobilitas.

Iterum tu mihi te pusillum facis, et dicis, malignius tecum egisse naturam prius, deinde fortunam, quum possis te eximere vulgo, et ad felicitatem omnium maximam emergere. Si quid aliud est in philosophia boni, hoc est, quod stemma non inspicit. Omnes, si ad primam originem revocentur, a diis sunt. Eques romanus es, et ad hunc ordinem tua te perduxit industria : at mehercules multis equester ordo clauditur. Non omnes curia admittit : castra quoque, quos ad laborem et periculum recipiunt, fastidiose legunt. Bona mens omnibus patet : omnes ad hoc sumus nobiles. Nec rejicit quemquam philosophia, nec eligit : omnibus lucet. Patricius Socrates non fuit : Cleanthes aquam traxit, et rigando hortulo locavit manus : Platonem non accepit nobilem philosophia, sed fecit. Quid est quare desperes his te posse fieri parem? omnes hi majores tui sunt, si te illis geris dignum. Geres autem, si hoc protinus tibi persuaseris a nullo te nobilitate superari. Omnibus nobis totidem ante nos sunt ; nullius non origo ultra memoriam jacet. Plato ait, neminem regem non ex servis esse oriundum, neminem servum non ex regibus. Omnia ista longa varietas miscuit, et sursum deorsum fortuna versavit. Quis ergo generosus? ad virtutem bene a natura compositus. Hoc unum est intuendum ; alioqui, si ad vetera revocas, nemo non inde est, ante

VERSION LXXXVIII.

La philosophie procure la vraie noblesse.

Vous vous rabaissez encore : vous reprochez d'abord à la nature, puis à la fortune, de vous avoir maltraité, quand l'une et l'autre vous permettent de vous élever au-dessus du vulgaire, et de parvenir à la suprême félicité. Ce que la philosophie a de plus grand, c'est de ne point regarder à la naissance. Elle sait que tous les hommes, si l'on remonte à leur origine, viennent des dieux. Vous êtes chevalier romain : ce grade où vous a conduit votre mérite, est interdit à bien d'autres ; le sénat ne s'ouvre pas à tout le monde ; et la milice même se rend difficile sur le choix de ceux qu'elle destine aux travaux et aux dangers. Mais la sagesse tend les bras à tous les hommes ; pour elle, on est toujours assez noble. La philosophie ne préfère, ne refuse personne ; son flambeau luit pour tout le monde. Socrate n'était point patricien : Cléanthe louait ses bras pour arroser un jardin : et la noblesse de Platon, il la dut à la philosophie. Vous est-il impossible d'égaler ces grands hommes ? Ils seront vos ancêtres, si vous en êtes digne ; vous le serez, en croyant dès aujourd'hui que personne n'est plus noble que vous. Chacun de nous est précédé du même nombre d'aïeux : l'origine de tous les hommes remonte au delà des temps connus. Il n'est pas de roi, dit Platon, qui ne descende d'un esclave, ni d'esclave qui ne descende d'un roi. La fortune, avec le temps, a confondu les rangs, et croisé toutes les races. Quel est donc le vrai noble ? c'est celui que la nature a formé pour la vertu. Voilà la seule chose à considérer ; si vous me renvoyez aux anciens temps, chacun date d'une époque avant

quod nihil est. A primo mundi ortu, usque in hoc tempus, perduxit nos ex splendidis sordidisque alternata series. Non facit nobilem atrium plenum fumosis imaginibus; nemo in nostram gloriam vixit; nec quod ante non fuit nostrum est. Animus facit nobilem, cui ex quacunque conditione supra fortunam licet surgere.

VERSIO LXXXIX.

Tiberii effigies.

Tiberius corpore fuit amplo atque robusto; statura quæ justam excederet : latus ab humeris et pectore : ceteris quoque membris usque ad imos pedes æqualis et congruens : sinistra manu agiliore ac validiore; articulis ita firmis, ut recens et integrum malum digito terebraret, caput pueri vel etiam adolescentis talitro vulneraret. Colore erat candido, capillo pone occipitium submissiore, ut cervicem etiam obtegeret, quod gentile in illo videbatur; facie honesta, in qua tamen crebri et subiti tumores, cum prægrandibus oculis, et qui, quod mirum esset, noctu etiam et in tenebris viderent, sed ad breve; et quum primum a somno patuissent, demum rursum hebescebant. Incedebat cervice rigida et obstipa; adducto fere vultu, plerumque tacitus; nullo aut rarissimo etiam cum proximis sermone, eoque tardissimo, nec sine molli quadam digitorum gesticulatione. Quæ omnia ingrata atque arrogantiæ plena et animadvertit Augustus in eo, et excusare tentavit sæpe apud senatum ac populum,

laquelle il n'y eut rien. Une suite d'aïeux, alternativement illustres et obscurs, menée des commencements du monde au siècle présent : voilà la généalogie de tous les hommes. Un vestibule rempli de portraits enfumés, ne fait pas la noblesse. Nul n'a vécu pour notre gloire, et ce qui fut avant nous n'est pas à nous. L'âme seule ennoblit l'homme : elle peut, de tous les états, s'élever au-dessus de la fortune.

VERSION LXXXIX.

Portrait de Tibère.

Tibère était puissant et robuste, d'une taille au-dessus de l'ordinaire, large des épaules et de la poitrine, ayant tous les membres bien proportionnés. Sa main gauche était plus agile et plus forte que sa main droite; les articulations en étaient si vigoureuses, qu'avec son doigt il écrasait une pomme non encore mûre, et que d'une chiquenaude il blessait un enfant et même un jeune homme. Il avait le teint blanc, les cheveux un peu longs derrière la tête et tombant sur le cou ; ce qui était en lui un trait de famille. Son visage était beau, parsemé cependant de quelques légères tumeurs. Ses yeux étaient grands ; et, ce qui est assez singulier, lorsqu'il se réveillait la nuit, il voyait pendant quelque temps comme dans le jour, et ensuite sa vue s'obscurcissait peu à peu. Il marchait le cou roide et un peu renversé. Sa face était sévère, toujours morne et silencieuse. Il ne parlait presque point à ceux qui l'entouraient, ou, s'il parlait, c'était avec lenteur et avec une certaine gesticulation affectée et désagréable, qui exprimait la hauteur et la dureté. Auguste aperçut tous ces défauts, et essaya plus d'une fois de les excuser auprès du sénat et du peuple, comme venant de la

professus naturæ vitia esse, non animi. Valetudine prosperrima usus est, tempore quidem principatus pæne toto prope illæsa, quamvis a trigesimo ætatis anno arbitratu eam suo rexerit, sine adjumento consiliove medicorum.

VERSIO XC.

De voto sapientis.

Suave, mari magno, turbantibus æquora ventis,
E terra magnum alterius spectare laborem;
Non quia vexari quemquam est jucunda voluptas,
Sed, quibus ipse malis careas, quia cernere suave est :
Suave etiam belli certamina magna tueri
Per campos instructa, tua sine parte pericli :
Sed nil dulcius est, bene quam munita tenere
Edita doctrina sapientum templa serena,
Despicere unde queas alios, passimque videre
Errare atque viam palantes quærere vitæ,
Certare ingenio, contendere nobilitate,
Noctes atque dies niti præstante labore,
Ad summas emergere opes rerumque potiri.
O miseras hominum mentes! o pectora cæca!
Qualibus in tenebris vitæ quantisque periclis
Degitur hoc ævi, quodcunque est! Nonne videre
Nil aliud sibi naturam latrare, nisi ut, quum
Corpore sejunctus dolor absit, mente fruatur,
Jucundo sensu, cura semota metuque.

nature et non pas de son caractère. Il jouit d'une santé heureuse et inaltérable pendant presque tout le temps de son règne, quoique, depuis l'âge de trente ans, il l'eût soignée à sa guise et qu'il eût été lui seul son médecin.

VERSION XC.

Le vœu du sage.

Il est doux de contempler du rivage les flots soulevés par la tempête, et le péril d'un malheureux qui lutte contre la mort : non pas qu'on prenne plaisir à l'infortune d'autrui, mais parce que la vue des maux qu'on n'éprouve point est consolante. Il est doux encore, à l'abri du danger, de promener ses regards sur deux grandes armées rangées dans la plaine. Mais de tous les spectacles, le plus agréable est de considérer du faîte de la philosophie, asyle des sciences et de la paix, les mortels épars s'égarant à la poursuite du bonheur, se disputant la palme du génie ou la chimère de la naissance, et se soumettant nuit et jour aux plus pénibles travaux, pour s'élever à la fortune ou à la grandeur. Malheureux humains ! cœurs aveugles ! au milieu de quelles ténèbres et à quels périls vous exposez ce peu d'instants de votre vie ! Écoutez le cri de la nature. Qu'exige-t-elle de vous ? Rien qu'un corps exempt de douleur, une âme libre de terreurs et d'inquiétudes.

VERSIO XCI.

De hominis natura.

Hominis causa videtur cuncta alia genuisse natura, magna sæva mercede contra tanta sua munera : ut non sit satis æstimare, parens melior homini, an tristior noverca fuerit. Ante omnia, unum animantium cunctorum alienis velat opibus : ceteris varia tegumenta tribuit, testas, cortices, coria, spinas, villos, setas, pilos, plumam, pennas, squamas, vellera. Truncos etiam arboresque cortice, interdum gemino, a frigoribus et calore tutata est. Hominem tantum nudum, et in nuda humo, natali die abjicit ad vagitus statim et ploratum, nullumque tot animalium aliud ad lacrimas : et has protinus vitæ principio. At, hercules, risus, præcox ille et celerrimus, ante quadragesimum diem nulli datur. Ab hoc lucis rudimento, quæ ne feras quidem inter nos genitas, vincula excipiunt et omnium membrorum nexus : itaque feliciter natus jacet, manibus pedibusque devinctis, flens, animal ceteris imperaturum : et a suppliciis vitam auspicatur, unam tantum ob culpam, quia natum est. Heu ! dementiam ab his initiis existimantium ad superbiam se genitos !

VERSIO XCII.

Plinius Bebio Hispano suo.

Tranquillus, contubernalis meus, vult emere agellum, quem venditare amicus tuus dicitur. Rogo

VERSION XCI.

De la nature de l'homme.

La nature semble avoir produit tous les autres animaux pour l'homme ; mais elle vend bien cher les dons qu'elle lui fait ; peut-être même est-elle pour lui plutôt une marâtre qu'une mère. D'abord c'est le seul qu'elle couvre de vêtements étrangers : elle donne aux autres divers téguments, les carapaces, les coquilles, le cuir, les piquants, le poil, la soie, le crin, le duvet, la plume, l'écaille et la laine. Elle garantit les arbres eux-mêmes contre le froid et le chaud, en les enveloppant d'une écorce quelquefois double. L'homme est le seul que, dès sa naissance, elle jette nu sur la terre nue, livré en cet instant aux cris et aux pleurs. De tant d'êtres vivants, nul autre n'est destiné aux larmes, et ces larmes, il les répand aussitôt qu'il respire : mais le rire, en vérité, le rire, même précoce, même le plus hâtif, n'éclôt jamais sur les lèvres avant le quarantième jour. A partir de ce triste essai de la lumière, viennent les liens qui entravent tous ses membres, et dont les bêtes mêmes qui naissent dans nos habitations sont affranchies. Produit sous de si brillants auspices, le voilà donc étendu pieds et mains liés, ce maître futur de tous les autres animaux ! Il pleure ! Des douleurs commencent sa vie, et tout son crime est d'être né. Après un tel début, hélas ! quelle démence que de se croire des droits à l'orgueil !

VERSION XCII.

Pline à Bébius Hispanus.

Suétone, qui loge avec moi, a dessein d'acheter une petite terre, qu'un de vos amis veut vendre. Faites en

cures quanti æquum est emat. Ita enim delectabit emisse. Nam mala emptio semper ingrata est, eo maxime quod exprobrare stultitiam domino videtur. In hoc autem agello, si modo arriserit pretium, Tranquilli mei stomachum multa sollicitant, vicinitas urbis, opportunitas viæ, mediocritas villæ, modus ruris, qui avocet magis, quam distringat. Scholasticis porro studiosis, ut hic est, sufficit abunde tantum soli, ut relevare caput, reficere oculos, reptare per limitem, unamque semitam terere, omnesque viticulas suas nosse, et numerare arbusculas possint. Hæc tibi exposui, quo magis scires, quantum ille esset mihi, quantum ego tibi debiturus, si prædiolum istud, quod commendatur his dotibus, tam salubriter emerit, ut pœnitentiæ locum non relinquat. Vale.

VERSIO XCIII.

Simonides a diis servatus.

Quum pugili coronato carmen, quale componi victoribus solebat, mercede pacta scripsisset Simonides, abnegata ei pecuniæ pars est, quod, more poetis frequentissimo, digressus in laudes Castoris et Pollucis exierat. Quapropter partem ab iis petere quorum facta celebrasset, jubebatur; et persolverunt, ut traditum est. Nam quum esset grande convivium in honorem ejusdem victoriæ, atque adhibitus ei cœnæ Simonides, nuntio est excitus, quod eum duo juvenes equis advecti desiderare majorem in modum dicebantur; et illos quidem non invenit;

sorte qu'elle ne soit vendue que ce qu'elle vaut. C'est à ce prix qu'elle lui plaira. Un mauvais marché ne peut être que désagréable, mais principalement par le reproche continuel qu'il semble nous faire de notre imprudence. Cette acquisition (si d'ailleurs elle n'est pas trop chère) tente mon ami par plus d'un endroit : son peu de distance de Rome, la commodité des chemins, la médiocrité des bâtiments, les dépendances, plus capables d'amuser que d'occuper. En un mot, il ne faut à ces messieurs les savants, absorbés comme lui dans l'étude, que le terrain nécessaire pour délasser leur esprit et réjouir leurs yeux ; il ne leur faut qu'un sentier où l'on se glisse avec peine, qu'une allée pour se promener, qu'une vigne dont ils puissent connaître tous les ceps, que des arbres dont ils sachent le nombre. Je vous mande tous ces détails, pour vous apprendre quelle obligation il m'aura, et toutes celles que lui et moi nous vous aurons, s'il achète, à des conditions dont il n'ait jamais lieu de se repentir, une petite maison telle que je viens de la dépeindre. Adieu.

VERSION XCIII.

Simonide sauvé par les dieux.

Simonide avait fait pour un athlète couronné un poëme tel qu'on en composait ordinairement pour les vainqueurs. On lui refusa une partie du prix convenu, parce que, selon la coutume des poëtes, il s'était écarté de son sujet pour s'étendre sur les louanges de Castor et de Pollux. Il pouvait, lui disait-on, demander l'autre moitié à ceux dont il avait vanté les exploits; et il en fut bien payé, comme l'histoire le rapporte. En effet, l'athlète donnait un grand festin à l'occasion de sa victoire, et il invita Simonide. On fit sortir ce dernier en lui disant que deux jeunes gens venus à cheval le demandaient avec instance ; il ne trouva pas ces jeunes gens,

fuisse tamen gratos erga se, exitu comperit. Nam vix eo limen egresso, triclinium illud supra convivas corruit, atque ita contudit, ut non ora modo oppressorum, sed membra etiam omnia requirentes ad sepulturam propinqui nulla nota possent discernere. Tum Simonides dicitur, memor ordinis quo quisque discubuerat, corpora suis reddidisse.

VERSIO XCIV.

Sequitur de hominis natura.

Prima roboris spes, primumque temporis munus quadrupedi similem facit. Quando homini incessus? quando vox? quando firmum cibis os? quandiu palpitans vertex, summæ inter cuncta animalia imbecillitatis indicium? Jam morbi, totque medicinæ contra mala excogitatæ et hæ quoque subinde novitatibus victæ. Cetera sentire naturam suam; alia pernicitatem usurpare, alia præpetes volatus, alia nare; hominem scire nihil sine doctrina, non fari, non ingredi, non vesci : breviterque non aliud naturæ sponte, quam flere. Itaque multi exstitere, qui non nasci optimum censerent, aut quam ocissime aboleri. Uni animantium luctus est datus, uni luxuria, et quidem innumerabilibus modis, ac per singula membra : uni ambitio, uni avaritia, uni immensa vivendi cupido, uni superstitio, uni sepulturæ cura, atque etiam post se de futuro. Nulli vita fragilior, nulli rerum omnium libido major, nulli pavor confusior, nulli rabies acrior. Denique cetera animantia in suo genere probe degunt; congregari videmus, et

mais l'événement lui prouva que les dieux avaient été reconnaissants envers lui ; car à peine eut-il franchi le seuil de la porte, que la salle s'écroula sur les convives, et les écrasa tellement, que leurs parents, qui voulaient leur donner la sépulture, ne purent en aucune manière non-seulement distinguer leur visage, mais même leurs membres. On dit qu'alors Simonide, se souvenant de la place que chacun avait occupée, rendit à chacun le corps qu'il cherchait.

VERSION XCIV.

De la nature de l'homme (suite).

Se traîner comme les quadrupèdes est en lui le premier signe de la force, le premier bienfait du temps. Mais quand l'homme se dressera-t-il sur ses pieds? quand formera-t-il des sons articulés? quand sa bouche pourra-t-elle broyer les aliments? quand cessera le tremblement de sa tête, marque certaine de la faiblesse chez les animaux? Déjà surviennent les maladies et cette foule de remèdes inventés pour les guérir, trop souvent impuissants contre des maux nouveaux. Avertis par leur instinct, les autres courent, volent ou nagent; l'homme ne sait rien si on ne le lui a appris, ni parler, ni marcher, ni se nourrir. Oui, de lui-même il ne sait que pleurer : aussi plusieurs ont-ils pensé que le mieux serait de ne point naître, ou de rentrer à l'instant même dans le néant. A lui seul ont été réservés le chagrin ; à lui seul la sensualité sous des formes sans nombre, et par toutes les parties de son corps; à lui seul l'ambition, l'avarice, la passion immodérée de la vie, la superstition, le soin de sa sépulture, et même de ce qui arrivera quand il ne sera plus. Nul animal dont la vie soit plus frêle, les désirs plus effrénés, la peur plus effarée, la rage plus furieuse. Enfin, les autres animaux vivent en paix avec leurs semblables : nous les voyons se

stare contra dissimilia. Leonum feritas inter se non dimicat; serpentium morsus non petit serpentes; ne maris quidem belluæ ac pisces, nisi in diversa genera, sæviunt. At, hercules! homini plurima ex homine sunt mala.

VERSIO XCV.

Prima L. Syllæ stipendia.

Postquam in Africam atque in castra Marii venit Sylla, rudis antea et ignarus belli, solertissimus omnium paucis tempestatibus factus est. Ad hoc milites benigne appellare, multis rogantibus, aliis per se ipse beneficia dare, invitus accipere; sed ea properantius quam æs mutuum reddere; ipse a nullo repetere; magis id laborare ut illi quam plurimi deberent; joca et seria cum humillimis agere. In operibus, in agmine, atque ad vigilias multus esse; neque interim, quod prava ambitio solet, consulis, aut cujusquam boni famam lædere; tantummodo neque consilio, neque manu alium priorem pati; plerosque antevenire. Quibus rebus et artibus brevi Mario militibusque carissimus factus est.

VERSIO XCVI.

De somniorum effectibus.

Et cui quisque fere studio devinctus adhæret,
Aut quibus in rebus multum sumus ante morati,
Atque in qua ratione fuit contenta magis mens,

réunir et combattre contre des ennemis d'une espèce différente. Les lions, malgré leur férocité, n'ont point la guerre avec les lions ; les serpents ne déchirent point les serpents, les poissons mêmes et les monstres de la mer ne sont cruels que pour ceux d'une autre espèce ; mais c'est de l'homme, grands dieux ! que l'homme éprouve le plus de maux.

VERSION XCV.

Premières campagnes de L. Sylla.

Dès que Sylla fut arrivé en Afrique dans le camp de Marius, entièrement novice dans le métier des armes, il devint bientôt le plus habile guerrier. De plus il se rendait affable envers les soldats, accueillait les demandes, et souvent les prévenait ; il ne recevait de services que malgré lui ; il les rendait avec plus d'empressement qu'on ne s'acquitte d'une dette, et n'exigeait jamais de retour ; il s'attachait surtout à obliger le plus grand nombre de personnes qu'il pouvait ; il traitait des choses sérieuses ou badines avec le dernier des soldats. Dans les travaux, dans les marches, dans les veilles, on le voyait partout ; cependant, loin d'imiter de vils ambitieux, il ne chercha jamais à ternir la réputation du consul ou de tout autre homme de bien : seulement il ne pouvait souffrir qu'un autre le surpassât en prudence et en courage ; il l'emportait même à cet égard sur le plus grand nombre. Cette conduite le rendit bientôt l'idole de Marius et des soldats.

VERSION XCVI.

Effets des songes.

Les objets habituels de nos occupations, ceux qui nous ont retenus le plus longtemps, et qui ont exigé le plus de contention d'esprit, sont les mêmes aux-

In somnis eadem plerumque videmur obire.
Causidici causas agere et componere leges;
Induperatores pugnare ac prœlia obire;
Nautæ contractum cum ventis cernere bellum;
Nos agere hoc autem, et naturam quærere rerum
Semper, et inventam patriis exponere chartis.
Cetera sic studia atque artes plerumque videntur
In somnis animos hominum frustrata tenere.
Et quicunque dies multos ex ordine ludis
Assiduas dederunt operas, plerumque videmus,
Quum jam destiterint ea sensibus usurpare,
Tum reliquas tamen esse vias in mente patentes,
Qua possint eadem rerum simulacra venire;
Per multos itaque illa dies eadem obversantur
Ante oculos, etiam vigilantes ut videantur
Cernere saltantes, et mollia membra moventes,
Et citharæ liquidum carmen chordasque loquentes
Auribus accipere, et consessum cernere eumdem,
Scenaique simul varios splendere decores,
Usque adeo magni refert studium atque voluntas,
Et quibus in rebus consuerint esse operati
Non homines solum, sed vero animalia cuncta.

VERSIO XCVII.

Ad juventutem.

Advenit tandem jucundissima anni tempestas, et excusso torpore, natura vos ad ipsam imitandam videtur invitare. Renovetur ergo ardor ille quo ad studium flagrabatis. Rura peragrate, cer-

quels nous paraissons nous livrer ordinairement pendant le sommeil. Les avocats plaident des causes et interprètent les lois en songe; le général livre des combats et des assauts; le pilote fait la guerre aux vents. Moi-même je n'interromps point mes doux travaux pendant la nuit; je continue d'interroger la nature et d'en dévoiler les secrets à ma patrie. En un mot, les autres études et les autres arts occupent ordinairement en songe les hommes par de semblables illusions. Ceux qui assistent assidûment aux jeux plusieurs jours de suite, nous les voyons presque toujours, lors même que les spectacles ont cessé de frapper leurs sens, conserver dans leur âme des routes ouvertes par où les mêmes simulacres peuvent encore s'introduire : les mêmes objets se présentent à eux pendant plusieurs jours : ils voient, même en veillant, les danseurs bondir, et mouvoir leurs membres avec souplesse; ils entendent les accords de la lyre et le doux langage des cordes; ils retrouvent la même assemblée et la même variété de décorations dont brillait la scène. Tant est grand le pouvoir du penchant, du goût et de l'habitude, non-seulement sur les hommes, mais sur les animaux eux-mêmes !

VERSION XCVII.

A la jeunesse.

Elle est enfin arrivée la plus belle des saisons de l'année; la nature sortie de son engourdissement semble vous inviter à suivre son exemple. Qu'elle se renouvelle donc cette ardeur dont vous brûliez pour l'étude.

netis indefessum aratorem, alacrem vinitorem, utrumque multo jam sudore diffluentem. Nedum æstus solis eos domi moretur, contra vero excitat ut foras exeant; nec robusti eorum liberi magis otio indulgent quam ipsi parentes. Quis vestrum omni ope eniti dubitabit, ut in commune naturæ propositum conspiret? Jam perspiciuntur germina fructuum qui a vobis exspectantur. Absit ut similes sitis sterilibus istis arboribus, quæ multis sese floribus induunt, poma vero ferunt omnino nulla. Excolendo quod a natura sortiti estis ingenio spes tum a parentibus, tum a magistris conceptas adimplebitis.

VERSIO XCVIII.

Sequitur de somniorum effectibus.

Quippe videbis equos fortes, quum membra jacebunt
In somnis, sudare tamen spirareque sæpe,
Et quasi de palma summas contendere vires,
Tunc quasi carceribus patefactis sæpe moveri.
Venantumque canes, in molli sæpe quiete,
Jactant crura tamen subito, vocesque repente
Mittunt, et crebras reducunt naribus auras,
Ut vestigia si teneant inventa ferarum;
Expergefactique sequuntur inania sæpe
Cervorum simulacra, fugæ quasi dedita cernant;
Donec discussis redeant erroribus ad se.
At consueta domi catulorum blanda propago
Degere, sæpe levem ex oculis volucremque soporem
Discutere, et corpus de terra corripere instant,

Si vous parcourez les campagnes, vous verrez le laboureur infatigable et l'actif vigneron déjà baignés de sueur l'un et l'autre. La chaleur du soleil, loin de les retenir à la maison, les excite à sortir ; leurs enfants robustes ne s'abandonnent pas plus qu'eux au repos. Qui de vous hésiterait à concourir de tout son pouvoir au but général de la nature ? Déjà paraissent les germes des fruits que l'on attend de vous. Gardez-vous de ressembler à ces arbres stériles qui se couvrent de fleurs et ne donnent pas de fruits. En cultivant l'intelligence que vous avez reçue de la nature, vous comblerez les espérances que vous avez fait concevoir à vos parents et à vos maîtres.

VERSION XCVIII.

Effets des songes (suite).

En effet, vous verrez des coursiers, quoique étendus et profondément endormis, se baigner de sueur, souffler fréquemment, et tendre tous leurs muscles, comme si les barrières étaient déjà ouvertes, pour disputer le prix de la course. Souvent encore, au milieu du sommeil, les chiens de nos chasseurs agitent tout à coup leurs pieds, japent avec allégresse, et ramènent à plusieurs reprises l'air à leur organe, comme s'ils étaient sur la trace de la proie. Souvent même en se réveillant ils continuent de poursuivre le vain simulacre d'un cerf qu'ils s'imaginent voir fuir devant eux, jusqu'à ce que, revenus à eux-mêmes, ils se désabusent à regret de leur erreur. D'un autre côté, le gardien faible et caressant qui vit sous nos toits dissipe en un moment le sommeil léger qui fermait ses paupières, se dresse avec précipitation sur ses pieds, croyant voir un visage inconnu et des traits suspects. Au contraire, les oiseaux de toute espèce prennent la fuite, et en

Proinde quasi ignotas facies atque ora tuantur.
At variæ fugiunt volucres, pennisque repente
Sollicitant divum, nocturno tempore, lucos,
Accipitres somno in leni si prœlia pugnasque
Edere sunt persectantes, visæque volantes.
Porro hominum mentes magnis quæ motibus edunt?
Magna etenim sæpe in somnis faciuntque geruntque :
Reges expugnant, capiuntur, prœlia miscent,
Tollunt clamores, quasi si jugulentur ibidem ;
Multi depugnant, gemitusque doloribus edunt,
Et quasi pantheræ morsu sævire leonis
Mandantur, magnis clamoribus omnia complent :
Multi de magnis per somnum rebu' loquuntur,
Indicioque sui facti persæpe fuere :
Multi mortem obeunt : multi de montibus altis
Se quasi præcipitent ad terram corpore toto,
Exterrentur, et ex somno, quasi mentibu' capti,
Vix ad se redeunt, permoti corporis æstu.
Flumen item sitiens, aut fontem propter amœnum
Adsidet, et totum prope faucibus occupat amnem.

VERSIO XCIX.

Augusti imperatoris effigies.

Augustus corpore traditur maculoso, dispersis per pectus atque alvum genitivis notis, in modum et ordinem ac numerum stellarum cœlestis ursæ, sed et callis quibusdam ex prurigine corporis, assiduoque et vehementi strigilis usu, plurifariam concretis, ad impetiginis formam. Coxendice, et femore,

agitant leurs ailes vont implorer pendant la nuit un asile dans les bois sacrés, s'ils voient au milieu d'un sommeil paisible l'épervier vorace fondre sur eux et les poursuivre d'un vol rapide. Et les âmes humaines, de quels grands mouvements ne sont-elles pas agitées pendant le sommeil? Combien de vastes projets formés et exécutés en un moment! Ce sont des rois dont on devient le maître ou l'esclave, des combats qu'on livre, des cris qu'on pousse comme si l'on était égorgé sur la place; il y en a qui se débattent, qui gémissent de douleur, qui remplissent l'air de leurs cris, comme s'ils étaient dévorés sous la dent du lion ou de la panthère. Il y en a qui s'entretiennent en songe des affaires les plus importantes, et qui se trahissent souvent eux-mêmes par des aveux involontaires. Il y en a qui se voient conduire à la mort; d'autres qui, croyant tomber de tout leur poids dans un précipice, se réveillent avec effroi, hors d'eux-mêmes, et se remettent difficilement du trouble que leur a causé cette agitation. Un homme altéré s'imagine être assis au bord d'un fleuve ou d'une source limpide, et il avale à longs traits la fontaine presque entière.

VERSION XCIX.

Portrait de l'empereur Auguste.

Auguste avait le corps taché, des signes sur la poitrine et sur le ventre, disposés comme les sept étoiles de l'Ourse; des durillons causés par des démangeaisons très-vives qui l'obligeaient de se faire frotter souvent et avec force : ces durillons étaient même devenus des espèces de dartres. Il avait la hanche, la cuisse et la

et crure sinistro non perinde valebat, ut sæpe etiam inde claudicaret; sed remedio arenarum atque arundinum confirmabatur. Dextræ quoque manus digitum salutarem tam imbecillum interdum sentiebat, ut torpentem contactumque frigore vix cornui circuli supplemento scripturæ admoveret. Questus est de vesica, cujus dolore, calculis demum per urinam ejectis, levabatur. Graves et periculosas valetudines per omnem vitam aliquot expertus est, præcipue Cantabria domita, quum etiam distillationibus jecinore vitiato ad desperationem redactus, contrariam et ancipitem medendi rationem necessario subiit, quia calida fomenta non proderant, frigidis curari coactus, auctore Antonio Musa. Quasdam et anniversarias, ac tempore certo recurrentes, experiebatur : nam sub natalem suum plerumque languebat, et initio veris præcordiorum inflatione tentabatur, austrinis autem tempestatibus gravedine. Quare, quassato corpore, neque frigora neque æstus facile tolerabat.

VERSIO C.

Philippi ad Alexandrum monita.

Philippi ad aures modo pervenerat Alexandrum conqueri sibi quod plures essent fratres quam ut se regno potiturum aliquando speraret. Quem ad se vocatum his verbis pater est allocutus : « Quo plures tecum de solio contendunt, eo magis a te enitendum quo dignum omnium existimatione te præbeas. Penitus hæreat animo, principis esse glo-

jambe gauche un peu faibles; il boitait même quelquefois ; mais il se raffermissait en appliquant du sable chaud et un roseau fendu sur la partie affectée. De temps en temps aussi, il se sentait l'index de la main droite tellement engourdi, qu'il l'enveloppait d'un cercle en corne pour pouvoir écrire. Il se plaignait de la vessie, et n'était soulagé que lorsqu'il avait rendu de petits cailloux en urinant. Il eut à essuyer quelques maladies graves, une surtout après la défaite des Cantabres. Des obstructions au foie le firent désespérer de vivre : il suivit alors, par le conseil d'Antonius Musa, la méthode hasardeuse des contraires. Les remèdes chauds n'avaient rien fait, il eut recours aux remèdes froids, et guérit. Il avait aussi des infirmités annuelles et réglées : il se portait toujours mal dans le mois où il était né : il avait le diaphragme gonflé au commencement du printemps, et des pesanteurs de tête quand le vent du midi soufflait. Ainsi, toujours débile, il ne supportait aisément ni le froid ni le chaud.

VERSION C.

Avertissements de Philippe à Alexandre.

Philippe venait d'apprendre que son fils Alexandre se plaignait de ce qu'il avait trop de frères pour être sûr de régner un jour. L'ayant appelé, il lui dit : « Plus tu dois avoir de concurrents, plus tu dois faire d'efforts afin de devenir digne de l'estime publique. Il est d'un prince avide de gloire de vouloir que l'on croie

riæ cupidi ad id studere, ut solium potius ob virtutem, quam ob generis famam conscendisse constet. » Filii magis ac magis sollicitum animum accendere studebat vir ille princeps regia vere prudentia, nedum aliqua solatione levaret, multo magis stimulandum esse censebat animum Alexandri, identidem submonendo, nequaquam illi regnum paternum sperandum esse, nisi ipsi qui succederet se præbuisset dignum : regnum sua virtute, non hereditate, assequi multo pulchrius esse dictitabat. « Prosint utinam tibi Aristotelis præcepta ! utinam a permultis te, fili, delictis meis arceant, quorum certe aliquando te pœniteat. » Sæpe se errasse clarissimum principem profiteri minime pudebat, quod sibi non contigisset liberaliter a pueritia institui.

VERSIO CI.

Plinius Valenti suo.

Proxime quum apud centumviros in quadruplici judicio dixissem, subiit recordatio, egisse me juvenem æque in quadruplici judicio. Processit animus, ut solet, longius : cœpi reputare, quos in hoc judicio, quos in illo socios laboris habuissem. Solus eram qui in utroque dixissem : tantas conversiones aut fragilitas mortalitatis, aut fortunæ mobilitas facit ! Quidam ex iis, qui tunc egerant, decesserunt ; exsulant alii ; huic ætas et valetudo silentium suasit ; hic sponte beatissimo otio fruitur; alius exercitum regit ; illum civilibus officiis principis amicitia exemit. Circa nos ipsos quam multa mutata sunt ! Studiis proces-

qu'il règne pour son mérite et non à cause de sa naissance. » Au lieu de consoler son fils, ce prince, doué d'une prudence vraiment royale, ne faisait qu'augmenter de plus en plus ses inquiétudes. Il pensait qu'il aiguillonnerait le courage d'Alexandre en lui insinuant qu'il ne devait pas espérer le royaume de son père, à moins qu'il ne se montrât digne de lui succéder; il lui répétait qu'il est moins beau d'hériter d'un royaume que de le mériter. « Profite des leçons d'Aristote, lui disait-il : puissent-elles t'empêcher de faire comme moi beaucoup de fautes dont tu aurais lieu de te repentir un jour ! » Ce grand roi ne rougissait pas d'avouer qu'il s'était trompé souvent, pour n'avoir pas reçu dans son enfance une bonne éducation.

VERSION CI.

Pline à son ami Valens.

Ces jours passés, je plaidais devant les centumvirs, les quatre conseils assemblés ; je me souvins alors que la même chose m'était arrivée dans ma jeunesse. Mes réflexions, à l'ordinaire, m'emportèrent plus loin : je commençai à rappeler dans ma mémoire ceux qui, comme moi, suivaient le barreau dans le temps de la première cause, et ceux qui le suivaient dans le temps de celle-ci. Je m'aperçus que j'étais le seul qui se fût trouvé à l'une et à l'autre, tant les lois de la nature, tant les caprices de la fortune font de révolutions dans le monde. Les uns sont morts, les autres bannis ; l'âge ou les infirmités ont condamné celui-ci au silence, la sagesse ménage à celui-là une heureuse tranquillité; l'un commande une armée, la faveur du prince dispense l'autre des emplois pénibles. Moi-même, à quelles

simus, studiis periclitati sumus, rursusque processimus. Profuerunt nobis bonorum amicitiæ, bonorum obfuerunt, iterumque prosunt. Si computes annos, exiguum tempus; si vices rerum, ævum putes. Quod potest esse documento, nihil desperare, nulli rei fidere, quum videamus tot varietates tam volubili orbe circumagi. Mihi autem familiare est, omnes cogitationes meas tecum communicare, iisdemque te vel præceptis, vel exemplis monere, quibus ipse me moneo : quæ ratio ejus epistolæ fuit. Vale.

VERSIO CII.

Mendax et verax.

Agentes mendax simul et verax iter in simiorum terram forte venerant. Ut vidit e turba unus qui se regem fecerat, teneri illos jussit, ut sciret quid de se dicerent homines; simul jubet omnes adstare simios longo ordine dextra lævaque : sibi vero poni solium, ut hominum reges quondam facere viderat. Mox viatores in medium adduci imperat. « Qualis vobis esse videor, hospites ? » Respondit mendax : « Rex videris maximus. — Quid hi quos mihi apparere vides ? — Hi administri, hi legati, hi militum duces. » Mendacio laudatus simius cum turba sua adulatorem munere donat. Hic secum verax : « Si tanta mendacio sit merces, quanto ego, dixit, munere donabor, si verum pro more dixero. » Hinc ad veracem simius : « Et tibi qualis videor, hique quos circum me stare vides ? » Respondit ille : « Verus es tu simius, et simii omnes hi qui tui similes sunt. »

vicissitudes n'ai-je point été sujet? Les belles-lettres m'ont élevé d'abord, abaissé dans la suite, enfin relevé. Mes liaisons avec les gens de bien m'ont été fort utiles, puis très-préjudiciables, à la fin très-avantageuses. Si vous supputez les années où sont arrivées tant de révolutions, le temps vous paraîtra court; si vous réfléchissez sur les événements, vous croirez parcourir un siècle. Tant de changements, si rapidement amenés, sont bien propres à nous apprendre qu'on ne doit désespérer de rien, ne compter sur rien. J'ai coutume de vous communiquer toutes mes pensées, de vous faire les mêmes leçons, de vous proposer les mêmes exemples qu'à moi-même : c'est l'intention que j'ai eue dans cette lettre. Adieu.

VERSION CII.

Le menteur et l'homme véridique.

Un menteur et un homme véridique cheminaient ensemble ; ils arrivèrent par hasard dans le pays des singes. Un de ces derniers qui s'était fait roi, ayant aperçu nos voyageurs, les fit arrêter. Il voulait savoir ce que l'on disait de lui chez les hommes. En même temps, il fait disposer deux longues rangées de singes à droite et à gauche, et fait dresser pour lui un trône, conformément à l'usage dont il avait été témoin chez les rois de la terre; il commanda ensuite que l'on amenât les voyageurs en sa présence : « Etrangers, leur dit-il, que croyez-vous que je sois? — Un très-grand roi, répondit le menteur. — Et ceux que vous voyez ici à mon service? — Ce sont des ministres, des ambassadeurs, des généraux d'armée. » Pour cet éloge mensonger qu'il partage avec sa troupe, le singe roi fait donner un présent au flatteur. Alors l'homme véridique dit en lui-même : « Si tel est le prix du mensonge, que n'aurai-je pas, moi, si je dis la vérité selon ma coutume? » Le singe s'adressant à lui : « Et vous, dit-il, que pensez-vous que nous soyons, moi et ceux que vous voyez ici près de ma personne? — Vous êtes, répondit notre homme, un singe aussi bien que tous ces individus vos semblables. »

Iratus rex illum imperat dentibus lacerari, et unguibus, quod vera dixerit.

VERSIO CIII.

Prisci homines.

Et genus humanum multo fuit illud in arvis
Durius, ut decuit, tellus quod dura creasset :
Et majoribus et solidis magis ossibus intus
Fundatum, et validis aptum per viscera nervis;
Nec facile ex æstu, nec frigore quod caperetur,
Nec novitate cibi, nec labi corporis ulla,
Multaque per cœlum solis volventia lustra,
Volgivago vitam tractabant more ferarum :
Nec robustus erat curvi moderator aratri
Quisquam, nec scibat ferro molirier arva,
Nec nova defodere in terram virgulta, nec altis
Arboribus veteres decidere falcibu' ramos :
Quod sol atque imbres dederant, quod terra crearat
Sponte sua, satis id placabat pectora donum :
Glandiferas inter curabant corpora quercus
Plerumque; et quæ nunc hiberno tempore cernis
Arbuta pœniceo fieri matura colore,
Plurima tum tellus, etiam majora ferebat :
Multaque præterea novitas tum florida mundi
Pabula dia tulit, miseris mortalibus ampla.

Le roi en colère le fait saisir et déchirer à belles dents pour avoir dit la vérité.

VERSION CIII.

Les premiers hommes.

Les hommes d'autrefois étaient beaucoup plus vigoureux que ceux d'aujourd'hui ; et cela devait être nécessairement, parce que la terre, dont ils étaient les enfants, avait alors toute sa vigueur ; la charpente de leurs os était plus vaste, plus solide, et le tissu de leurs nerfs et de leurs viscères plus robuste : ils n'étaient affectés ni par le froid, ni par le chaud, ni par la nouveauté des aliments, ni par les attaques de la maladie. On les voyait survivre à la révolution d'un grand nombre de lustres, errants par troupeaux comme les bêtes. Personne ne savait encore parmi eux conduire la pénible charrue ; ils ignoraient l'art de dompter les champs avec le fer, de confier les jeunes arbustes au sein de la terre, et de trancher avec la faux les vieux rameaux des grands arbres. Ce que le soleil et la pluie leur donnaient, ce que la terre produisait d'elle-même, suffisait pour apaiser leur faim ; ils réparaient leurs forces au milieu des chênes dont le gland les nourrissait; la terre faisait croître en plus grande quantité et d'une grosseur plus considérable les fruits de l'arbousier, que nous voyons pendant l'hiver se colorer en mûrissant de l'éclat de la pourpre. La nouveauté du monde facilitait encore la production d'un grand nombre d'autres aliments délicieux, et plus que suffisants pour les mortels infortunés.

VERSIO CIV.

Prima statua aurea.

Aurea statua prima omnium nulla inanitate, et antequam ex ære aliqua illo modo fieret, quam vocant holosphyraton, in templo Anaitidis posita dicitur, numine gentibus Armeniæ sacratissimo. Direpta est Antonii parthicis rebus. Scitumque narratur dictum unius veteranorum Bononiæ, hospitali divi Augusti cœna, quum interrogaretur, « essetne verum, eum qui primus violasset hoc numen, oculis membrisque captum exspirasse. » Respondit enim « tum maxime Augustum de crure ejus cœnare, seque illum esse, totumque sibi censum ex ea rapina. » Hominum primus et auream statuam et solidam Gorgias Leontinus Delphis in templo sibi posuit, septuagesima circiter olympiade. Tantus erat docendæ oratoriæ artis quæstus!

VERSIO CV.

Timoleontis laudes.

Exemplar Epaminondam sibi proposuit Timoleon, nec illum assequi difficile. Quippe quæ in ipso velut in Thebano dotes et facultates accedebant, in utroque dono potius naturæ quam studio comparatæ videbantur. Patriæ libertatis studiosissimus, fratrem, quem in deliciis habebat, immolaverat. Qua quidem vix patrata cæde, sese fratris

VERSION CIV.

La première statue d'or.

La première statue d'or massif qui ait été faite, avant même qu'il en existât de ce genre en airain, fut placée, dit-on, dans le temple d'Anaïtis, la divinité la plus révérée chez les Arméniens. Elle fut mise en pièces dans l'expédition d'Antoine contre les Parthes. On cite à ce sujet une réponse assez plaisante d'un vétéran de Bologne à Auguste qui soupait chez lui. Ce prince lui demandait s'il était vrai que celui qui avait porté le premier coup à la statue fût mort aveugle et perclus de tous ses membres. « Dans ce moment même, répondit le vétéran, vous soupez d'une des jambes de la déesse. Ce fut moi qui frappai le premier, et la part que j'enlevai fait toute ma fortune. » Gorgias de Léontium est le premier qui se soit érigé à lui-même une statue d'or, et d'or massif, qu'il plaça dans le temple de Delphes, vers la soixante et dixième olympiade : tant était lucrative alors la profession de maître d'éloquence !

VERSION CV.

Éloge de Timoléon.

Timoléon prit Épaminondas pour modèle, et il lui fut facile de l'imiter. En lui, comme dans le Thébain, les vertus ainsi que les talents paraissaient plutôt des dons de la nature que des qualités acquises. Zélé partisan de la liberté, il avait sacrifié à la patrie un frère qu'il aimait tendrement ; mais à peine l'eut-il fait

interfectorem arguit, infelix, heu! quod ipsius cruore Corintho profuisset, infestam in se convertere manum statuit, nec amici quidem tunc facile illum a tam funesto consilio deterruere. Viginti jam annis longe a negotiis nullam reipublicæ navabat operam, quum a Corinthiis delectus est qui in Siciliam mitteretur. Hanc provinciam suscepit, quam nullo abjicere modo poterat, postquam tantum libertati tribuisset. Strenue et promptissime rem gessit, a tyrannis oppressam Siciliam liberavit. Corinthum missus Dionysius, despectui et ludibrio libero populo fuit. Devictos postea Timoleon Carthaginienses expulit. Siciliam ubi novis incolis frequentavit, pacem libertatemque firmissimam præstitit. Ultro summam potestatem abdicavit, ratus scilicet legibus tantum populum liberum esse. Privatus sua sponte factus reliquam vitæ partem degere statuit apud populum modo a se liberatum, quod quidem Syracusani haud certe minimum ipsius beneficium habuerunt. Ipsos finge certatim concurrentes illum ut viderent, et advenis spectandum ostenderent. Summa semper apud illos gratia valuit. Nihil nisi ipsius consilio aggressi, defunctum, veluti patriæ parentem omnes desideraverunt, vivum veluti præsens numen venerati.

VERSIO CVI.

Sequitur de priscis hominibus.

At sedare sitim fluvii fontesque vocabant,
Ut nunc montibus e magnis decursus aquai

immoler, qu'il se reprocha sa mort. Trop malheureux, hélas! d'avoir servi Corinthe à ce prix, il voulait mourir même, et il fut difficile à ses amis de lui faire abandonner cette funeste résolution. Depuis vingt ans, il s'était retiré, et ne prenait aucune part au gouvernement, lorsque les Corinthiens le choisirent pour l'envoyer en Sicile. Il n'accepta cette commission que parce qu'il ne pouvait la refuser après le sacrifice qu'il avait fait à la liberté. Ses succès furent rapides et brillants ; il délivra la Sicile des tyrans qui l'opprimaient. Denys fut envoyé à Corinthe, où il devint l'objet des mépris d'un peuple libre. Timoléon défit ensuite et chassa les Carthaginois. Après avoir repeuplé la Sicile, assuré la paix et la liberté, il abdiqua volontairement le souverain pouvoir, persuadé que c'est aux lois seules à gouverner des hommes libres. Devenu simple citoyen de son plein gré, il résolut de passer le reste de ses jours chez le peuple qu'il venait de sauver, et les Syracusains ne regardèrent pas cette préférence comme le moindre de ses bienfaits. Imaginez-vous leur empressement pour le voir et le montrer aux étrangers. Il conserva toujours toute sa considération. Les Syracusains n'entreprenaient rien sans le consulter. Il mourut regretté comme le père de la patrie, après avoir été, de son vivant, respecté comme un dieu tutélaire.

VERSION CVI.

Les premiers hommes (suite).

Les fleuves et les fontaines les invitaient à se désaltérer, comme aujourd'hui les torrents qui roulent du haut des monts semblent avertir au loin les bêtes fé-

Claricitat late sitientia sæcla ferarum.'
Denique noctivagi silvestria templa tenebant
Nympharum, quibus exibant humore fluenta
Lubrica, proluvie larga lavere humida saxa,
Humida saxa super viridi stillantia musco,
Et partim plano scatere, atque erumpere campo.
Necdum res igni scibant tractare, nec uti
Pellibus, et spoliis corpus vestire ferarum :
Sed nemora atque cavos montes silvasque colebant,
Et frutices inter condebant squalida membra,
Verbera ventorum vitare imbresque coacti.
Nec commune bonum poterant spectare, nec ullis
Moribus inter se scibant, nec legibus uti :
Quod cuique obtulerat prædæ fortuna, ferebat
Sponte sua, sibi quisque valere et vivere doctus.

VERSIO CVII.

De olivetis et vitibus.

Ad olivetum revertor, quod vidi ab Ægialo duobus modis depositum. Magnarum arborum truncos circumcisis ramis, et ad unum redactis pedem, cum scapo suo transtulit, amputatis radicibus, relicto tantum capite ipso, ex quo illæ pependerant. Hoc fimo tinctum in scrobem demisit : deinde terram non aggessit tantum, sed calcavit et pressit. Negat quidquam esse hac, ut ait, spissatione efficacius; videlicet frigus excludit et ventum, minus præterea movetur : et ob hoc nascentes radices prodire patitur ac solum apprehendere, quas necesse est teneras adhuc et precario hærentes, levis quoque

roces d'y venir apaiser leur soif: la nuit, ils se retiraient dans les bois consacrés depuis aux nymphes, dans ces asiles solitaires d'où sortaient des sources d'eaux vives qui, après avoir baigné les cailloux, retombaient ensuite lentement sur la mousse des rochers pour aller ou jaillir dans les plaines, ou se précipiter à grands flots dans les campagnes. Ils ne savaient pas encore traiter les métaux par le feu; ils ne connaissaient point l'usage des peaux, ni l'art de se revêtir de la dépouille des bêtes féroces. Les bois, les forêts et les cavités des montagnes étaient leur demeure ordinaire : forcés de chercher un asile contre les pluies et la fureur des vents, ils allaient se blottir parmi les broussailles. Incapables de s'occuper du bien commun, ils n'avaient institué entre eux ni lois ni rapports moraux. Chacun s'emparait du butin que lui offrait le hasard. La nature ne leur avait appris à vivre et à se conserver que pour eux-mêmes.

VERSION CVII.

De l'olivier et de la vigne.

Je reviens aux oliviers. J'ai vu Égialus les planter de deux manières. Il transportait les troncs des grands arbres, émondés à un pied du tronc, après en avoir coupé les racines, à l'exception de la souche principale à laquelle elles tenaient; il environnait cette souche de fumier, et la mettait dans une fosse qu'il recouvrait ensuite de terre, et qu'il foulait avec les pieds : pratique qu'il regardait comme très-efficace pour empêcher l'action du vent et du froid : elle a encore l'avantage de fixer l'arbre dans un état d'immobilité qui permet aux racines de s'étendre, de s'incorporer avec le sol : sans quoi, aussi tendres et aussi peu attachées qu'elles le sont, la moindre agitation suffirait pour les arracher.

revellat agitatio ; parum autem arboris antequam obruat radit ; ex omni enim materia quæ nudata est, ut ait, exeunt radices novæ. Non plures autem super terram eminere debet truncus, quam tres aut quatuor pedes : statim enim ab imo vestietur : nec magna pars, quemadmodum in olivetis veteribus, arida et retorrida erit. Alter ponendi modus hic fuit. Ramos fortes, nec corticis duri, quales esse novellarum arborum solent, eodem genere deposuit. Hi paulo tardius surgunt : sed quum tanquam a planta processerint, nihil habent in se horridum, nec triste. Illud etiam nunc vidi, vitem ex arbusto suo annosam transferri : hujus capillamenta quoque, si fieri potest, colligenda sunt, deinde liberalius sternenda vitis, ut etiam ex corpore radicescat. Et vidi non tantum mense februario positas, sed etiam martio exacto tenent, et complexæ sunt non suas ulmos. Omnes autem istas arbores, quæ, ut ita dicam, grandiscapiæ sunt, ait aqua adjuvandas cisternina : quæ si prodest, habemus pluviam in nostra potestate. Plura te docere non cogito : ne quemadmodum Ægialus noster me sibi adversarium paravit, sic ego parem te mihi.

VERSIO CVIII.

Sequitur de hominibus.

Et manuum mira freti virtute pedumque,
Consectabantur silvestria sæcla ferarum,
Missilibus saxis et magno pondere clavæ :
Multaque vincebant, vitabant pauca latebris ;

Avant d'ensevelir la souche, il en ratisse légèrement l'écorce, qui, ainsi dépouillée, laisse, dit-il, une issue plus facile aux nouvelles racines. Le tronc ne doit pas être élevé de plus de trois ou quatre pieds au-dessus de terre. Par ce moyen, il poussera des rejetons dès le pied, et ils ne seront pas en grande partie nus et desséchés, comme par l'ancienne manière. L'autre méthode de planter les oliviers est celle-ci : c'est de prendre des rameaux vigoureux, mais dont l'écorce soit tendre comme l'est celle des jeunes arbres, et de les planter avec les mêmes précautions que les troncs. Ils lèvent plus tard, il est vrai ; mais, une fois levés, ils n'en sont que plus beaux et plus agréables à la vue. Je viens de voir transplanter même une vieille vigne. Il faut, autant qu'il se peut, rassembler tous les chevelus des racines, ensuite étendre la vigne dans sa longueur, afin que la tige ou le cep lui-même jette des racines. J'en ai vu de plantées non seulement au mois de février, mais à la fin de mars, qui déjà sont attachées à l'ormeau qui ne leur était pas destiné. Tous ces arbres à longues racines veulent être arrosés, dit-il, d'eau de citerne ; si cela est, nous avons la pluie à notre disposition. Je ne veux pas vous en apprendre davantage, ni faire comme notre Égialus, qui m'a rendu aussi savant que lui.

VERSION CVIII.

Les premiers hommes (suite).

Pourvus de deux mains robustes et de deux pieds agiles, ils faisaient la guerre aux animaux sauvages, leur lançaient de loin des pierres, les attaquaient de près avec de pesantes massues, en massacraient un grand nombre, s'enfuyaient dans leurs retraites à l'approche

Setigerisque pares suibus, silvestria membra,
Nuda dabant terræ, nocturno tempore capti,
Circum se foliis ac frondibus involventes.
Nec plangore diem magno, solemque per agros
Quærebant pavidi, palantes noctis in umbris :
Sed taciti respectabant somnoque sepulti,
Dum rosea facie inferret sol lumina cœlo.
A parvis quod enim consuerant cernere semper
Alterno tenebras et lucem tempore gigni,
Non erat ut fieri posset, mirarier unquam,
Nec diffidere, ne terras æterna teneret
Nox, in perpetuum detracto lumine solis.
Sed magis illud erat curæ, quod sæcla ferarum
Infestam miseris faciebant sæpe quietem ;
Ejectique domo fugiebant saxea tecta
Setigeri suis adventu validique leonis,
Atque intempesta cedebant nocte paventes
Hospitibus sævis instrata cubilia fronde.

VERSIO CIX.

Jupiter et apis.

Apis obtulisse Jovi favum mellis dicitur. Admovit ori dulce munus Jupiter, et, laudata volucris solertia : « Age, inquit, quovis ego donum tuum dono compensem? » Hic apis dissimulans quos tacita meditatur dolos : « Non me, ait, avara fames sollicitat, aut non contenta sorte quam tu dedisti majus bonum optarim ; sed avida hominum gens nostras in dapes involat, et quas paramus mensis atque aris deorum furatur opes, ac perdit. Ergo si labores nostros bonus

de quelques autres. Quand la nuit les surprenait, ils étendaient à terre leurs membres nus, comme les sangliers couverts de soie, et s'enveloppaient de feuilles et de broussailles. On ne les voyait point, saisis de crainte, errer au milieu des ténèbres, et chercher avec des cris lugubres le soleil dans les plaines ; mais ils attendaient en silence, dans les bras du sommeil, que cet astre, reparaissant sur l'horizon, éclairât de nouveau le ciel de ses feux. Accoutumés dès l'enfance à la succession alternative du jour et de la nuit, ce n'était plus une merveille pour eux ; ils ne craignaient point qu'une nuit éternelle régnât sur la terre, et leur dérobât pour toujours la lumière du soleil. Leur plus grande inquiétude était causée par les bêtes sauvages, dont les incursions troublaient leur sommeil, et le leur rendait souvent funeste. Chassés de leur demeure, ils se réfugiaient dans les antres à l'approche d'un énorme sanglier ou d'un lion furieux ; et, glacés d'effroi, ils cédaient, au milieu de la nuit, à ces cruels hôtes leurs lits garnis de feuillage.

VERSION CIX.

Jupiter et l'abeille.

L'abeille offrit, dit-on, à Jupiter un rayon de miel. Ce dieu porta le doux présent à sa bouche, et loua le travail de l'insecte ailé. « Eh bien, lui dit-il ensuite, quel don veux-tu que je te fasse pour le tien? » Alors l'abeille déguisant la méchanceté qu'elle médite en elle-même : « Ce n'est point, dit-elle, une cupidité insatiable qui me fait agir ; contente du sort que je vous dois, je n'ambitionne point de plus grands avantages ; mais par une injustice extrême, l'espèce humaine, naturellement avide de nos mets, vole et gaspille indignement les trésors que nous préparons pour la table et les autels

respicis, si nostra magno Jovi non sordent munera, da posse ulcisci prædones, et hosti insanabilem letalibus jaculis plagam inferre. » Votum et injustas preces Jupiter improbavit ; quin et malignum apis ingenium increpans : « Tibi certa mors est, si quem læseris, et vulnere in ipso protinus animam pones. »

Plerumque ultione graves pœnas auctori suo consisci hoc exemplo discimus.

VERSIO CX.

Vera regis securitas.

Errat si quis existimat tutum esse ibi regem, ubi nihil a rege tutum est. Securitas securitate mutua paciscenda est. Non opus est instruere in altum editas arces, nec in ascensum arduos colles emunire, nec latera montium abscidere, multiplicibus se muris turribusque sepire ; salvum regem in aperto clementia præstabit. Unum est inexpugnabile munimentum, amor civium. Quid pulchrius est, quam vivere optantibus cunctis, et vota non sub custode nuncupantibus? Si paulum valetudo titubavit, non spem hominum excitari, sed metum? Nihil esse cuiquam tam pretiosum, quod non pro salute præsidis sui commutatum velit? Omne quod illi contingit, sibi quoque evenire deputet? In hoc assiduis bonitatis argumentis probavit, non rempublicam suam esse, sed se reipublicæ. Quis huic audeat struere aliquod periculum? Quis ab hoc non, si possit, fortunam quoque avertere velit, sub quo justitia, pax, pudicitia, securitas, dignitas florent ; sub quo

des dieux. Si donc vous abaissez sur nos travaux des regards favorables ; si le grand Jupiter ne dédaigne pas nos offrandes, faites en sorte que nous puissions nous venger de ces brigands, et faire, avec des traits mortels, des blessures incurables. » Jupiter improuva ce vœu et cette prière déraisonnable, et même blâmant avec force la mauvaise intention de l'abeille : « Ta mort, lui dit-il, est certaine si tu blesses quelqu'un ; tu laisseras au même instant ta vie dans la blessure. »

Cet exemple nous apprend que d'ordinaire on se punit cruellement en exerçant la vengeance.

VERSION CX.

La véritable sûreté d'un roi.

Ne croyez pas qu'il y ait de sûreté pour un roi qui n'en laisse à personne. C'est la sécurité publique qui doit faire la sienne. Il n'est pas nécessaire d'élever de hautes tours, de fortifier des collines escarpées, de couper les flancs des montagnes, de s'environner de plusieurs enceintes de murailles : la clémence n'a pas besoin de remparts pour assurer la vie des rois ; la seule forteresse inexpugnable est l'amour des peuples. Quoi de plus doux que de vivre au milieu des vœux publics, et des vœux qui ne sont point dictés par la crainte de la délation ? que d'exciter, au moindre soupçon de maladie, non l'espérance, mais la crainte ? que d'être environné de sujets disposés à donner ce qu'ils ont de plus précieux pour racheter la vie de leur chef, et qui regardent comme personnels les biens et les maux qui lui arrivent ? Par ces témoignages éclatants de sa bonté, il fait connaître que la république n'est pas à lui, mais qu'il est à la république. Qui oserait lui dresser des piéges ? Qui ne voudrait détourner même les coups du sort de la tête d'un prince sous l'empire duquel règnent la justice, la paix, la pudeur, la sécurité et le mérite ; par les soins duquel l'État en-

opulenta civitas copia bonorum omnium abundat? Nec alio animo rectorem suum intuetur, quam, si dii immortales potestatem visendi sui faciant, intueamur venerantes colentesque. Quid autem? non proximum illis locum tenet is qui se ex deorum natura gerit, beneficus ac largus, et in melius potens? Hæc affectare, hæc imitari decet : **maximus ita haberi, ut optimus simul habeare.**

VERSIO CXI.

Ciceronis laudes.

Sed et quo te, M. Tulli, piaculo taceam? quove maxime excellentem insigni prædicem? quo potius quam universi populi illius gentis amplissimo testimonio, et e tota vita tua consulatus tantum operibus electis? Te dicente, legem agrariam, hoc est alimenta sua, abdicaverunt tribus : te suadente, Roscio theatralis auctori legis ignoverunt, notatosque se discrimine sedis æquo animo tulerunt : te orante, proscriptorum liberos honores petere puduit : tuum Catilina fugit ingenium : tu M. Antonium proscripsisti. Salve, primus omnium parens patriæ appellate, primus in toga triumphum linguæque lauream merite, et facundiæ latiarumque litterarum parens : atque (ut dictator Cæsar, hostis quondam tuus, de te scripsit) omnium triumphorum lauream adepte tanto majorem, quanto plus est ingenii romani terminos in tantum promovisse, quam imperii, reliquis animi bonis.

richi nage dans l'abondance de tous les biens? Tous les sujets contemplent leur souverain avec la même vénération qu'ils auraient pour les dieux, s'ils se montraient aux mortels. N'est-ce pas en effet tenir le premier rang après eux, que d'agir conformément à leur nature ; d'être, comme eux, bienfaisant, libéral et puissant pour le bonheur des hommes? Voilà la perfection à laquelle il faut aspirer ; voilà le modèle qu'il faut se proposer : n'être le plus grand que pour être le plus vertueux.

VERSION CXI.

Éloge de Cicéron.

Toutefois, ô Cicéron ! puis-je sans crime passer ton nom sous silence? et que célébrerai-je comme le titre distinctif de ta gloire? Mais en est-il qu'on puisse préférer au témoignage universel du peuple-roi, aux seules actions qui, sans compter les autres merveilles de ta vie entière, ont signalé ton consulat? Tu parles, et les tribus renoncent à la loi agraire, c'est-à-dire à leurs besoins : tu conseilles, elles pardonnent à Roscius sa loi théâtrale, et consentent à des distinctions humiliantes : tu pries, et les enfants des proscrits rougissent de prétendre aux honneurs ; Catilina fuit devant ton génie et ta voix proscrit Marc-Antoine. Je te salue, ô toi, qui, le premier, fut nommé père de la patrie ; toi qui, le premier, méritas le triomphe sans quitter la toge, et le premier obtins la victoire par les seules armes de la parole : toi, le père de l'éloquence et des lettres latines : toi, enfin (et ton ancien ennemi, le dictateur César, l'a écrit lui-même), toi qui as remporté un triomphe d'autant plus éclatant, que d'agrandir à ce point les limites du génie est un bien plus grand succès que d'avoir, par la réunion de tous les autres talents, reculé les bornes de l'empire.

VERSIO CXII.

De Democrito.

Democritus, inquit Posidonius, invenisse dicitur fornicem, ut lapidum curvatura paulatim inclinatorum medio saxo alligaretur. Hoc dicam falsum esse. Necesse est enim ante Democritum et pontes et portas fuisse, quarum fere summa curvantur. Excidit porro vobis eumdem Democritum invenisse, quemadmodum ebur poliretur, quemadmodum decoctus calculus in smaragdum converteretur, qua hodieque coctura inventi lapides coctiles colorantur. Ista sapiens licet invenerit, non qua sapiens erat, invenit; multa enim fecit, quæ ab imprudentissimis aut æque fieri videmus, aut peritius, aut exercitatius.

VERSIO CXIII.

De ære corinthiaco.

Sunt ergo vasa tantum corinthia, quæ isti elegantiores modo in esculenta transferunt, modo in lucernas, aut trulleos, nullo munditiarum despectu. Ejus tria genera: candidum, argento nitore quam proxime accedens, in quo illa mixtura prævaluit; alterum, in quo auri fulva natura; tertium, in quo æqualis omnium temperies fuit. Præter hæc est, cujus ratio non potest reddi, quanquam hominis manu facta dederit Fortuna temperamentum simulacro signisque illud, suo colore pretiosum, ad jeci-

VERSION CXII.

Démocrite.

On dit, suivant Posidonius, que ce fut Démocrite qui inventa l'art de construire des voûtes avec des pierres taillées en plans inclinés qui forment l'arceau, et vont s'appuyer toutes sur le centre et la clef de voûte. Je nie le fait. Il est nécessaire qu'avant Démocrite il y ait eu des ponts et des portes, dont la partie supérieure est presque toujours voûtée. Avez-vous oublié, nous ajoute-t-on, que ce fut Démocrite qui trouva l'art de polir l'ivoire, et celui de convertir, à l'aide du feu, les pierres en émeraudes, et qui a découvert par quel recuit on avive aujourd'hui les couleurs des pierres qui sont le produit de la fusion. Quand ce philosophe aurait fait ces découvertes, ce n'est pas comme philosophe qu'il les a faites. Il a pu faire beaucoup d'autres choses que nous voyons exécuter, par les hommes les plus ignorants, aussi bien ou même avec plus d'adresse et de facilité que par lui.

VERSION CXIII.

L'airain de Corinthe.

Les seuls vases corinthiens qui existent sont ceux que les amateurs du luxe transforment en plats, en lampes, ou même en bassins; car rien ne répugne à notre délicatesse. On distingue trois sortes d'airain de Corinthe: le blanc, par son éclat, approche de l'argent, et l'argent y domine. Le second nous offre le jaune de l'or. Dans le troisième, les trois métaux sont mêlés à portions égales. Il en est encore un quatrième; mais les portions de l'alliage ne sont pas connues. La Fortune, secondant l'artiste qui travaillait pour elle, a produit pour ses propres statues cette nouvelle combinaison,

noris imaginem vergens, quod ideo hepatizon appellant, procul a corinthio : longe tamen ante ægineticum atque deliacum, quæ diu obtinuere principatum. Antiquissima æris gloria deliaco fuit ; mercatus in Delo, concelebrante toto orbe, et ideo cura officinis tricliniorum pedibus fulcrisque. Ibi prima nobilitas æris. Pervenit deinde ad deum simulacra, effigiemque hominum, et aliorum animalium.

VERSIO CXIV.

De hominum imbecillitate.

Quid est homo? imbecillum corpus et fragile suapte natura inerme, alienæ opis indigens, ad omnem fortunæ contumeliam projectum. Scrutemur nos singulos ; quid sumus? præda animalium. His in tutelam sui satis virium est. Quæcunque vaga nascuntur et actura vitam segregem, armata sunt : hominem non unguium vis, non dentium terribilem ceteris facit. Nudum et infirmum societas munit. Duas res Deus dedit, quæ illum validum facerent, rationem et societatem. Itaque qui par nulli esse potest, si seduceretur, rerum potitur. Societas illi dominium omnium animalium dedit. Societas, terris genitum in alienæ naturæ transmisit imperium, et dominari etiam mari jussit. Hæc morborum impetus arcuit ; senectuti adminicula sapienter prospexit, solatia contra dolores attulit, hæc fortes nos facit. Hanc tolle, et unitatem generis humani qua vita sustinetur scindes.

précieuse par sa couleur qui tire sur le foie ; d'où on l'a nommée hépatique. Au reste, cet airain est bien inférieur à celui de Corinthe, quoiqu'il l'emporte beaucoup sur ceux d'Égine et de Délos, qui longtemps ont été les premiers. L'airain de Délos est celui dont la gloire est la plus ancienne. Tout l'univers accourait aux marchés de cette île. Ses artistes s'occupaient à faire des pieds et des dossiers pour les lits de table : c'est ce qui a commencé la réputation de l'airain. Ensuite il s'est élevé jusqu'aux figures des dieux, des hommes et d'autres êtres animés.

VERSION CXIV.

Faiblesse de l'homme.

Qu'est-ce que l'homme? un corps fragile et faible de sa nature, sans défense, ayant besoin d'un secours étranger, et en butte à tous les traits de la fortune. Considérons chacun de nous en particulier ; que sommes-nous? la proie des animaux. Ces derniers ont par eux-mêmes assez de force pour se défendre. Tout ce qui est destiné à errer à l'aventure, et à vivre isolé, est armé. Ce n'est ni par la force des ongles, ni par celle des dents que l'homme se rend terrible et redoutable aux autres animaux. Il est nu, il est faible ; mais il trouve un rempart dans la société. Dieu lui a donné deux choses destinées à le fortifier : savoir, la raison et la société. Ainsi, cet homme qui, isolé, est au-dessous de tous les êtres, se voit maître de tout. La société lui a donné une souveraineté universelle sur tous les animaux. Créé pour habiter la terre, la société lui assure l'empire d'un autre élément, et veut qu'il étende son domaine sur toute la mer. C'est elle qui a arrêté la violence des maladies, préparé par une sage prévoyance un point d'appui à la vieillesse, des consolations à la douleur : c'est elle qui nous donne du courage. Otez la société, et vous anéantissez cette harmonie qui unit le genre humain et fait le soutien de la vie.

VERSIO CXV.

C. Caligulæ effigies.

Statura fuit eminenti Caligula, expallido colore, corpore enormi, gracilitate maxima cervicis et crurum, et oculis et temporibus concavis, fronte lata et torva, capillo raro ac circa verticem nullo, hirsutus cetera. Quare, transeunte eo, prospicere ex superiore parte, aut omnino quacunque de causa capram nominare, criminosum et exitiale habebatur. Vultum vero natura horridum ac tetrum etiam ex industria efferabat, componens illum ad speculum in omnem terrorem ac formidinem. Valetudo ei neque animi neque corporis constitit. Puer comitiali morbo vexatus, in adolescentia ita patiens laborum erat, ut tamen nonnunquam subita defectione ingredi, stare, colligere semet ac sufferre vix posset. Mentis valetudinem et ipse senserat; ac subinde de secessu deque purgando cerebro cogitavit. Creditur potionatus a Cæsonia uxore quodam medicamento, sed quod in furorem verterit. Incitabatur insomnia maxime : neque enim plus quam tribus nocturnis horis quiescebat : ac ne his quidem placida quiete, sed pavida miris rerum imaginibus, ut qui, inter cetera, pelagi quondam speciem colloquentem secum videre visus sit. Ideoque magna parte noctis vigiliæ cubandique tædio, nunc toro residens, nunc per longissimas porticus vagus, invocare identidem atque exspectare lucem consueverat.

VERSION CXV.

Portrait de Caligula.

Caligula avait la taille haute, le teint pâle, le corps énorme, les jambes extrêmement menues, ainsi que le cou, les yeux enfoncés, les tempes creuses, le front large et menaçant, peu de cheveux, et presque point sur le devant de la tête, le reste du corps velu. Aussi était-ce un crime capital de regarder d'en haut quand il passait, ou de prononcer le nom de chèvre sous quelque prétexte que ce fût. Son visage était naturellement affreux, et il le rendait plus effrayant encore, s'étudiant dans le miroir à donner à sa physionomie les mouvements faits pour inspirer l'effroi et l'horreur. Il n'était sain ni de corps ni d'esprit. Épileptique dès son enfance, il lui prenait des faiblesses subites au milieu de l'étude ou du travail, et il ne pouvait ni marcher ni se soutenir. Il sentait lui-même son mal et l'altération de sa raison, et il avait songé plusieurs fois à y porter remède. On croit que Césonie lui donna une potion qui n'eut d'autre effet que de le rendre furieux. Il était tourmenté surtout de l'insomnie: jamais, en effet, il ne pouvait dormir plus de trois heures; encore était-ce d'un sommeil inquiet et troublé par des fantômes et des songes bizarres. Il rêva une fois que la mer lui parlait : aussi la plus grande partie de la nuit, las de veiller et de rester couché, tantôt il s'asseyait sur son lit, tantôt il errait dans de vastes galeries, attendant et invoquant le jour.

VERSIO CXVI.

Stulta est corporis munditia.

Stulte ac damnose cultus corporis mundior affectatur, futilisque animi est illum imprimis curæ habere. Quid enim stultius quam in pretiosas vestes rem totam conferre ; tibi tuisque detrimento esse, ut ceteris te comptiorem exhibeas ; ad quascunque novitates ambitiose mutari, et dolere si quis alius in amictu quem mos novus induxit, citius aut carius insaniat? Non attritu aut colorum damno, sed opinione apud nos panni vilescunt : ut pretium vestis amittat, satis si per paucos dies visa fuerit. Ad comparandos hos ornatus, ubi pecunia deficit, solidiora fortunæ cadentis solatia venduntur. Verum se prodit tandem necessitas multa arte dissimulata : haud tutum jam foras exire; stant in viis cum satellitibus creditores solliciti, qui longo carcere hominem cogant ea reddere, quæ mutua sumpserat, ut serius rueret.

VERSIO CXVII.

Neronis effigies.

Statura fuit pæne justa, corpore maculoso et fœtido, subflavo capillo, vultu pulchro magis quam venusto, oculis cæsiis et hebetioribus, cervice obesa, ventre projecto, gracillimis cruribus, valetudine prospera. Nam, qui luxuriæ immoderatissimæ esset, ter omnino per quatuordecim annos languit; atque ita,

VERSION CXVI.

L'affectation dans la parure est une sottise.

Le goût pour une parure trop recherchée est insensé et ruineux ; c'est le propre d'un esprit frivole d'en faire sa principale occupation. En effet, quoi de plus absurde que d'employer tout son bien à se procurer de riches habits, que de faire tort à soi-même et aux siens pour se montrer mieux paré que les autres, que de se conformer avec prétention à toutes les nouvelles modes, ou d'être fâché si quelques autres font plus vite ou à de plus grands frais de folles dépenses pour un habit qu'une nouvelle mode a introduit? Ce n'est point parce qu'elle est usée ou que la couleur en est passée, mais par un caprice d'opinion, que chez nous on se dégoûte d'une étoffe. Il suffit, pour que l'on cesse de faire cas d'un habillement, qu'il ait été montré pendant quelques jours. Pour pouvoir se parer ainsi, lorsqu'on manque d'argent, on vend les plus solides ressources d'une fortune qui baisse. Mais une ruine déguisée avec beaucoup d'adresse se déclare : on ne peut sortir sans courir de risques ; les créanciers inquiets font dans les rues sentinelle avec les sergents, afin de forcer par un long emprisonnement leur débiteur à rendre ce qu'il avait emprunté pour retarder sa chute.

VERSION CXVII.

Portrait de Néron.

Sa taille était médiocre ; il avait le corps couvert de taches et malpropre, les cheveux châtains, plus de beauté dans les traits que dans la physionomie, les yeux bleus et la vue basse, le cou épais, le ventre gros, les jambes menues, le tempérament robuste. Malgré l'excès de ses débauches, il ne fut incommodé que trois fois dans l'espace de quatorze ans, encore sans être obligé de

ut neque vino, neque consuetudine reliqua abstineret. Circa cultum habitumque adeo pudendus, ut comam semper in gradus formatam, peregrinatione achaica, etiam pone verticem summiserit : ac plerumque synthesinam indutus, ligato circum collum sudario, prodierit in publicum, sine cinctu, et discalceatus.

VERSIO CXVIII.
De phœnice.

Oceani summo circumfluus æquore lucus
Trans Indos Eurumque viret, qui primus anhelis
Sollicitatur equis, vicinaque verbera sentit,
Humida roranti resonant quum limina curru
Unde rubet ventura dies, longeque coruscis
Nox afflata rotis refugo pallescit amictu.
Hæc fortunatus nimium titanius ales
Regna colit, solusque plaga defensus iniqua
Possidet intactas ægris animalibus oras ;
Sæva nec humani patitur contagia mundi :
Par volucer superis ; stellas qui vividus æquat
Durando, membrisque terit redeuntibus ævum.
Non epulis saturare famem, non fontibus ullis
Assuetus prohibere sitim ; sed purior illum
Solis fervor alit, ventosaque pabula libat
Tethyos, innocui carpens alimenta vaporis.
Arcanum radiant oculi jubar ; igneus ora
Cingit honos ; rutilo cognatum vertice sidus
Attollit cristatus apex, tenebrasque serena
Luce secat ; tyrio pinguntur crura veneno :
Antevolant Zephyros pennæ, quas cærulus ambit
Flore color, sparsoque super ditescit in auro.

s'abstenir de vin ni de garder aucun régime. Nulle décence dans ses habits ; il frisait ses cheveux en étages et même, dans son voyage en Grèce, il les laissait descendre en boucles derrière sa tête, et paraissait en public vêtu d'une espèce de redingote, un mouchoir autour du cou, sans ceinture et sans chaussure.

VERSION CXVIII.

Le phénix.

Par delà les eaux du Gange et l'empire de l'Eurus, s'élève un bois sacré, qu'entourent les flots mourants des mers. Les coursiers écumants de Phébus, à l'entrée de leur carrière, et les sifflements des fouets fatiguent sa tête frémissante, alors que le char d'où s'épanche la rosée ébranle le palais des ondes ; et que ses rayons de pourpre destinés à dorer le jour naissant forcent la nuit pâle et fugitive à replier ses sombres voiles. Dans ces lieux fortunés que protégent les feux du soleil, loin de la vue des malheureux mortels et des désastres qui assiégent la race humaine, règne, sans rival, l'oiseau chéri du dieu qui éclaire l'univers. Il partage l'immortalité avec les habitants de l'Olympe, n'envie point aux astres leur inaltérable durée, et, sans cesse renaissant, triomphe sans cesse des impuissants assauts du temps. Pour assouvir sa faim, pour étancher sa soif, il ne connut jamais ni les dons de Cérès, ni le cristal des ondes : les feux les plus purs du soleil, les vapeurs légères que Téthys exhale, lui fournissent une bienfaisante pâture. De ses yeux jaillit une douce lumière : la flamme colore les contours de son bec ; au-dessus de sa tête altière et surmontée d'une aigrette, brille un astre dont les rayons sereins, pareils aux rayons de Phébus, percent les ténèbres : ses jambes ont l'éclat de la pourpre tyrienne : un cercle d'azur embrasse ses ailes qui devancent le zéphyr ; et l'or enrichit le plumage de son dos.

Hic neque concepto fetu, nec semine surgit :
Sed pater est prolesque sui, nulloque creante
Emeritos artus fecunda morte reformat,
Et petit alternam totidem per funera vitam.
Namque ubi mille vias longinqua retorserit æstas,
Tot ruerint hiemes, toties ver cursibus actum,
Quas tulit autumnus, dederit cultoribus umbras;
Tum multis gravior tandem subjungitur annis,
Lustrorum numero victus. Ceu lassa procellis
Ardua caucasio nutat de vertice pinus,
Seram ponderibus pronis tractura ruinam.
Pars cadit assiduo flatu : pars imbre peresa
Rumpitur : arripuit partem vitiosa vetustas.

VERSIO CXIX.

Sequitur de phœnice.

Jam breve decrescit lumen, languetque senili
Segnis stella gelu : qualis quum forte tenetur
Nubibus, et dubio vanescit Cynthia cornu.
Jam solitæ medios alæ transcurrere nimbos,
Vix ima tolluntur humo. Tunc conscius ævi
Defuncti, reducisque parans exordia formæ,
Arentes tepidis de collibus eligit herbas,
Et tumulum texens pretiosa fronde sabæum
Componit bustumque sibi partumque futurum.
Hic sedet, et blando solem clangore salutat
Debilior, miscetque preces, ac supplice cantu
Præstatura novas vires incendia poscit.
Quem procul adductis vidit quum Phœbus habenis,
Stat subito, dictisque pium solatur alumnum :

Le phénix ne doit pas l'être à un germe fécondé : il jouit d'une existence dont lui-même est l'auteur ; et sa vie est son ouvrage. La mort rappelle dans ses membres épuisés les forces de la jeunesse ; et l'instant qui termine sa carrière, rouvre devant lui une carrière nouvelle. Lorsque l'hiver et l'été auront mille fois fourni leur course ; lorsque mille fois le printemps aura tapissé les arbres de feuilles verdoyantes, que l'automne leur aura mille fois ravies, alors l'inexorable vieillesse fera courber son corps sous l'amas des jours entassées sur sa tête. Ainsi, sur les sommets du Caucase, un pin sourcilleux chancelle, fatigué par la tempête ; incliné vers le sol, il cède lentement au poids qui l'entraîne : des vents continuels, la pluie, le temps arrachent, minent et rongent à l'envi ce tronc en butte à leurs outrages.

VERSION CXIX.

Le phénix (suite).

Cependant son œil s'affaiblit et s'éteint : l'astre de son aigrette ressent la faiblesse et l'injure des années : tel, sous une nue jalouse s'éclipse le croissant incertain de Cynthie. Ses ailes, qui naguère fendaient le sein des airs, s'élèvent péniblement au-dessus de la terre. Un pressentiment secret l'avertit de sa fin ; il se prépare à reprendre la forme qu'il va quitter, dérobe aux collines les plantes dont la chaleur a tari les sucs nourriciers, et de ces feuillages odorants, avec choix amassés, il tapisse sa tombe et son berceau. A-t-il, sur ce bûcher, déposé son corps appesanti, il tire de son faible gosier d'harmonieux accords en l'honneur du soleil ; et sa mourante voix implore le dieu dont les feux secourables ranimeront ses forces. A la vue de l'oiseau qu'il chérit, Phœbus sur son char approche, et par ces paroles dissipe les alarmes de son nourrisson : « O toi, qui n'expires que pour

« O senium positure rogo, falsisque sepulcris
Natales habiture vices, qui sæpe renasci
Exitio, proprioque soles pubescere leto,
Accipe principium rursus, corpusque coactum
Desere. Mutata melior procede figura. »
Hæc fatus, propere flavis e crinibus unum,
Concussa cervice, jacit, missoque volentem
Vitali fulgore ferit. Jam sponte crematur,
Ut redeat, gaudetque mori festinus in ortum.
Fervet odoratus telis cœlestibus agger,
Consumitque senem. Nitidos stupefacta juvencos
Luna premit, pigrosque polus non concitat axes,
Parturiente rogo, curis natura laborat,
Æternam ne perdat avem, flammasque fideles
Admonet, ut rerum decus immortale remittant.
Continuo dispersa vigor per membra volutus
Æstuat, et venas recidivus sanguis inundat.
Victuri cineres, nullo cogente, moveri
Incipiunt, plumaque rudem vestire favillam.
Qui fuerat genitor, natus nunc prosilit idem,
Succeditque novus. Geminæ confinia vitæ
Exiguo medius discrimine separat ignis.

VERSIO CXX.

Sequitur de phœnice.

Protinus ad Nilum manes sacrare paternos,
Auctoremque rogum phariæ telluris ad oras
Ferre juvat. Velox alienum tendit in orbem,
Portans gramineo clausum velamine funus.
Innumeræ comitantur aves, stipantque volantem
Alituum suspensa cohors. Exercitus ingens
Obnubit vario late convexa meatu.

renaître, et que la mort embellit de tous les charmes de la jeunesse! je te rends à la vie : sur ce bûcher, théâtre de ton immortalité, dépouille ta vieillesse! Quitte cette enveloppe hideuse que redemande la terre, et reparais à la lumière sous une forme plus brillante. » Il dit ; soudain, de sa tête agitée part un trait de flamme ; fidèle aux vœux de l'oiseau qui vole à la mort pour voler à la vie, le rayon frappe, embrase cet amas de feuillages, et consume les restes de ce cadavre antique. Pendant que le bûcher enfante, la lune étonnée arrête ses taureaux éclatants de blancheur ; le ciel fixe son axe mobile, et la nature frémissant pour les jours du phénix, son plus bel ornement, conjure les feux propices de le rendre à ses désirs. Tout à coup une vigueur nouvelle circule dans ses membres épars : le sang glacé bouillonne et se répand à grands flots dans ses veines desséchées : déjà, sans secours étranger, ces cendres informes et poudreuses où va rentrer la vie s'agitent et se couvrent d'un léger duvet ; naguère son père, aujourd'hui son fils, il se succède à lui-même. De la vie qu'il a terminée, à la vie qu'il commence, la durée d'un éclair a servi d'intervalle.

VERSION CXX.

Le phénix (suite).

Soudain il va, fils religieux, consacrer, sur les bords du Nil, les mânes révérés de son père. Chargé du bûcher sur lequel il a recouvré l'être, il vole d'une aile rapide sous un ciel étranger, et dans ses serres il emporte le tombeau qui renferme ses froides dépouilles. Compagnons inséparables, mille habitants des airs se pressent à ses côtés : leurs bataillons serrés flottent dans les cieux, et dérobent, par leurs mouvements

Nec quisquam tantis e millibus obvius audet
Ire duci : sed regis iter fragrantis adorant.
Non ferus accipiter, non armiger ipse Tonantis
Bella movent : commune facit reverentia fœdus.
Talis barbaricas flavo de Tigride turmas
Ductor Parthus agit : gemmis et divite cultu
Luxurians sertis apicem regalibus ornat.
Auro frenat equum, perfusam murice vestem
Assyria signatur acu, tumidusque regendo
Celsa per famulas acies ditione superbit.
Clara per Ægyptum placidis notissima sacris
Urbs Titana colit, centumque accline columnis
Invehitur templum thebæo monte revulsis.
Illic, ut perhibent, patriam de more reponit
Congeriem, vultumque dei veneratus herilem
Jam flammæ commendat onus : jam destinat aris
Semina relliquiasque sui. Myrrhata relucent
Limina. Divino spirant altaria fumo,
Et pelusiacas productus ad usque paludes
Indus odor penetrat nares, completque salubri
Tempestate viros, et nectare dulcior aura
Ostia nigrantis Nili septena vaporat.
O felix, heresque tui, quo solvimur omnes,
Hoc tibi suppeditat vires. Præbetur origo
Per cinerem. Moritur, te non pereunte, senectus.
Vidisti quodcunque fuit. Te sæcula teste
Cuncta revolvuntur. Nosti quo tempore pontus
Fuderit elatas scopulis stagnantibus undas :
Quis phaethonteis erroribus arserit annus.
Et clades te nulla rapit, solusque superstes,
Edomita tellure, manes. Non stamina Parcæ
In te dura legunt : non jus habuere nocendi.
10.

divers, la lumière à la terre. Parmi cette multitude, il n'en est pas un qui ose se trouver au-devant de lui, mais ils saluent le passage de leur roi et suivent sa trace odoriférante. Le ministre redouté de la foudre, l'aigle, ne livre point à l'épervier farouche de sanglants combats; un respect commun fait taire leur haine. Tel le Parthe guerrier conduit, des bords fertiles du Tigre, les bataillons belliqueux : étincelant de pierreries, fier du luxe de sa parure, il couvre sa tête du diadème des rois : un frein d'or asservit son coursier : la pourpre colore le manteau que travailla pour lui l'aiguille de l'Assyrien ; et son orgueil se promène au milieu de ces légions soumises à son empire. Une cité fameuse, l'ornement de l'Égypte, porte chaque jour son encens religieux aux pieds de Phébus, dont le temple repose sur cent colonnes de marbre taillées au sein des monts thébéens. Le Phénix y dépose, dit-on, le bûcher qui dévora son père : adorateur soumis, il offre un tribut d'hommages au dieu qui le protége, confie à la flamme son précieux fardeau, et destine aux autels les débris et les germes de son corps. Sur le seuil brillent les parfums. La fumée s'élève des autels du dieu, et, ravies aux bords de l'Hydaspe, ces balsamiques odeurs vont, jusqu'aux marais de Péluse, flatter les sensibles organes, porter aux mortels des parfums bienfaisants et, de vapeurs plus suaves que le nectar, embaumer les sept bouches du Nil. Heureux habitant des airs, dont la vie n'a point de terme, la mort qui nous anéantit tous te prête de nouvelles forces. Tu renais de ta cendre même. Sans être victime de la vieillesse, tu la sens disparaître. Quel événement put jamais se soustraire à tes regards ? Témoin immortel de la révolution des siècles, tu as vu les rocs les plus élevés cacher sous les ondes leur tête altière, et le char du soleil, indocile à la main de Phaéthon, embraser l'univers. Seul, tu survis à tous les désastres; et la terre réclame vainement une proie qui lui échappe. La Parque ne coupa jamais la trame de ta vie ; la cruelle n'étend pas jusqu'à toi son empire.

VERSION CXXI.

Bellum sacrum suscipit divus Ludovicus.

Anno circiter Christi MCCXLV, Innocentius quartus, summus pontifex, vexatus a Friderico imperatore, in Galliam, recepto jam pridem more, velut ad communem religionis ac pontificum aram, confugere coactus est; habitoque Lugduni Patrum conventu, imperatorem sacris summovit. Tum primum cardinalibus rubrum pileum et purpuram datam fuisse ferunt. Quo tempore divus Ludovicus, compositis regni sui rebus, ubi primum ex gravissimo morbo convaluit, sacrum bellum ex voto aggressus, acceptoque ab episcopo parisiensi vexillo, cum numerosissimo principum ac nobilium Francorum comitatu, partim Massiliæ, partim apud Aquas Mortuas, in naves impositis copiis, relicta Blanchæ matri regni moderatione, primo Cyprum, ubi Tartarorum et Armeniorum legatos audivit; mox ducto secum ejus insulæ rege Henrico Lusignano, in Ægyptum, qua mare intrat Nilus, post fœdissimam tempestatem delatus est. Felix quidem belli initium : nam barbaros in littore sub signis stantes, Franci desilientes e navibus adorti sunt tanto impetu, ut caderent duces, ac delectissimi quique : ceteri Mendesium, sive, ut vocant, Damietam, compulsi sunt, qua urbe incensa, ne christiani potirentur, in ulteriorem se Nili ripam barbari proripuere. Urbem hostibus vacuam rex ingressus communiit.

VERSION CXXI.

Croisade entreprise par saint Louis.

L'an de Jésus-Christ 1245, le pape Innocent IV, tourmenté par l'empereur Frédéric, fut contraint de se réfugier en France, qui était, suivant l'usage adopté par nos ancêtres, l'asile sacré où depuis longtemps la religion et les pontifes trouvaient un abri contre la tempête. Il tint un concile à Lyon, et là l'empereur Frédéric fut excommunié. On dit que c'est dans ce concile que les cardinaux reçurent pour la première fois le chapeau rouge et la robe de pourpre. A cette même époque saint Louis, après avoir mis ordre aux affaires de son royaume, résolut, suivant le vœu qu'il avait fait pendant sa maladie, d'entreprendre une nouvelle croisade. Il reçut des mains de l'évêque de Paris l'étendard sacré, partit accompagné d'une foule de princes et de nobles, et embarqua une partie de son armée à Marseille et l'autre à Aigues-Mortes: il avait laissé en partant la régence à la reine Blanche sa mère. Il relâcha d'abord à l'île de Chypre, où il reçut les ambassadeurs des Tartares et des Arméniens ; il emmena ensuite avec lui Lusignan, roi de Chypre, et, après une violente tempête, il aborda en Égypte à l'embouchure du Nil. Les commencements de cette guerre furent assez heureux : les Français, sautant de leurs navires à terre, fondirent l'épée à la main sur les barbares qui les attendaient, et ils en firent un grand carnage. Des satrapes et d'autres chefs distingués périrent dans cette action ; les autres furent repoussés jusqu'à Mendès ou Damiette comme on l'appelle actuellement. Les Égyptiens mirent le feu à cette ville pour qu'elle ne tombât pas entre les mains des chrétiens, et se retirèrent sur l'autre rive du fleuve. Le roi, étant entré dans cette ville abandonnée des ennemis, la fortifia.

VERSION CXXII.

Bellum sacrum suscipit divus Ludovicus (sequitur).

Interim Alphonsus regis frater, Pictonum comes, quem Raimundi soceri mors, velut injecta remora, tardaverat, in castra cum frequentissimo Francorum delectu pervenit. Inde trajecto fluvio, iterum acriter pugnatum est. Robertus regis frater, dum fugientem hostem plenus animi insequitur, in pugna cadit. Castra barbarorum direpta sunt. Illi, majoribus copiis comparatis, prœlium ferox tertio commisere : sed, desideratis in acie clarissimis ducibus, maxima insuper accepta clade, in fugam versi sunt. Dum hæc a Francis feliciter geruntur, Melexala ceteros duces, ac imprimis Halapianum et Damascenum, positis et oblitteratis privatis inimicitiis, in communis belli societatem assumit. Itaque, ingentibus copiis undique confluentibus, Francos jam exitiali morbo ex labore ærumnaque militari passim in castris grassante, male affectos adortus est tanta ferocia, ut exigui numero, iniquis locis, a confertis facile vincerentur, rege ipso ac proceribus multis captis, Carolo Alphonsoque, regis fratribus : multi ea clade desiderati sunt. Quæ tum rerum facies, quæ Francorum consternatio ac desperatio esset, facilius est animo cogitare, quam verbis exprimere. Fuit tamen incredibilis semper et ipsis hostibus admirabilis sanctissimi regis constantia. Nec sævienti fortunæ submisit animum, nec contumeliis, aut minis adpetitus, a solita magnitudine animi discessit. Tandem

VERSION CXXII.

Croisade entreprise par saint Louis (suite).

Cependant Alphonse, comte de Poitou, frère du roi, dont la mort de Raymond avait retardé la marche, arriva au camp avec un corps d'élite considérable, composé de Français. Ensuite on passa le fleuve et on livra un second combat, qui fut très-acharné. Robert, frère du roi, en poursuivant l'ennemi avec courage, est tué dans l'action. Le camp des ennemis fut pris et pillé. Ceux-ci rassemblent de plus grandes forces, et reviennent à la charge pour la troisième fois. Ils perdirent encore dans cette action leurs principaux chefs, furent battus et mis en fuite. Pendant que les Français remportaient de si heureux avantages, Mélexala appelait à son secours, et pour partager les dangers d'une guerre qui leur était commune, les autres sultans, et principalement ceux d'Alep et de Damas, qui, pour le moment, oublièrent leurs inimitiés particulières, et se joignirent à lui. De toute part, il arrivait des armées nombreuses; et les Français, qui étaient travaillés dans leur camp par une maladie épidémique d'un caractère extrêmement dangereux (suite naturelle des fatigues et des maux de la guerre), se virent attaqués par Mélexala avec tant de fureur qu'ils ne purent résister. En petit nombre, et combattant dans une position peu avantageuse, ils furent facilement vaincus. Le roi lui-même, avec la plupart des grands du royaume, Charles et Alphonse, frères du roi, fut fait prisonnier. Le nombre des morts fut considérable. On peut plutôt imaginer que dire quels furent alors la situation déplorable, la consternation et le désespoir de l'armée française. Cependant la constance du saint roi fut incroyable, et elle excita même l'admiration des ennemis. Louis ne fléchit point sous les coups de la fortune qui l'accablait; et, ni les menaces, ni les affronts ne le firent point départir de son courage ordinaire. Enfin, après une affreuse cap-

exactis aliquot indignissimæ captivitatis mensibus, imperatore per seditionem cæso a suis, barbari cum rege agunt ut, auro dato, Damieta discederet. Igitur pactis in decem annos induciis, deportatus in Syriam cum reliquis copiis Ludovicus, Ptolemaidem, Sidonem, Cæsaream, Joppen, aliasque christianorum urbes refecit ac restituit.

VERSION CXXIII.

Alterum bellum sacrum suscipit divus Ludovicus.

Ludovicus, Blanchæ matris audito fine, Ptolemaide solvit, in regnumque tandem reversus, singulari Francorum desiderio affectuque exceptus est. Posthac per aliquot annos unice in hoc intentus est ut tranquillitatem regni confirmaret, ac pacem cum vicinis tueretur. Ipse populi sui custos et pater jura cunctis dabat, non regali sedens solio, sed sub dio, vel sub umbra quercus, pauperes alebat, ecclesias et monasteria ditabat, litteras fovebat; omnia denique regis optimi munia pie ac sancte adimplebat. Sed tot tantisque malis juvandæ iterum religionis voluntas non exstincta est, ut magnos animos magna non frangunt mala : nam, interjectis aliquot annis, celebri et memorabili fœdere cum Henrico tertio, Angliæ rege, Lutetiæ icto, contra fidei hostes iterum profectus est : ac victis uno alteroque prœlio ad Tunctensem urbem barbaris, exorta in castris gravissima lue, quum Joannes, regis filius, prior decessisset, sanctissimus rex in cinericio lectulo stratus, transversis in crucis modum manibus, defixisque in cœlum oculis, eo cum Deo ac beatis

tivité de quelques mois, le sultan ayant été tué par les siens dans une sédition, les barbares traitèrent avec le roi qui convint, au moyen d'une trêve de dix ans, d'abandonner Damiette et de payer une somme pour sa rançon. Louis, transporté en Syrie avec les troupes qui lui restaient, rétablit et fortifia Ptolémaïs, Sidon, Césarée, Joppé et les autres villes qui appartenaient aux chrétiens.

VERSION CXXIII.

Seconde croisade de saint Louis.

Louis, ayant appris la mort de la reine Blanche, sa mère, quitta Ptolémaïs et revint en France, où il fut reçu par ses sujets avec des transports incroyables de joie et d'affection. Depuis, il s'occupa, pendant quelques années, du soin de rétablir la tranquillité de l'État, et d'entretenir la paix avec ses voisins. Il était le gardien et le père de son peuple. Il rendait la justice à tous, non pas sur son trône, mais en plein air, ou à l'ombre d'un chêne. Il nourrissait lui-même les pauvres, dotait les églises et les monastères, encourageait les lettres : en un mot, il remplissait avec piété et exactitude tous les devoirs d'un bon roi : mais le souvenir des maux qu'il avait éprouvés n'avait pas éteint en lui le désir de secourir la religion. Les malheurs ne peuvent rien sur les grandes âmes. Quelques années ensuite, après avoir fait à Paris un traité avec Henri III, roi d'Angleterre, il entreprit une seconde expédition contre les ennemis de la foi. Déjà il avait vaincu les barbares dans deux combats auprès de Tunis, lorsqu'une peste affreuse se manifesta dans son camp. Jean, fils du roi, mourut le premier : le saint roi lui-même, atteint de ce fléau, se fit mettre sur un lit de cendre, puis étendit ses deux bras en croix sur sa poitrine, les yeux fixés vers le ciel. Alors son âme s'échappa de son corps, et prit son vol vers le séjour céleste, pour régner éternel-

æternum regnaturus evolavit. Philippus divi Ludovici filius, is qui *Audax* est appellatus, rex in castris salutatur.

VERSION CXXIV.

Henricus quartus, Franciæ rex.

Fluctuabat civilium bellorum diuturnis, heu! nimium procellis imperium : et tot continuatis cædibus concussum, naufragio proximum erat, quum, sumente clavum Henrico Borbonio, Navarræ rege, vere Magno, servatum et tranquillitati redditum est. Is, contra tempestatem enixus, et subducto tandem in portum navigio, militem donis, populum clementia, cunctos civilibus malis ac bellis fatigatos, dulcedine otii pellexit, comitate et alloquiis officia provocans. Sacrilega nece innocentissimo principi illata, unum illum exercitus respexit, quem nascendi jus, et digna imperio virtus evocabat. Majorum suorum sceptro, ultro a civibus deferendo placide potiturus, ni conflata ex egestate rebellio, procerum nonnullorum ambitus, exterorum ingenti spe ac viribus subnixus, sed multo maxime alienus Francorum ab hæretica novitate animus, iter ad regnum aliquot menses sepsisset : quod ille mox singulari virtute, fractis ac disjectis repagulis, aperuit. Carolus Borbonius cardinalis, captivus, rex ab catholicis renuntiatur, rabie quadam et profunda confundendi omnia cupiditate; novus rex, novus status, nova respublica quæruntur. Meduanus dux, Franciæ legatus novo magistratui suffectus, nudo ac pæne exsuli

lement avec Dieu, au nombre des esprits bienheureux. Philippe, fils de saint Louis, surnommé depuis le *Hardi*, fut salué roi dans le camp.

VERSION CXXIV.

Henri IV, roi de France.

Le vaisseau de l'empire battu par la tempête et agité par les guerres civiles errait depuis longtemps, ébranlé par tant de coups répétés, et il était sur le point de faire naufrage, lorsque Henri de Bourbon, roi de Navarre, justement appelé le *Grand,* prit le gouvernail, et sauvant l'État, lui rendit sa première tranquillité. Il lutta contre la tempête, et gagnant le soldat par ses largesses, le peuple par sa clémence, les citoyens fatigués des troubles civils par l'attrait du repos, tous par son affabilité et par ses discours, il parvint à ramener au port ce vaisseau échappé à la destruction. Après la mort de son prédécesseur, prince innocent et sacrifié par une main sacrilége, l'armée tourna les yeux sur celui-là seul que le droit de la naissance et sa vertu digne de l'empire appelaient au trône. Il eût joui sans obstacles du sceptre de ses ancêtres qui lui était dévolu par la volonté des citoyens, si d'un côté la rébellion, entretenue par le besoin, et l'ambition de quelques grands de l'État, soutenue par l'or et les promesses de l'étranger; si surtout, d'un autre côté, l'esprit des Français alors ennemis de toute nouveauté religieuse, ne lui eussent fermé le chemin au trône pendant quelques mois. Il se l'ouvrit bientôt après par son courage, et il renversa les obstacles qui s'opposaient à son passage. Le cardinal Charles de Bourbon, son prisonnier, est reconnu roi par les catholiques. Une espèce de fureur et la manie de tout confondre avaient occasionné cette mesure. On se crée un nouveau roi, de nouveaux statuts, un nouveau gouvernement. Le duc de Mayenne, institué lieutenant général de France, magistrature toute nouvelle, oppose

Henrico, triginta armatorum millia opponit : sed forti animo, et justa audenti ac petenti homines possunt, cœlites deesse non possunt. Cum quatuor vix armatorum millibus (pars quantula hæc copiarum hostilium)! ausus est meduano duci occurrere. Sed noverat jampridem dux bello clarus, in omni prœlio non tam multitudinem et indoctam virtutem, quam artem et exercitium præstare victoriam. Itaque apud Arquesiam primum feliciter pugnatum est.

VERSION CXXV.

Henricus quartus, Franciæ rex (sequitur).

Inde Ivriacum translata belli mole, ut fortitudinis imperatoriæ, sic clementiæ singularis ac vere regiæ specimen præbuit, quum exteris instandum acriter, parcendum civibus imperaret : gnarus etiamin signis esse victoriæ citra domesticum sanguinem vincere. Lutetia Parisiorum, perditum rata Bearnensem (nam id hostium convicium erat), pro portis victorem videt, stupetque fortunam virtuti præsidium attulisse. Sabaudus, qui, turbatis Francorum rebus, principatum augere cupiebat, magna suorum clade, in Provincia a regiis copiis profligatur. Alexander Farnesius, parmensis dux, ab Hispano iterum in Franciam cum exercitu numeroso missus, fortunam regiam veritus, vix extorta e duabus civitatibus Lutetia ac Rothomago obsidione, stuporis et infamiæ quam gloriæ plenior, insequente ac novissimum agmen carpente rege, victo similis in Flandriam ægre evasit. Tandem pugnarum omnium quas com-

à Henri, presque exilé et dépourvu de tout, une armée de trente mille combattants. Mais si les hommes peuvent manquer à un grand courage qui ne réclame et n'entreprend que des choses justes, le secours du ciel ne peut lui faire défaut. Henri, à peine accompagné de quatre mille hommes (quelle armée contre trente mille!), osa bien se mesurer avec Mayenne. Il n'ignorait pas, ce grand guerrier, que, dans toute rencontre, la victoire est due moins à la multitude et à un courage aveugle, qu'à l'art et à la tactique savante; en conséquence, il combattit d'abord avec avantage auprès d'Arques en Normandie.

VERSION CXXV.

Henri IV, roi de France (suite).

Le théâtre de la guerre fut transporté de là dans la campagne d'Ivri. C'est sur le champ de bataille même qu'il donna une preuve signalée de sa valeur comme général, et comme roi, d'une clémence particulière et vraiment royale, en ordonnant de frapper avec force sur les étrangers et d'épargner les citoyens. Il savait que la marque d'une grande victoire est de vaincre sans qu'il coule beaucoup du sang des citoyens. Les Parisiens, qui se croyaient assurés de la perte du Béarnais (c'est par ce nom injurieux que les Ligueurs désignaient le roi), le voient avec effroi à leurs portes, aidé de sa valeur et de la fortune. Le duc de Savoie, qui, au milieu des troubles, cherchait à augmenter ses États, est battu avec une grande perte en Provence par l'armée royale. Alexandre Farnèse, duc de Parme, envoyé en France une seconde fois par l'Espagne avec une armée nombreuse, craignant la fortune du roi, se borna à la levée du siège de deux cités, Paris et Rouen. Suivi de près par l'armée royale qui harcelait sans cesse son arrière-garde, rempli d'étonnement, et plus couvert de honte que de gloire, il gagna la Flandre avec peine et dans l'attitude d'un vaincu. Enfin, Henri

miserat, gentium quas adierat, ducum quibuscum manum conseruerat victor, suo et civium voto major, fidei catholicæ iterum redditus, sublataque larva quæ cives in principem armaverat, e continua multorum annorum jactatione ac convulsione, victa orbis pæne, quod difficillimum est inter mortales, invidia, in optatum bonis omnibus otium rempublicam traduxit. Victoriæ gloriam auxit moderatio victoris, omnium ultro citroque acceptarum injuriarum damnata memoria. Tum urbes certatim, rejecto exterorum fœdere, ad regis sui obsequium rediere. Roma, quem nuper cœtu piorum summoverat, frustra reluctante Hispano, magnum, victorem, christianissimum et catholicum in publico velut orbis theatro salutavit. Hic aliquando finis armis civilibus fuit; reliqua pax incruenta, pensatumque clementia bellum.

vainqueur dans tous les combats qu'il livra, supérieur à ses rivaux et aux nations qui lui furent opposées, surpassant dans sa grandeur l'espoir de tous et le sien même, se rendit à la foi catholique. Il fit ainsi tomber le masque dont se couvraient ceux qui mettaient la religion en avant pour armer les citoyens contre leur prince; après une tourmente qui durait depuis plusieurs années, il vainquit l'envie de presque toute la terre, chose extrêmement difficile, et rendit enfin à l'État un repos désiré de tous les gens de bien. La modération du vainqueur releva le prix de la victoire, car le souvenir des injures reçues de part et d'autre fut anéanti. Les villes, rejetant à l'envi les offres de l'étranger, rentrèrent sous l'obéissance de leur roi légitime. Rome, qui naguère avait excommunié Henri en plein consistoire, proclama à la face de l'univers, et malgré les efforts de l'Espagne, ce prince grand, victorieux, très-chrétien et catholique. Telle fut la fin des dissensions civiles : une paix non ensanglantée par la vengeance, et une guerre cruelle compensée par la clémence.

COURS
DE VERSIONS GRECQUES
A L'USAGE DES TROISIÈMES.

VERSION I.

Les fables d'Esope.

Αἰσώπῳ τῷ Φρυγὶ πεποίηνται λόγοι διὰ τῶν θηρίων τῆς ξυνουσίας. Διαλέγεται δὲ αὐτῷ καὶ τὰ δένδρα, καὶ οἱ ἰχθύες, ἄλλο ἄλλῳ, καὶ ἀνθρώποις ἀναμίξ. Καταμέμικται ἐν τοῖς λόγοις τούτοις νοῦς βραχὺς, αἰνιττόμενός τι τῶν ἀληθῶν. Ἄδεται δέ τις αὐτῷ καὶ τοιοῦτος μῦθος. — Ἔλαφον διώκει λέων· ἡ δὲ φεύγουσα ὑπεξάγει καὶ καταδύεται εἰς δρυμῶνα βαθύν· ὁ δὲ λέων (ὅσα γὰρ ἀλκῇ προέχει, τάχει λείπεται) ἐπιστὰς τῷ δρυμῷ ἐρωτᾷ τὸν ποιμένα εἴ που εἶδε πτήξασαν τὴν ἔλαφον· ὁ δὲ ποιμὴν οὐκ ἔφη εἰδέναι· καὶ ὁμοῦ λέγων, τὴν χεῖρα ἀνατείνας ἔδειξε τὸ χωρίον. Ὤχετο ὁ λέων ἐπὶ τὴν δειλαίαν ἔλαφον. Ἡ δὲ ἀλώπηξ (σοφὴ γὰρ αὕτη τῷ Αἰσώπῳ ἐστί) πρὸς τὸν ποιμένα λέγει· « Ὡς δειλὸς ἄρα καὶ πονηρὸς ἦσθα! δειλὸς μὲν πρὸς λέοντας, πονηρὸς δὲ εἰς ἐλάφους. »

COURS
DE VERSIONS GRECQUES

A L'USAGE DES TROISIÈMES.

VERSION I.

Les fables d'Ésope.

Ésope le Phrygien a composé des fables dont les entretiens des animaux sont la matière. Il y fait converser même les arbres et les poissons les uns avec les autres, et les hommes avec eux. Mais dans ces discours se trouvent mêlés des traits de raison qui indiquent à mots couverts quelques vérités. Parmi ces apologues on cite le suivant. — Un lion poursuit une biche; celle-ci lui échappe en fuyant, et s'enfonce dans l'épaisseur d'un hallier. Le lion, qui le cède autant en vitesse à la biche qu'il lui est supérieur en force, demande à un berger s'il n'a pas vu une biche se cacher quelque part. Le berger répond qu'il n'a rien vu; et tout en faisant cette réponse, il indique de la main le hallier au lion. L'animal s'y élance et saisit la malheureuse biche. Un renard (car chez Ésope cet animal a la finesse en partage) s'adresse au berger et lui dit : « Comme tu as été à la fois lâche et méchant! lâche envers les lions, et méchant envers les biches. »

VERSION II.

Un dieu des Indiens.

Ἀλέξανδρος ἐκεῖνος Πέρσας ἑλὼν, καὶ Βαβυλῶνος κρατήσας, καὶ Δαρεῖον χειρωσάμενος, ἦλθεν εἰς τὴν Ἰνδῶν γῆν, ἄβατον οὖσαν τέως στρατιᾷ ξένῃ, ὡς Ἰνδοὶ ἔλεγον, πλήν γε Διονύσου καὶ Ἀλεξάνδρου. Ἐστασίαζον Ἰνδοὶ βασιλεῖς Πῶρος καὶ Ταξίλης· Πῶρον μὲν λαμβάνει ὁ Ἀλέξανδρος, Ταξίλην δὲ κατὰ φιλίαν παρεστήσατο. Ἐπεδείκνυεν Ἀλεξάνδρῳ Ταξίλης τὰ θαυμαστὰ τῆς Ἰνδῶν γῆς, ποταμοὺς μεγίστους, καὶ ὄρνιθας ποικίλους, καὶ εὐώδη φυτὰ, καὶ εἴ τι ἄλλο ξένον ὀφθαλμοῖς Ἑλληνικοῖς. Ἐν δὲ τοῖς ἔδειξε καὶ ζῶον ὑπερφυὲς, Διονύσου ἄγαλμα, ᾧ Ἰνδοὶ ἔθυον· δράκων ἦν μῆκος πεντάπλεθρον· ἐτρέφετο δὲ ἐν χωρίῳ κοίλῳ, ἐν κρημνῷ βαθεῖ, τείχει ὑψηλῷ ὑπὲρ τῶν ἄκρων περιβεβλημένος· καὶ ἀνήλισκε τὰς Ἰνδῶν ἀγέλας χορηγούντων αὐτῷ τροφὴν βοῦς καὶ ὄϊς, καθάπερ τυράννῳ μᾶλλον, ἢ θεῷ.

VERSION III.

Eumène récite un apologue aux chefs de son armée.

Ἀντίγονος πρεσβευτὰς ἐξαπέστειλε πρός τε σατράπας καὶ τοὺς Μακεδόνας, ἀξιῶν Εὐμένει μὲν μὴ προσέχειν, ἑαυτῷ δὲ πιστεύειν. Συγχωρήσειν γὰρ ἔφη τοῖς μὲν σατράπαις ἔχειν τὰς ἰδίας σατραπείας, τῶν δὲ ἄλλων τοῖς μὲν χώραν πολλὴν δώσειν, τοὺς δ' εἰς τὰς πατρίδας ἀποστελεῖν μετὰ τιμῆς καὶ δωρεῶν, τοὺς δὲ στρατεύεσθαι βουλομένους διανέμειν εἰς τὰς ἑκάστῳ καθηκούσας τάξεις. Εὐμένης δὲ παρελθὼν λόγον εἶπε

VERSION II.

Un dieu des Indiens.

Alexandre, ce fameux conquérant, après s'être rendu maître de la Perse, avoir pris Babylone et fait Darius prisonnier, alla jusqu'aux Indes, pays où jamais, selon ce que disent les Indiens, aucune armée étrangère n'avait encore pénétré, à l'exception de celles de Bacchus et d'Alexandre. Deux rois de cette contrée, Porus et Taxile, ne s'accordaient point entre eux; Alexandre fit Porus prisonnier, et reçut Taxile dans son alliance. Taxile fit voir à son nouvel allié toutes les merveilles de l'Inde. Il lui fit remarquer la vaste étendue des fleuves, la variété des oiseaux, le parfum des plantes, enfin tout ce qui pouvait paraître nouveau aux yeux d'un Grec. Parmi les animaux, il lui en montra un d'une grandeur surnaturelle, que les Indiens regardaient comme une image de Bacchus, et auquel ils offraient des sacrifices : c'était un serpent qui avait cinq arpents de longueur. On le nourrissait dans un lieu profond, creusé en escarpement, et couronné d'une haute muraille. Ce monstre absorbait les troupeaux des Indiens, chargés de lui fournir pour nourriture des bœufs et des moutons, plutôt comme à un tyran que comme à un dieu.

VERSION III.

Eumène récite un apologue aux chefs de son armée.

Antigone envoya des députés auprès des satrapes et des Macédoniens, pour les engager à ne point suivre le parti d'Eumène, mais à s'en rapporter à lui. Il s'engageait, disait-il, à conserver aux satrapes leurs gouvernements; quant aux autres, ou il leur donnerait des terres considérables, ou il les renverrait dans leur patrie avec des honneurs et des présents, ou bien il accorderait à ceux qui voudraient prendre du service le grade convenable à chacun. Eumène, étant entré dans

τῶν παραδεδομένων καὶ παλαιῶν, οὐκ ἀνοίκειον δὲ τῆς περιστάσεως. Ἔφη γὰρ ἐρασθέντα λέοντα παρθένου, διαλεχθῆναι τῷ πατρὶ τῆς κόρης ὑπὲρ τοῦ γάμου· τὸν δὲ πατέρα λέγειν ὡς ἕτοιμος μέν ἐστι αὐτῷ δοῦναι, δεδοικέναι δὲ τοὺς ὄνυχας καὶ τοὺς ὀδόντας, μήποτε γήμας καὶ παροξυνθεὶς διά τινα αἰτίαν, προσενέγκηται τῇ παρθένῳ θηριωδῶς. Τοῦ δὲ λέοντος ἐξελόντος τούς τε ὄνυχας καὶ τοὺς ὀδόντας, τὸν πατέρα, θεωρήσαντα πάντα δι' ὧν ἦν φοβερὸς ἀποβεβληκότα, τύπτοντα τῷ ξύλῳ ῥᾳδίως ἀποκτεῖναι. Τὸ παραπλήσιον οὖν ποιεῖν καὶ τὸν Ἀντίγονον. Μέχρι τούτου γὰρ ποιεῖσθαι τὰς ἐπαγγελίας, ἕως ἂν τῆς δυνάμεως κυριεύσῃ, καὶ κολάσῃ τηνικαῦτα τοὺς ἀφηγουμένους.

VERSION IV.

Comment les amis doivent obliger.

Πᾶσα ὀνειδιζομένη χάρις, ἐπαχθὴς καὶ ἄχαρις καὶ οὐκ ἀνεκτή. Ταῖς μὲν τῶν κολάκων, οὐχ ὕστερον ἀλλὰ πραττομέναις, ἔνεστι εὐθὺς τὸ ἐπονείδιστον καὶ δυςωποῦν· ὁ δὲ φίλος, κἂν εἰπεῖν δεήσῃ τὸ πρᾶγμα, μετρίως ἀπήγγειλε, περὶ αὑτοῦ δὲ εἶπεν οὐδέν· ὃ δὴ καὶ Λακεδαιμόνιοι Σμυρναίοις δεομένοις σῖτον πέμψαντες, ὡς ἐθαύμαζον ἐκεῖνοι τὴν χάριν· « Οὐδὲν, ἔφασαν, μέγα· μίαν γὰρ ἡμέραν ψηφισάμενοι τὸ ἄριστον ἀφελεῖν ἑαυτῶν καὶ τῶν ὑποζυγίων, ταῦτα ἠθροίσαμεν. » Οὐ γὰρ μόνον ἐλευθέριος ἡ τοιαύτη χάρις, ἀλλὰ καὶ τοῖς λαμβάνουσιν ἡδίων, ὅτι τοὺς ὠφελοῦντας οὐ μέγα βλάπτεσθαι νομίζουσι.

l'assemblée, récita un apologue, qu'il tenait d'une ancienne tradition, mais qui était fort convenable à la circonstance. « Un lion, dit-il, étant devenu amoureux d'une jeune fille, la demanda en mariage à son père. Celui-ci répondit qu'il était disposé à la lui accorder, mais que ses ongles et ses dents lui faisaient craindre qu'après son mariage, s'il avait quelque sujet de colère, il ne se comportât avec sa fille d'une manière brutale. Le lion s'arracha les ongles et les dents. Le père, le voyant alors dépouillé des armes qui le rendaient redoutable, le tua sans peine à coups de bâton. Telle est aujourd'hui la conduite d'Antigone. Il vous fait faire des promesses jusqu'à ce qu'il se soit rendu maître de l'armée, ensuite il détruira les chefs. »

VERSION IV.

Comment les amis doivent obliger.

Tout service reproché n'a plus de mérite et devient pesant, insupportable. Ceux du flatteur, non à la longue, mais à l'instant même qu'il les rend, renferment quelque chose qui tient du reproche, et qui est capable de nous faire rougir. Un ami, au contraire, s'il est forcé de dire ce qu'il a fait, le dit modestement et sans parler de lui; comme les Lacédémoniens, qui répondirent aux Smyrnéens, étonnés de la générosité avec laquelle ils leur avaient envoyé du froment dans un temps de disette : « Le mérite n'est pas grand ; il a suffi, pour ramasser ces grains, d'ordonner, par un décret, que les hommes et les bêtes de somme se passeraient de dîner un seul jour. » Cette façon d'obliger est non-seulement plus noble, mais devient aussi plus agréable à ceux qu'on oblige, en leur persuadant qu'ils n'ont pas causé grand dommage à leurs bienfaiteurs.

VERSION V.

La Toussaint.

Ὥςπερ οἱ ζωγράφοι, ὅταν ἀπὸ εἰκόνων εἰκόνας γράφωσι, πυκνὰ πρὸς τὸ παράδειγμα ἀποβλέποντες, τὸν ἐκεῖθεν χαρακτῆρα πρὸς τὸ ἑαυτῶν σπουδάζουσι μεταθεῖναι φιλοτέχνημα· οὕτω δεῖ καὶ τὸν ἐσπουδακότα ἑαυτὸν πᾶσι τοῖς μέρεσι τῆς ἀρετῆς ἀπεργάσασθαι τέλειον, οἱονεὶ πρὸς ἀγάλματά τινα κινούμενα καὶ ἔμπρακτα, τοὺς βίους τῶν ἁγίων ἀποβλέπειν, καὶ τὸ ἐκείνων ἀγαθὸν οἰκεῖον ποιεῖσθαι διὰ μιμήσεως. Μέμνησθε οὖν τῶν ἁγίων, ὅτι οὐδεὶς τρυφῶν, οὐδὲ κολακευόμενος, τῶν στεφάνων τῆς ὑπομονῆς ἠξιώθη· ἀλλὰ πάντες διὰ μεγάλων θλίψεων πυρωθέντες, τὸ δοκίμιον ἐπεδείξαντο. Οἱ μὲν γὰρ ἐμπαιγμῶν καὶ μαστίγων πεῖραν ἔλαβον· ἄλλοι δὲ ἐπρίσθησαν, οἱ δὲ ἐν φόνῳ μαχαίραις ἀπέθανον. Ταῦτά ἐστι τὰ σεμνολογήματα τῶν ἁγίων. Μακάριος ὁ καταξιωθεὶς τῶν ὑπὲρ Χριστοῦ παθημάτων! μακαριώτερος δὲ ὁ πλεονάσας ἐν τοῖς παθήμασι! διότι οὐκ ἄξια τὰ παθήματα τοῦ νῦν καιροῦ πρὸς τὴν μέλλουσαν δόξαν ἀποκαλυφθῆναι εἰς ἡμᾶς.

VERSION VI.

Masinissa.

Μασανάσσης ὁ Λιβύων βεβασιλευκὼς, καὶ τὴν πρὸς Ῥωμαίους φιλίαν τετηρηκὼς, ἐνενήκοντα μὲν ἐβίω ἔτη ἐν δυνάμει, παῖδας δέκα ἐν τῷ ἀπαλλάττεσθαι καταλιπὼν, οὓς καὶ Ῥωμαίοις ἐπιτροπεύεσθαι παρακατέθετο. Ἦν δὲ καὶ κατὰ τὴν τοῦ σώματος εὐτονίαν διαφέρων, καὶ καρτερίᾳ καὶ πόνοις συνήθης ἐκ παιδός. Ὅς γε στὰς

VERSION V.

La Toussaint.

De même que les peintres, quand ils font un tableau d'après un autre, jettent à chaque instant les yeux sur leur modèle pour en faire passer le caractère et la ressemblance dans leur copie, de même celui qui cherche à parvenir à la perfection, en réunissant toutes les parties qui composent la vertu, doit considérer les vies des saints comme des images animées et agissantes, et tâcher en les imitant de s'approprier leurs qualités et leurs mérites. N'oubliez donc pas que parmi les saints il n'en est pas un seul qui ait obtenu la couronne de la patience pour avoir vécu au milieu des délices et des adulations ; mais que c'est éprouvés par les grandes tribulations, comme par l'action du feu, qu'ils ont tous montré ce qu'ils étaient. Les uns ont fait leurs preuves au milieu des outrages et des fouets; d'autres déchirés par la scie, ou expirant sous le glaive. Voilà de quoi les saints se font gloire. Heureux qui mérite de souffrir pour le Christ! plus heureux encore celui qui réunit le plus de souffrances! car les maux présents ne peuvent être mis en comparaison avec la gloire qui doit un jour nous être révélée.

VERSION VI.

Masinissa.

Masinissa, qui régna en Afrique, et resta toujours l'allié fidèle de Rome, conserva toute sa vigueur jusqu'à l'âge de quatre-vingt-dix ans, et laissa en mourant dix enfants, dont il donna la tutelle au peuple romain. Habitué dès sa plus tendre jeunesse à supporter la fatigue et le travail, il possédait une force de corps extraordinaire. Il se tenait debout un jour entier, sans

ἐν τοῖς ἴχνεσιν, ὅλην τὴν ἡμέραν ἀκίνητος ἔμενε· καθεζόμενος δὲ οὐκ ἠγείρετο, μέχρι νυκτὸς ἐνημερεύων ταῖς τῶν πόνων μελέταις. Ἐπὶ δὲ τὸν ἵππον ἐπιβαίνων συνεχῶς ἡμέραν καὶ νύκτα, καὶ ταῖς ἱππασίαις χρώμενος, οὐκ ἐξελύετο. Σημεῖον δὲ τῆς περὶ αὐτὸν εὐεξίας τε καὶ δυνάμεως μέγιστον· ἐνενήκοντα γὰρ σχεδὸν ἔχων ἔτη, υἱὸν εἶχε τετραετῆ, διαφέροντα τῇ τοῦ σώματος ῥώμῃ. Ἐν ταῖς τῶν ἀγρῶν ἐπιμελείαις τοσοῦτον διήνεγκεν, ὡς ἑκάστῳ τῶν υἱῶν ἀπολιπεῖν ἀγρὸν μυριόπλεθρον, κεκοσμημένον πάσαις κατασκευαῖς. Ἐβασίλευσε δ' ἐπιφανῶς ἔτη ἑξήκοντα.

VERSION VII.

La divine providence.

Τοῦτο μόνον πεπεῖσθαι χρὴ, ὅτι συμφερόντως ἡμῖν ἅπαντα οἰκονομεῖται παρὰ τοῦ Θεοῦ· τὸν δὲ τρόπον μηκέτι ζητεῖν, μηδὲ ἀγνοοῦντας ἀσχάλλειν ἢ ἀθυμεῖν. Οὔτε γὰρ δυνατὸν ταῦτα εἰδέναι, οὔτε συμφέρον· τὸ μὲν διὰ τὸ θνητοὺς εἶναι, τὸ δὲ διὰ τὸ ταχέως εἰς ἀπόνοιαν αἴρεσθαι. Βούλεται μὲν γὰρ καὶ τοὺς μὴ πιστεύοντας αὐτῷ σωθῆναι μεταβαλλομένους ὁ Θεός· καθὼς καὶ αὐτός φησι· « Οὐκ ἦλθον καλέσαι δικαίους, ἀλλὰ ἁμαρτωλοὺς εἰς μετάνοιαν. » Ὅταν δὲ μὴ τοσαύτης ἐπιμελείας ἀπολαύσαντες ἐθελήσωσι γενέσθαι βελτίους, καὶ ἐπιγνῶναι τὴν ἀλήθειαν, οὐδὲ οὕτως αὐτοὺς ἀφίησιν· ἀλλ' ἐπειδὴ τῆς οὐρανίου ζωῆς ἑαυτοὺς ἑκόντες ἀπεστέρησαν, τὰ γοῦν εἰς τὸν παρόντα βίον ἅπαντα χορηγεῖ, τὸν ἥλιον ἀνατέλλων ἐπὶ πονηροὺς καὶ ἀγαθοὺς, καὶ βρέχων ἐπὶ δικαίους καὶ ἀδίκους, καὶ τὰ ἄλλα πάντα τὰ πρὸς τὴν σύστασιν τῆς παρούσης παρέχων ζωῆς.

changer de place, et, consacrant le jour jusqu'à la nuit aux soins de ses affaires, il pouvait rester aussi longtemps assis sans avoir besoin de se lever. Il passait souvent le jour et la nuit à cheval, et les courses ne le fatiguaient nullement. La meilleure preuve de sa santé et de la vigueur de son tempérament, c'est qu'à l'âge de quatre-vingt-dix ans il avait un fils de quatre ans, doué d'une force peu commune. Il avait tant de goût pour l'agriculture, qu'il laissa à chacun de ses fils un champ de dix mille arpents, où rien ne manquait. Masinissa régna soixante ans avec gloire.

VERSION VII.

La divine providence.

Mettons toute notre confiance en cette idée, que Dieu dispose et dirige toute chose pour notre bien et notre avantage; mais ne cherchons point à connaître ses voies, et ne nous tourmentons, ne nous désespérons pas de les ignorer : cette connaissance ne nous est ni permise, ni avantageuse; d'abord, parce que nous sommes mortels; en second lieu, parce qu'il faut peu de chose pour nous faire tomber dans l'abattement et l'égarement d'esprit. Dieu veut sauver, en les convertissant, ceux mêmes qui ne croient pas en lui. « Ce ne sont pas les justes, dit-il, mais les pécheurs que je suis venu appeler au repentir. » Mais s'ils ne veulent point profiter d'une aussi grande sollicitude pour devenir meilleurs, s'ils refusent de reconnaître la vérité, Dieu ne les abandonne pas encore : après qu'ils se sont volontairement privés de la vie céleste, il pourvoit abondamment à tous leurs besoins dans ce monde; il fait lever son soleil sur les méchants aussi bien que sur les bons, pleuvoir sur le juste et l'injuste, et il fournit tout ce qui est nécessaire au soutien de cette vie terrestre.

VERSION VIII.

La méchanceté punie.

Προτεθείσης προγραφῆς εἰς τὴν ἀγορὰν, ἀνέδραμε πλῆθος ἀνθρώπων πρὸς τὴν ἀνάγνωσιν· οἱ πλεῖστοι δὲ συνέπασχον τοῖς ὀφείλουσιν ἀναδέχεσθαι τὸν θάνατον. Εἷς δὲ τῶν συνεληλυθότων, κακίᾳ καὶ ὑπερηφανίᾳ διαφέρων, ἐγγελῶν τοῖς κινδυνεύουσι, πολλὰ κατ' αὐτῶν ὑβριστικῶς ἐβλασφήμησεν. Ἔνθα δὴ δαιμονίου τινὸς νέμεσις τῷ διασύροντι τὴν τῶν ἀκληρούντων τύχην, ἐπέθηκε τὴν πρέπουσαν τῇ κακίᾳ τιμωρίαν. Ἐν γὰρ τοῖς ἐπὶ πᾶσιν ὀνόμασιν εὑρὼν ἑαυτὸν προςγεγραμμένον, εὐθέως ἐπικαλυψάμενος τὴν κεφαλὴν, προῆγε διὰ τοῦ πλήθους, ἐλπίζων λήσεσθαι τοὺς περιεστῶτας, καὶ διὰ τοῦ δρασμοῦ πορίζεσθαι τὴν σωτηρίαν. Γνωσθεὶς δὲ ὑπό τινος τῶν πλησίον ἑστώτων, καὶ φανερᾶς τῆς περὶ αὐτὸν περιστάσεως γενομένης, συνελήφθη, καὶ ἔτυχε τῆς τιμωρίας, πάντων ἐπιχαιρόντων τῷ θανάτῳ αὐτοῦ.

VERSION IX.

Une loi des Égyptiens relative aux voleurs.

Ὑπῆρχε περὶ τῶν κλεπτῶν νόμος παρ' Αἰγυπτίοις ἰδιώτατος. Ἐκέλευε γὰρ τοὺς βουλομένους ἔχειν ταύτην τὴν ἐργασίαν, ἀπογράφεσθαι πρὸς τὸν ἀρχιφῶρα, καὶ τὸ κλαπὲν ὁμολόγως ἀναφέρειν παραχρῆμα πρὸς ἐκεῖνον· τοὺς δὲ ἀπολέσαντας, παραπλησίως ἀπογράφειν αὐτῷ καθ' ἕκαστον τῶν ἀπολωλότων, προςτιθέντας τόν τε τόπον καὶ τὴν ἡμέραν καὶ τὴν ὥραν καθ' ἣν ἀπέβαλε. Τούτῳ δὲ τῷ τρόπῳ πάντων ἑτοίμως εὑρισκομένων, ἔδει τὸν ἀπολέσαντα, τὸ τέταρτον μέρος τῆς ἀξίας δόντα,

VERSION VIII.

La méchanceté punie.

Une table de proscription ayant été exposée sur la place publique, la foule accourut pour la lire. La plupart des spectateurs plaignaient la destinée de ceux qui allaient recevoir la mort. Un homme seul, d'une méchanceté, d'une arrogance extraordinaire, riait du péril des proscrits et se répandait contre eux en propos outrageants. Quelque divinité, indignée sans doute de le voir insulter ainsi au malheur, lui fit porter la juste peine de sa perversité. En effet, il trouva aussi son nom à la fin de la liste ; à l'instant il se cache le visage, et s'échappe à travers la foule, espérant ne point être remarqué de ceux qui l'entouraient, et trouver son salut dans une prompte fuite. Mais il est reconnu par quelqu'un de ceux qui se trouvaient près de lui; on découvre le mauvais cas où il est, on le saisit, on le livre au supplice, et chacun se réjouit de sa mort.

VERSION IX.

Une loi des Égyptiens relative aux voleurs.

Il existait chez les Égyptiens, relativement aux voleurs, une loi tout à fait singulière. D'après cette loi, ceux qui voulaient se livrer à ce genre d'industrie devaient se faire inscrire chez le chef des voleurs, et ils s'engageaient à porter chez lui leur vol, sans aucun délai. De leur côté, les personnes volées faisaient également enregistrer chez ce même chef chacun des objets qu'elles avaient perdus, en désignant de plus le lieu, le jour et l'heure auxquels le vol avait été commis. De cette manière tout se retrouvait aisément : mais il fallait que celui qui avait éprouvé quelque

κτήσασθαι τὰ ἑαυτοῦ μόνα. Ἀδυνάτου γὰρ ὄντος τοῦ πάντας ἀποστῆσαι τῆς κλοπῆς, εὗρε πόρον ὁ νομοθέτης, δι' οὗ πᾶν τὸ ἀπολόμενον σωθήσεται, μικρῶν διδομένων λύτρων.

VERSION X.

Bonté et amour fraternel d'Eumène.

Εὐμένης, ἐπιβουλευθεὶς ὑπὸ Περσέως, ἔδοξε τεθνάναι. Τῆς δὲ φήμης εἰς Πέργαμον κομισθείσης, Ἄτταλος, ὁ ἀδελφὸς αὐτοῦ, περιθέμενος τὸ διάδημα, καὶ τὴν γυναῖκα γήμας, ἐβασίλευσε· πυθόμενος δὲ προςιόντα ζῶντα τὸν ἀδελφὸν, ἀπήντησε, ὥςπερ εἰώθει, μετὰ σωματοφυλάκων δοράτιον ἔχων. Ὁ δὲ Εὐμένης, φιλοφρόνως ἀσπασάμενος αὐτὸν, καὶ πρὸς τὸ οὖς εἰπών· « Μὴ σπεῦδε γῆμαι, πρὶν τελευτήσαντ' ἴδῃς· » οὐδὲν ἄλλο παρὰ πάντα τὸν βίον οὔτ' εἶπεν ὕποπτον, οὔτ' ἐποίησεν, ἀλλὰ καὶ τελευτῶν ἐκείνῳ τὴν γυναῖκα καὶ τὴν βασιλείαν ἀπέλιπεν. Ἀνθ' ὧν ἐκεῖνος οὐδὲν ἐξ ἑαυτοῦ τέκνον ἔθρεψε, πολλῶν γενομένων, ἀλλὰ τῷ Εὐμένους υἱῷ τὴν βασιλείαν ἔτι ζῶν, ἐνηλίκῳ γενομένῳ, παρέδωκε.

VERSION XI.

Comment les canards échappent aux poursuites de l'aigle.

Ἡ νῆττα ὅταν τέκῃ (τίκτει δὲ ἐν ξηρῷ, πλησίον δὲ ἢ τῆς λίμνης, ἢ τοῦ τενάγους, ἢ ἄλλου τινὸς ὑδρηλοῦ χωρίου καὶ ἐνδρόσου), τὸ νεόττιον φύσει τινὶ ἰδίᾳ καὶ ἀπορρήτῳ οἶδεν ὅτι μήτε τῆς ἐν ἀέρι μετεώρου φορᾶς οἱ μέτεστι, μήτε μὴν τῆς ἐν τῇ χέρσῳ διατριβῆς· καὶ ἐκ τούτων ἐς τὸ ὕδωρ πηδᾷ, καὶ ἐξ ὠδίνων ἐστὶ νηκτικὴ, καὶ μαθεῖν οὐ δεῖται, ἀλλὰ καταδύεται καὶ ἀναδύεται

perte, payât le quart de la valeur pour recouvrer son bien. Comme il était impossible que parmi tous les hommes aucun ne s'adonnât au vol, le législateur avait imaginé un moyen par lequel on pouvait, en payant une faible rançon, retrouver ce qu'on avait perdu.

VERSION X.

Bonté et amour fraternel d'Eumène.

Eumène ayant donné dans une embuscade que lui avait tendue Persée, passa pour mort. La nouvelle en étant venue à Pergame, Attale, son frère, ceignit le diadème, épousa la femme d'Eumène et régna à sa place. Il apprit ensuite que son frère vivait, et qu'il revenait dans ses États; il alla au-devant de lui, portant la lance comme auparavant, et confondu parmi ses gardes. Eumène le reçut avec bonté, et se contenta de lui dire à l'oreille : « Ne te presse pas d'épouser la femme avant d'avoir vu le mari mort. » Dans tout le reste de sa vie, il ne dit et ne fit rien qui pût donner le moindre ombrage à son frère : bien plus, il lui laissa en mourant sa femme et son royaume. Attale, par reconnaissance, quoiqu'il ait eu beaucoup d'enfants, ne voulut en élever aucun; et quand le fils d'Eumène fut en âge de régner, il lui céda le trône.

VERSION XI.

Comment les canards échappent aux poursuites de l'aigle.

La femelle du canard pond sur terre, mais près d'un étang, d'un marais, ou de quelque autre endroit aqueux et humide. A peine le petit est-il né, que, par un instinct particulier et vraiment admirable, il reconnaît qu'il ne lui est accordé ni de s'élever dans les airs, ni d'habiter la terre ferme : aussi s'élance-t-il dans l'eau, et, dès le sein de sa mère, devient-il nageur sans avoir besoin de leçons; il plonge même et re-

πάνυ σοφῶς, καὶ ὡς ἤδη χρόνῳ πεπαιδευμένη τοῦτο. Ἀετὸς δὲ, ὃν καλοῦσι νηττοφόνον, ἐπιπηδᾷ τῇ νηχομένῃ, ὥςπερ ἁρπασόμενος· ἡ δὲ καταδῦσα ἑαυτὴν ἠφάνισεν, εἶτα ὑπονηξαμένη ἀλλαχόθι ἐκκύπτει· ὁ δὲ καὶ ἐκεῖ πάρεστι, καὶ αὖθις κατέδυ ἐκείνη· πάλιν ταῦτα, καὶ πάλιν. Καὶ δυοῖν θάτερον, ἢ γὰρ καταδὺς ἀπεπνίγη, ἢ ὁ μὲν ἀπέστη ἐπ' ἄλλην ἄγραν, ἡ δὲ ἔχουσα τὸ ἀδεὲς ἐπινήχεται αὖθις.

VERSION XII.

Sentiments de Darius à l'égard d'Alexandre.

Λόγος κατέχει, ὀλίγον μετὰ τὴν μάχην, ἢ πρὸς Ἰσσῷ Δαρείῳ τε καὶ Ἀλεξάνδρῳ συνέβη, ἀποδράντα ἐλθεῖν παρὰ Δαρεῖον τὸν εὐνοῦχον τὸν φύλακα αὐτοῦ τῆς γυναικός. Καὶ τοῦτον ὡς εἶδε Δαρεῖος, πρῶτα μὲν πυθέσθαι, εἰ ζῶσιν αὐτῷ αἱ παῖδες καὶ οἱ υἱοὶ, καὶ ἡ γυνή τε καὶ ἡ μήτηρ· ὡς δὲ ζώσας ἐπύθετο, καὶ βασίλισσαι ὅτι καλοῦνται, καὶ ἡ θεραπεία ὅτι ἀμφ' αὐτάς ἐστιν, ἥντινα καὶ ἐπὶ Δαρείου ἐθεραπεύοντο, ἐπὶ τοῖςδε ἀνατεῖναι Δαρεῖον ἐς τὸν οὐρανὸν τὰς χεῖρας, καὶ εὔξασθαι ὧδε· « Ἀλλ', ὦ Ζεῦ, ὅτῳ ἐπιτέτραπται νέμειν τὰ βασιλέων πράγματα ἐν ἀνθρώποις, σὺ νῦν μάλιστα μὲν ἐμοὶ φύλαξον Περσῶν τε καὶ Μήδων τὴν ἀρχὴν, ὡςπεροῦν καὶ ἔδωκας· εἰ δὲ ἐγὼ οὐκέτι σοι βασιλεὺς τῆς Ἀσίας, σὺ δὲ μηδενὶ ἄλλῳ ὅτι μὴ Ἀλεξάνδρῳ παραδοῦναι τὸ ἐμὸν κράτος. » Οὕτως οὐδὲ πρὸς τῶν πολεμίων ἄρα ἀμελεῖται ὅσα σώφρονα ἔργα.

VERSION XIII.

Attachement des abeilles pour leur roi.

Τὸν βασιλέα αὐτῶν αἱ μέλιτται πρᾶον ὄντα καὶ ἥμερον καὶ ὁμοῦ τι καὶ ἄκεντρον, ὅταν αὐτὰς ἀπολίπῃ, με-

monte avec une extrême habileté, et comme s'il était déjà instruit par une longue expérience. Mais l'aigle qu'on nomme tue-canard fond sur le nageur, croyant l'enlever; alors le canard disparaît en plongeant, et après avoir nagé sous l'eau, il se remontre en un autre endroit : l'aigle d'arriver, et le canard de replonger encore, manœuvre qui se renouvelle jusqu'à ce qu'enfin il arrive de deux choses l'une : ou l'aigle enfonce et se noie, ou bien il va chercher une autre proie, et le canard, alors délivré de toute crainte, commence à nager à la surface.

VERSION XII.

Sentiments de Darius à l'égard d'Alexandre.

Suivant une tradition accréditée, peu de temps après la bataille que Darius et Alexandre se livrèrent près d'Issus, un eunuque, auquel Darius avait confié la garde de son épouse, s'étant échappé, se rendit auprès de ce prince. A peine Darius l'eut-il vu, que son premier mouvement fut de demander si ses filles et ses fils, sa femme et sa mère vivaient encore. Lorsqu'il eut appris que non-seulement elles vivaient, mais qu'on leur donnait aussi le nom de reines, et qu'elles étaient environnées de tous les honneurs qu'elles avaient à sa cour, à cette nouvelle Darius, levant les mains au ciel, adressa cette prière : « O Jupiter, souverain arbitre du destin des rois sur la terre, daigne surtout me conserver l'empire des Perses et des Mèdes, puisque tu me l'as donné : mais si tu as arrêté que je ne règne plus désormais sur l'Asie, ne fais point passer ma puissance à un autre qu'Alexandre! » Tant il est vrai que nos ennemis mêmes ne sont point indifférents à nos belles actions!

VERSION XIII.

Attachement des abeilles pour leur roi.

Lorsque le roi des abeilles, qui est bon, doux, et de plus, privé d'aiguillon, vient à les abandonner, elles se

ταθέουσί τε καὶ διώκουσι φυγάδα τῆς ἀρχῆς ὄντα. Ῥινηλατοῦσι δὲ αὐτὸν ἀπορρήτως, καὶ ἐκ τῆς ὀσμῆς τῆς περὶ αὐτὸν, αἱροῦσι καὶ ἐς τὴν βασιλείαν ἐπανάγουσιν, ἑκοῦσαί τε καὶ βουλόμεναι, τοῦ τρόπου ἀγάμεναι. Πεισίστρατον δὲ ἐξήλασαν Ἀθηναῖοι, καὶ Συρακούσιοι Διονύσιον, καὶ ἄλλοι ἄλλους, τυράννους τε καὶ παρανόμους ὄντας, καὶ τέχνην βασιλικὴν ἀποδείξασθαι μὴ δυναμένους, ὅπερ οὖν φιλανθρωπία τε καὶ τῶν ὑπηκόων προστασία.

VERSION XIV.

Esculape.

Μυθολογοῦσιν Ἀσκληπιὸν Ἀπόλλωνος υἱὸν ὑπάρχειν καὶ Κορωνίδος· φύσει δὲ καὶ ἀγχινοίᾳ διενέγκαντα, ζηλῶσαι τὴν ἰατρικὴν ἐπιστήμην, καὶ πολλὰ τῶν συντεινόντων πρὸς ὑγίειαν ἀνθρώπων ἐξευρεῖν. Ἐπὶ τοσοῦτο δὲ προβῆναι τῇ δόξῃ, ὥστε πολλοὺς τῶν ἀπεγνωσμένων ἀρρώστων παραδόξως θεραπεύειν, καὶ διὰ τοῦτο πολλοὺς δοκεῖν τῶν τετελευτηκότων ποιεῖν πάλιν ζῶντας. Διὸ καὶ τὸν μὲν Ἅιδην μυθολογοῦσιν ἐγκαλοῦντα τῷ Ἀσκληπιῷ, κατηγορίαν αὐτοῦ ποιήσασθαι πρὸς τὸν Δία, ὡς τῆς ἐπαρχίας αὐτοῦ ταπεινουμένης· ἐλάττους γὰρ ἀεὶ γίνεσθαι τοὺς τετελευτηκότας, θεραπευομένους ὑπὸ τοῦ Ἀσκληπιοῦ. Καὶ τὸν μὲν Δία παροξυνθέντα κεραυνῶσαι τὸν Ἀσκληπιὸν καὶ διαφθεῖραι· τὸν δὲ Ἀπόλλωνα διὰ τὴν ἀναίρεσιν αὐτοῦ παροξυνθέντα, φονεῦσαι τοὺς τὸν κεραυνὸν τῷ Διῒ κατασκευάζοντας Κύκλωπας· ἐπὶ δὲ τῇ τούτων τελευτῇ παροξυνθέντα τὸν Δία προστάξαι τῷ Ἀπόλλωνι θητεῦσαι παρ' ἀνθρώπῳ.

mettent à la poursuite et à la recherche de ce déserteur de ses propres États. Elles le suivent au flair, avec une sagacité inexprimable, et, guidées par l'odeur qu'il exhale, elles l'atteignent et le ramènent dans son royaume par un mouvement volontaire et spontané, que leur inspire une admiration affectueuse pour le caractère de leur roi. Les Athéniens, au contraire, ont expulsé Pisistrate, les Syracusains Denys, et d'autres peuples d'autres souverains, qui s'étaient montrés injustes, oppresseurs et incapables d'exercer l'art de régner, qui consiste dans l'amour de l'humanité joint au talent de gouverner ses sujets.

VERSION XIV.

Esculape.

Esculape, selon la Fable, était fils d'Apollon et de Coronis. Doué d'un génie et d'une intelligence extraordinaires, il se livra avec ardeur à l'étude de la médecine, et inventa un grand nombre de remèdes salutaires. Il guérit miraculeusement plusieurs malades dont l'état était désespéré, et parvint ainsi à un tel degré de gloire, qu'il passa pour avoir ressuscité beaucoup de morts. Voilà ce qui a donné lieu à la fable suivant laquelle Pluton, se plaignant d'Esculape, l'accusa auprès de Jupiter de détruire son empire, en diminuant de jour en jour le nombre des morts par ses guérisons. Jupiter irrité foudroya et fit périr Esculape. Apollon, outré de sa perte, tua les Cyclopes qui forgeaient la foudre pour Jupiter, et ce dieu, afin de venger leur mort, contraignit Apollon de servir chez un mortel.

VERSION XV.

Lettre de Pisistrate à Solon, pour l'engager à revenir dans sa patrie.

Πεισίστρατος Σόλωνι.

Οὔτε μόνος Ἑλλήνων τυραννίδι ἐπεθέμην, οὔτε ὡς οὐ προςῆκόν μοι, γένους ὄντι τῶν Κοδριδῶν. Ἀνέλαβον γὰρ ἐγὼ ἃ ὀμόσαντες Ἀθηναῖοι παρέξειν Κόδρῳ τε καὶ τῷ ἐκείνου γένει, ἀφείλοντο. Τά τε ἄλλα ἁμαρτάνω οὐδὲν ἢ περὶ θεοὺς ἢ περὶ ἀνθρώπους· ἀλλὰ καθότι σὺ διέθηκας τοὺς θεσμοὺς Ἀθηναίοις, ἐπιτροπῶ πολιτεύειν· καὶ ἄμεινόν τι πολιτεύουσιν ἢ κατὰ δημοκρατίαν· ἐῶ γὰρ οὐδένα ὑβρίζειν. Καὶ ὁ τύραννος ἐγὼ, οὐ πλεῖόν τι φέρομαι τἀξιώματος καὶ τῆς τιμῆς· ὁποῖα δὲ καὶ τοῖς πρὶν βασιλεῦσιν ἦν τὰ ῥητὰ γέρα. Ἀπάγει δὲ ἕκαστος Ἀθηναίων τοῦ αὐτοῦ κλήρου δεκάτην, οὐκ ἐμοὶ, ἀλλὰ ὁπόθεν ἔσται ἀναλοῦν εἴς τε θυσίας τὰς δημοτελεῖς, καὶ εἴ τι ἄλλο τῶν κοινῶν, καὶ ἢν ὁ πόλεμος ἡμᾶς καταλάβῃ.

VERSION XVI.

Lettre de Pisistrate (suite).

Σοὶ δ' ἐγὼ οὔτε μέμφομαι μηνύσαντι τὴν ἐμὴν διάνοιαν. Εὐνοίᾳ γὰρ τῆς πόλεως μᾶλλον ἢ κατὰ τὸ ἐμὸν ἔχθος ἐμήνυες· ἔτι τε ἀμαθίᾳ τῆς ἀρχῆς ὁποίαν τινὰ ἐγὼ καταστήσομαι· ἐπεὶ μαθὼν, τάχα ἂν ἠνέσχου καθισταμένου, οὐδὲ ἔφυγες. Ἐπάνιθι τοίνυν οἴκαδε, πι-

VERSION XV.

Lettre de Pisistrate à Solon, pour l'engager à revenir dans sa patrie.

Pisistrate à Solon.

Je ne suis pas le seul des Grecs qui me sois emparé du pouvoir suprême, et, descendant de Codrus, je pouvais y prétendre. Je n'ai fait que ressaisir les droits que les Athéniens avaient juré d'accorder à Codrus et à sa postérité, et dont ils ont dépouillé celle-ci malgré leurs serments. D'ailleurs, je ne me rends coupable ni envers les dieux ni envers les hommes ; bien loin de là, je veille à faire observer les lois que vous avez données vous-même aux Athéniens, et ce gouvernement leur est plus avantageux que la démocratie ; car je ne tolère l'injustice chez personne. Et tout tyran que je suis, je ne veux de prérogatives pour moi que celles du rang et des honneurs : mes revenus, du reste, sont les mêmes que ceux qui ont été alloués aux rois mes prédécesseurs. Si chaque Athénien doit donner la dixième partie de son héritage, ce n'est point pour moi, c'est pour fournir aux dépenses des sacrifices publics, aux autres besoins de l'État, et aux frais de la guerre, s'il en survient quelqu'une.

VERSION XVI.

Lettre de Pisistrate (suite).

Quant à moi, je ne vous en veux pas d'avoir dévoilé mon dessein. Je sais que vous l'avez fait plus par amour de la patrie, que par haine pour moi, et de plus, parce que vous ignoriez quelle forme de gouvernement je voulais établir : après l'avoir connue, peut-être auriez-vous souffert mon autorité, et ne vous seriez-vous point condamné à l'exil. Revenez donc, je vous prie, dans vos foyers, et croyez, sans même que

στεύων μοι καὶ ἀνωμότῳ, ἄχαρι μηδὲν πείσεσθαι Σόλωνα ἐκ Πεισιστράτου. Ἴσθι γὰρ μηδὲ ἄλλον τινὰ πεπονθέναι τῶν ἐχθρῶν. Ἢν δὲ ἀξιώσῃς τῶν ἐμῶν φίλων εἷς εἶναι, ἔσῃ ἀνὰ πρώτους (οὐ γάρ τι ἐν σοὶ ἐνορῶ δολερὸν ἢ ἄπιστον)· εἴτε ἄλλως Ἀθήνησιν οἰκεῖν, ἐπιτετράψεται. Ἡμῶν δὲ εἵνεκα μὴ ἐστέρησο τῆς πατρίδος.

VERSION XVII.

Noël.

« Οὕτως ἠγάπησεν ὁ Θεὸς τὸν κόσμον, ὥστε τὸν Υἱὸν αὐτοῦ τὸν μονογενῆ ἔδωκεν, ἵνα πᾶς ὁ πιστεύων εἰς αὐτὸν μὴ ἀπόληται, ἀλλ᾽ ἔχῃ ζωὴν αἰώνιον. » Τίς ὑμῶν, ἀγαπητοί, ταῦτα τὰ ῥήματα τοῦ Ἀποστόλου ἀναμνησθείς, μὴ περιχαρὴς γένοιτο; Ἀλλὰ καὶ δὴ τίνι αἱ τοιαῦται ἡμῶν ἐπιμέλειαι ἔκπληξιν τῆς μεγάλης δυνάμεως ὁμοῦ καὶ φιλανθρωπίας τοῦ σώζοντος ἐμποιήσειαν, ὅτι καὶ ἠνίσχετο συμπαθῆσαι ταῖς ἀσθενείαις ἡμῶν, καὶ ἠδυνήθη πρὸς τὸ ἡμέτερον ἀσθενὲς καταβῆναι; Οὐ γὰρ τοσοῦτον οὐρανὸς καὶ γῆ καὶ τὰ μεγέθη τῶν πελαγῶν, καὶ ἀστέρες, καὶ ἀὴρ, καὶ ὧραι, καὶ ἡ ποικίλη τοῦ παντὸς διακόσμησις τὸ ὑπερέχον τῆς ἰσχύος αὐτοῦ συνίστησιν, ὅσον τὸ δυνηθῆναι τὸν Θεὸν ἀχώρητον ἀπαθῶς διὰ σαρκὸς συμπλακῆναι τῷ θανάτῳ, ἵνα ἡμῖν τῷ ἰδίῳ πάθει τὴν ἀπάθειαν χαρίσηται. Οὕτως οὖν τὴν ψυχὴν ἡμῶν ὑπὸ τῶν πονηρῶν πληγῶν τοῦ διαβόλου κεκακωμένην ἔλαβε, καὶ βαρέως ἐνασθενοῦσαν ταῖς ἁμαρτίαις αὐτήν, ὥσπερ ἰατρός, ἐξιάσατο· οὐ μὴν ἀλλὰ καὶ δι᾽ αὐτοῦ προςαγωγὴν ἐσχήκαμεν πρὸς τὸν Πατέρα, μεταστάντες ἐκ τῆς ἐξουσίας τοῦ σκότους, εἰς τὴν μερίδα τοῦ κλήρου τῶν ἁγίων ἐν τῷ φωτί.

je vous en fasse le serment, que Solon n'a rien à craindre de Pisistrate. Aucun de mes ennemis, sachez-le bien, n'a lieu de se plaindre de moi. Si vous voulez être de mes amis, je vous mettrai au premier rang; je ne vois rien en vous qui puisse m'inspirer ni soupçons ni méfiance : si vous désirez de vivre à Athènes d'une autre manière, vous en serez le maître. Mais que je ne sois pas cause que vous vous priviez de votre patrie.

VERSION XVII.

Noël.

« Dieu a tellement aimé le monde, qu'il a donné son Fils unique, afin que quiconque croit en lui ne périsse pas, mais qu'il vive éternellement. » Qui de vous, mes frères, pourrait se rappeler ces paroles de l'Apôtre, et ne point être comblé de joie et de bonheur? Est-il même un cœur dans lequel tant de sollicitude pour nous pourrait ne pas faire naître un profond sentiment d'étonnement et d'admiration pour la puissance en même temps que pour la bonté infinie du Sauveur, qui n'a pas craint de partager nos infirmités, et n'a pas dédaigné de descendre jusqu'à notre faiblesse? Non, en effet, ni les cieux, ni la terre, ni l'immensité des mers, ni les astres, ni les airs, ni les saisons, ni l'harmonie si variée de l'univers, rien n'atteste, ne célèbre aussi bien la sublimité du pouvoir de Dieu, que la faculté qu'a eue ce Dieu incompréhensible de s'unir, par la chair, à la nature mortelle, sans recevoir aucune atteinte, afin de nous faire, par sa mort, obtenir l'immortalité. C'est ainsi qu'il trouva notre âme accablée sous les coups funestes du démon, et c'est ainsi que, semblable à un savant médecin, il la guérit de la maladie du péché, sous laquelle elle succombait. Bien plus, il nous ouvrit une route vers son Père, et nous fit passer de l'empire des ténèbres au séjour de la lumière pour participer à l'héritage des saints.

VERSION XVIII.

Réponse de Solon à Pisistrate.

Σόλων Πεισιστράτῳ.

Πιστεύω μηδὲν κακὸν ἐκ σοῦ πείσεσθαι· καὶ γὰρ πρὸ τῆς τυραννίδος φίλος σοι ἦν· καὶ νῦν οὐ μᾶλλον διάφορος ἢ τῶν ἄλλων τις Ἀθηναίων, ὅτῳ μὴ ἀρέσκει τυραννίς. Εἴ τε δὲ ὑφ' ἑνὸς ἄρχεσθαι ἄμεινον αὐτοῖς, εἴ τε δέῃ δημοκρατεῖσθαι, πεπείσθω ᾗ ἑκάτερος γινώσκει. Καὶ σέ φημι πάντων τυράννων εἶναι βέλτιστον· ἐπανήκειν δέ μοι Ἀθήναζε οὐ καλῶς ἔχον ὁρῶ, μή μέ τις μέμψηται, εἰ, διαθεὶς Ἀθηναίοις ἰσοπολιτείαν, καὶ παρὸν τυραννεῖν, αὐτὸς οὐκ ἀξιώσας, νῦν ἐπανελθὼν, ἀρεσκοίμην οἷς σὺ πράσσεις.

VERSION XIX.

Portrait du géant Typhon.

Ὡς ἐκράτησαν οἱ θεοὶ τῶν Γιγάντων, Γῆ μᾶλλον χολωθεῖσα, γεννᾷ Τυφῶνα ἐν Κιλικίᾳ, μεμιγμένην ἔχοντα φύσιν ἀνδρὸς καὶ θηρίου. Οὗτος μὲν, καὶ μεγέθει καὶ δυνάμει πάντων διήνεγκεν, ὅσους ἐγέννησε Γῆ· ἦν δὲ αὐτῷ τὰ μὲν ἄχρι μηρῶν ἄπλετον μέγεθος ἀνδρόμορφον, ὥστε ὑπερέχειν μὲν πάντων τῶν ὀρῶν· ἡ δὲ κεφαλὴ πολλάκις τῶν ἄστρων ἔψαυε· χεῖρας δὲ εἶχε, τὴν μὲν ἐπὶ τὴν ἑσπέραν ἐκτεινομένην, τὴν δὲ ἐπὶ τὰς ἀνατολάς· ἐκ τούτων δὲ ἐξεῖχον ἑκατὸν κεφαλαὶ δρακόντων· τὰ δὲ ἀπὸ μηρῶν, σπείρας εἶχεν ὑπερμεγέθεις ἐχιδνῶν, ὧν ὁλκοὶ πρὸς αὐτὴν ἐκτεινόμενοι κορυφήν, συριγμὸν πολὺν ἐξίεσαν. Πᾶν δὲ αὐτοῦ τὸ σῶμα κατεπτέρωτο· αὐχμηραὶ δὲ ἐκ κεφαλῆς καὶ γενείων τρίχες ἐξηνεμοῦντο· πῦρ δὲ

VERSION XVIII.

Réponse de Solon à Pisistrate.

Solon à Pisistrate.

Je suis persuadé que je n'ai rien à craindre de votre part : je fus votre ami avant que vous ne fussiez tyran ; et maintenant même encore, je ne vous suis pas plus opposé que tout autre Athénien, à qui la tyrannie ne plaît pas. Vaut-il mieux pour mes concitoyens être gouvernés par un seul, ou vivre en république ? qu'ils suivent le parti qui leur paraîtra le plus avantageux. Je vous reconnais pour le meilleur des tyrans ; mais je ne crois pas devoir revenir à Athènes, de peur qu'on ne me reproche, après avoir établi l'égalité chez les Athéniens, et refusé la royauté qui m'était offerte, d'approuver votre conduite par mon retour.

VERSION XIX.

Portrait du géant Typhon.

Les dieux ayant vaincu les Géants, la Terre, encore plus irritée, enfanta en Cilicie Typhon, qui tenait de la nature de l'homme et de la bête féroce. Il surpassait en grandeur et en force tous les Géants que la Terre avait produits jusqu'alors. Il avait la figure humaine jusqu'à la ceinture, et l'immensité de sa stature était telle, qu'il dépassait toutes les montagnes en hauteur. De sa tête il touchait souvent aux astres ; et de ses mains, dont l'une atteignait au couchant et l'autre au levant, sortaient cent têtes de dragons. Ses cuisses étaient enlacées de vipères immenses, qui, se dressant vers sa tête en replis tortueux, faisaient entendre d'horribles sifflements. Tout son corps était couvert de plumes, et de sa tête et

ἐδέρκετο τοῖς ὄμμασι. Τοιοῦτος ὢν ὁ Τυφὼν καὶ τηλικοῦτος, ἠμμένας βάλλων πέτρας ἐπ' αὐτὸν τὸν οὐρανὸν, μετὰ συριγμῶν ὁμοῦ καὶ βοῆς ἐφέρετο· πολλὴ δὲ ἐκ τοῦ στόματος πυρὸς ἐξέβρασσε ζάλη.

VERSION XX.

Respect de Socrate pour la justice et les lois.

Σωκράτης περὶ τοῦ δικαίου γε οὐκ ἀπεκρύπτετο ἣν εἶχε γνώμην, ἀλλὰ καὶ ἔργῳ ἐπεδείκνυτο, ἰδίᾳ τε πᾶσι νομίμως τε καὶ ὠφελίμως χρώμενος καὶ κοινῇ, ἄρχουσί τε ἃ οἱ νόμοι προςτάττοιεν πειθόμενος καὶ κατὰ πόλιν καὶ ἐν ταῖς στρατείαις οὕτως, ὥςτε διάδηλος εἶναι παρὰ τοὺς ἄλλους εὐτακτῶν. Καί ποτε ἐν ταῖς ἐκκλησίαις ἐπιστάτης γενόμενος, οὐκ ἐπέτρεψε τῷ δήμῳ παρὰ τοὺς νόμους ψηφίσασθαι, ἀλλὰ σὺν τοῖς νόμοις ἠναντιώθη τοιαύτῃ ὁρμῇ τοῦ δήμου, ἣν οὐκ ἂν οἶμαι ἄλλον οὐδένα ἄνθρωπον ὑπομεῖναι.

VERSION XXI.

Respect de Socrate pour la justice et les lois (suite).

Καὶ ὅτε τὴν ὑπὸ Μελίτου γραφὴν ἔφευγε, τῶν ἄλλων εἰωθότων ἐν τοῖς δικαστηρίοις πρὸς χάριν τε τοῖς δικασταῖς διαλέγεσθαι, καὶ κολακεύειν καὶ δεῖσθαι παρὰ τοὺς νόμους, καὶ διὰ τὰ τοιαῦτα πολλῶν πολλάκις ὑπὸ τῶν δικαστῶν ἀφιεμένων, ἐκεῖνος οὐδὲν ἠθέλησε τῶν εἰωθότων ἐν τῷ δικαστηρίῳ παρὰ τοὺς νόμους ποιῆσαι, ἀλλὰ ῥᾳδίως ἂν ἀφεθεὶς ὑπὸ τῶν δικαστῶν, εἰ καὶ μετρίως τι τούτων ἐποίησε, προείλετο μᾶλλον τοῖς νόμοις ἐμμένων ἀποθανεῖν, ἢ παρανομῶν ζῆν.

de ses joues sortait une forêt de crins touffus et hérissés, qui flottaient au gré des vents. Ses regards étaient enflammés. Tel et si puissant, Typhon, lançant des pierres embrasées vers les cieux, s'y portait avec des sifflements et des cris, et vomissait des torrents de flammes.

VERSION XX.

Respect de Socrate pour la justice et les lois.

Socrate, loin de cacher ses sentiments sur la justice, les manifestait assez par ses actions. En public, en particulier, sa conduite envers les citoyens était conforme aux lois et aux intérêts de tous. Soumis aux chefs de la république en tout ce que pouvait commander la loi, il leur obéissait également à la ville et dans les armées, en sorte qu'il se distinguait par son amour du bon ordre. Présidant un jour l'assemblée du peuple, il ne souffrit point que les Athéniens donnassent leurs suffrages d'une manière illégale, et, s'appuyant de la loi, il résista à la multitude, dont la violence et la fureur étaient telles, qu'aucun autre, je crois, n'aurait pu les soutenir.

VERSION XXI.

Respect de Socrate pour la justice et les lois (suite).

Les accusés devant les tribunaux sont dans l'usage de parler à leurs juges pour les intéresser en leur faveur, de les flatter, de leur adresser des supplications qui blessent la justice, et beaucoup se sont fait absoudre par de semblables moyens : Socrate, lors de l'accusation que lui intenta Mélitus, ne voulut se conformer en rien à cette coutume contraire aux lois; et cependant, s'il s'y fût même faiblement prêté, il eût été facilement absous : mais il aima mieux mourir, en observant la loi, que de l'enfreindre pour sauver sa vie.

VERSION XXII.

Le mulet corrigé.

Κακουργίαν ὀρέως Θαλῆς ὁ Μιλήσιος ἠμύνατο, καταφωράσας πάνυ ἀποῤῥήτως. Ἅλας ἡμίονος ἦγε φόρτον, καί ποτε διὰ ποταμοῦ ἰὼν κατὰ τύχην κατώλισθε, καὶ περιετράπη. Βραχέντες οὖν οἱ ἅλες κατετάκησαν, καὶ κοῦφος ὁ ὀρεὺς γενόμενος, ἥσθη· καὶ συνιδὼν ὁπόσον τὸ μεταξὺ ἦν τοῦ μόχθου καὶ τῆς ῥαστώνης, τοῦ λοιποῦ τὴν τύχην διδάσκαλον ποιησάμενος, ὃ πρότερον ἄκων ἔπαθεν, εἶτα μέντοι τοῦτο εἰργάζετο ἑκών. Ἄλλην δὲ τῷ ὀρεοκόμῳ ἐλαύνειν, καὶ ἔξω τοῦ ποταμοῦ ἄπορον ἦν. Τοῦτό τοι διηγουμένου ὁ Θαλῆς ὡς ἐπύθετο, σοφίᾳ ἀμύνασθαι τῆς κακουργίας τὸν ὀρέα ᾠήθη δεῖν· καὶ προςτάττει ἀντὶ τῶν ἁλῶν σπογγιαῖς καὶ ἐρίοις ἐπισάξαι αὐτόν. Ὁ δὲ, τὴν ἐπιβουλὴν οὐκ εἰδὼς, κατὰ τὸ σύνηθες ὤλισθε· καὶ ἀναπλήσας ὕδατος τὰ ἐπικείμενα, τοῦ ἄχθους ᾔσθετο, καὶ ὅπως οἱ τὸ σόφισμα ἐτράπη ἐπὶ κακῷ, καὶ ἐξ ἐκείνου ἡσυχῇ διερχόμενος καὶ κρατῶν τῶν σκελῶν, ἀπαθεῖς τοὺς ἅλας διεφύλαττε.

VERSION XXIII.

Une bonne éducation est le plus riche héritage.

Σωκράτης πολλάκις εἶπεν, ὅτι οἱ τῶν υἱέων, ἵνα πολλὴν μὲν ἔχωσιν οὐσίαν, φροντίζοντες, ἵνα δὲ καλοὶ κἀγαθοὶ γένωνται, ἀμελοῦντες, ἴσον πεπόνθασι τοῖς ἱπποτροφοῦσι, καὶ τὰ μὲν πολεμικὰ οὐ διδάσκουσι, τροφὴν δὲ παμπόλλην παρεχομένοις. Οὕτω γὰρ πιοτέροις μὲν τοῖς ἵπποις χρήσονται, ἀπείροις δὲ ὧν χρή. Εἶναι γὰρ ἵππου ἀρετὴν, οὐ τὴν εὐσαρκίαν, τὴν δὲ κατὰ

VERSION XXII.

Le mulet corrigé.

Thalès de Milet découvrit et corrigea la malice d'un mulet avec une adresse au-dessus de toute expression. Ce mulet, chargé de sel, en traversant un jour une rivière, glissa par hasard et s'abattit. Le sel ayant été mouillé fondit complétement, et le mulet se réjouit de se sentir devenu léger. Il comprit alors combien le travail différait du repos, et mettant désormais à profit la leçon du hasard, il faisait volontairement ce qui auparavant ne lui était arrivé que malgré lui. Il était impossible au muletier de le faire passer par un autre chemin que la rivière. Il raconta son aventure à Thalès, qui vit tout de suite que c'était par la ruse qu'il fallait corriger le mulet de sa malice, et prescrivit au maître de le charger d'éponges et de laine au lieu de sel. Le mulet, qui ne se doutait point du tour, se laissa tomber comme à l'ordinaire; la charge se remplit d'eau, et l'animal, s'en trouvant accablé, comprit que sa manœuvre avait tourné contre lui-même : depuis ce temps il passa le fleuve posément, et, se tenant ferme sur ses pieds, il transporta le sel sans malencontre.

VERSION XXIII.

Une bonne éducation est le plus riche héritage.

Des parents, disait souvent Socrate, qui se tourmentent pour laisser de grands biens à leurs fils, sans se mettre en peine de leur léguer des talents et des vertus, ressemblent à ceux qui élèvent des chevaux, en les gorgeant de nourriture, et en négligeant de les dresser aux manœuvres militaires. Avec un tel régime, ils auront, à la vérité, des chevaux bien gras, mais qui ne sauront rien de ce qu'ils doivent savoir. En effet, le mérite d'un cheval consiste, non dans son embonpoint,

πόλεμον εὐτολμίαν καὶ ἐμπειρίαν. Τὰ αὐτὰ δ' οὖν ἐξαμαρτάνειν καὶ τοὺς γῆν πολλὴν κτωμένους τοῖς υἱέσιν, αὐτῶν δὲ μὴ ἐπιμελομένους. Ἃ γὰρ κεκτήσονται πολλοῦ ἄξια νομισθήσονται, αὐτοὶ δὲ ὀλίγου. Προςήκει δὲ τὸ φυλάττον τοῦ κτηθέντος ἀξιοτιμότερον εἶναι· καὶ τοίνυν ὁ τὸν ἑαυτοῦ παῖδα πολλοῦ ἄξιον ἀποδείξας, κἂν ὀλίγα καταλίπῃ, πολλὰ ἔδωκε. Γνώμῃ γὰρ ἢ πλείω ἢ ἐλάττω γίνεται, ἀγαθῇ μὲν ἔμμετρα, ἐκμελεῖ δὲ καὶ ἀπαιδεύτῳ, ὀλίγα.

VERSION XXIV.

Superstition des Égyptiens.

Βοῦν Αἰγύπτιοι τιμῶσι καὶ ὄρνιν καὶ τράγον καὶ τοῦ ποταμοῦ τοῦ Νείλου τὰ θρέμματα, ὧν θνητὰ μὲν τὰ σώματα, δειλοὶ δὲ οἱ βίοι, ταπεινὴ δὲ ἡ ὄψις, ἀγεννὴς δὲ ἡ θεραπεία, αἰσχρὰ δὲ ἡ τιμή. Ἀποθνήσκει θεὸς Αἰγυπτίοις, καὶ πενθεῖται θεός, καὶ δείκνυται παρ' αὐτοῖς ἱερὸν θεοῦ, καὶ τάφος θεοῦ. Γυναικὶ Αἰγυπτίᾳ θρέμμα ἦν κροκοδείλου σκύλαξ· ἐμακάριζον οἱ Αἰγύπτιοι τὴν γυναῖκα, ὡς τιθηνουμένην θεόν· τινὲς δὲ αὐτῶν καὶ προσεπτύσσοντο καὶ αὐτὴν καὶ τρόφιμον. Ἦν αὐτῇ παῖς ἄρτι ἡβάσκων, ἡλικιώτης τοῦ θεοῦ, συναθύρων αὐτῷ καὶ συντρεφόμενος· ὁ δὲ τέως μὲν ὑπὸ ἀσθενείας ἦν τιθασσός, προελθὼν δὲ εἰς μέγεθος, ἤλεγξε τὴν φύσιν, καὶ διέφθειρε τὸν παῖδα· ἡ δὲ δύστηνος Αἰγυπτία ἐμακάριζε τὸν υἱὸν τοῦ θανάτου, ὡς γενομένου δῶρον ἐφεστίῳ θεῷ.

mais dans son intrépidité et son habileté dans les combats. Telle est l'erreur de ces pères qui acquièrent de vastes domaines pour leurs fils, sans songer à leur éducation. Ces enfants auront, il est vrai, des propriétés d'un grand prix ; mais on fera peu de cas de leur personne. Et cependant, il convient qu'on estime plus le possesseur d'un bien que le bien lui-même. C'est pourquoi un père qui s'est appliqué à faire de son fils un homme de mérite, même en lui laissant peu, lui a donné beaucoup. C'est notre esprit qui rend notre fortune plus ou moins grande : avec un esprit élevé, on est assez riche ; on possède peu, quand on manque de culture et d'instruction.

VERSION XXIV.

Superstition des Égyptiens.

Les Égyptiens adorent un bœuf, un oiseau, un bouc, les reptiles du Nil, êtres dont les corps sont périssables, l'existence abjecte, la vue attachée à la terre, dont le culte avilit et qu'il est honteux d'honorer. En Égypte les dieux meurent, on porte leur deuil, et l'on montre à la fois leur temple et leur tombeau. Une Égyptienne élevait un petit crocodile : les Égyptiens l'estimaient heureuse d'être nourrice d'un dieu ; quelques-uns même rendaient de respectueux hommages à cette femme et à son nourrisson. Elle avait un fils, à peine sorti de l'enfance et du même âge que le dieu, avec lequel il était élevé et se livrait à de folâtres jeux. Jusque-là le dieu avait été bon par faiblesse : en grandissant, il montra son caractère, et dévora l'enfant. L'infortuné Égyptienne regarda comme un bonheur pour son fils ce genre de mort, qui, selon elle, avait fait de lui une offrande à un dieu domestique.

VERSION XXV.

Midas.

Ἀνὴρ Φρὺξ, ἀργὸς τὸν βίον, ἐραστὴς χρημάτων, λαμβάνει τὸν Σάτυρον, ὥς φησιν ὁ μῦθος, δαίμονα φίλοινον, κεράσας οἴνῳ κρήνην, εἰς ἣν φοιτῶν διψήσας, ἔπινεν. Εὔχεται ὁ ἀνόητος Φρὺξ δαίμονι αἰχμαλώτῳ· εὔχεται δὴ εὐχὴν οἵαν εἰκὸς ἦν καὶ τοῦτον αἰτεῖν, καὶ τοῦτον τελεσιουργεῖν· γενέσθαι τὴν γῆν χρυσῆν, καὶ τὰ δένδρα χρυσᾶ, καὶ τὰ λήϊα, καὶ τοὺς λειμῶνας, καὶ τὰ ἐν αὐτοῖς ἄνθη. Δίδωσι ταῦτα ὁ Σάτυρος. Ἐπεὶ δὴ αὐτῷ ἐκεχρύσωτο ἡ γῆ, λιμὸς εἶχε Φρύγας· καὶ ὁ Μίδας ὀδύρεται τὸν πλοῦτον, καὶ ποιεῖται παλινῳδίαν τῆς εὐχῆς, καὶ εὔχεται Σατύρῳ μὲν οὐκέτι, θεοῖς δὲ καὶ θεαῖς, ἐλθεῖν αὐτῷ τὴν ἀρχαίαν πενίαν, τὴν εὔφορον ἐκείνην, καὶ πάμφορον, καὶ καρποτρόφον, τὸν δὲ χρυσὸν ἀπελθεῖν εἰς ἐχθρῶν κεφαλάς.

VERSION XXVI.

Diogène de Sinope.

Περὶ Διογένους ταῦτα τοῦ Σινωπέως ἱστοροῦσιν ἀρχομένου φιλοσοφεῖν, ὡς Ἀθηναίοις ἦν ἑορτὴ, καὶ δεῖπνα δημοτελῆ, καὶ θέατρα καὶ συνουσίας μετ' ἀλλήλων ἔχοντες ἐχρῶντο κώμοις καὶ παννυχίσιν· ὁ δ' ἔν τινι γωνίᾳ τῆς ἀγορᾶς συσπειράμενος ὡς καθευδήσων, ἐνέπιπτεν εἰς λογισμοὺς τρέποντας αὐτὸν οὐκ ἀτρέμα καὶ θραύοντας, ὡς οὐδ' ἀπὸ μιᾶς ἀνάγκης εἰς ἐπίπονον καὶ ἀλλόκοτον ἥκων βίον, αὐτὸς ὑφ' ἑαυτοῦ κάθηται τῶν ἀγαθῶν ἁπάντων ἐστερημένος. Εἶτα μέντοι μῦν τινα προσερπύσαντα λέγεται περὶ τὰς ψίχας αὐτοῦ τῆς μάζης

VERSION XXV.

Midas.

Un Phrygien, vivant dans l'oisiveté, et passionné pour les richesses, prit un jour un Satyre, espèce de divinité qui, à ce que dit la Fable, aime beaucoup le vin. Pour le prendre, il avait mêlé de cette liqueur à l'eau d'une fontaine où ce dieu venait se désaltérer. L'insensé Phrygien pria le dieu son prisonnier, et lui adressa un vœu tel qu'il était présumable qu'il le formerait et qu'il serait exaucé par le Satyre : il lui demanda que la terre de Phrygie fût convertie en or, que les arbres fussent d'or, ainsi que les guérets, les prairies et leurs fleurs. Le Satyre accomplit son vœu. Mais la terre n'eut pas plutôt été changée en or, que les Phrygiens furent en proie à la famine. Midas alors pleure sur sa richesse; il rétracte son vœu, et supplie, non plus le Satyre, mais les dieux et les déesses, de lui rendre sa pauvreté première, cette pauvreté si féconde, si productrice, source de tous les biens, et de faire retomber son or sur la tête de ses ennemis.

VERSION XXVI.

Diogène de Sinope.

Voici ce qui arriva, dit-on, à Diogène de Sinope, lorsqu'il commençait à s'appliquer à la philosophie. Pendant que les Athéniens célébraient une fête solennelle, et passaient les nuits dans des repas publics, des spectacles, des assemblées et des réjouissances, ce philosophe se blottit dans un coin de la place publique pour s'y livrer au sommeil. Il y tomba dans des réflexions qui l'agitaient fortement, et lui livraient les plus rudes assauts. Il se disait lui-même que, sans aucune nécessité, il embrassait un genre de vie dur et sauvage, pour lequel il s'isolait de la société et se privait volontairement de toute espèce de jouissances. Au milieu de ces

ἀναστρέφεσθαι. Τὸν δ' αὖθις ἀναφέρειν τῷ φρονήματι, καὶ λέγειν πρὸς ἑαυτὸν, οἶον ἐπιπλήττοντα καὶ κακίζοντα· « Τί φῂς, ὦ Διόγενες; τοῦτον μὲν εὐωχεῖ τὰ σὰ λείμματα καὶ τρέφει, σὺ δ' ὁ γενναῖος, ὅτι μὴ μεθύεις ἐκεῖ κατακείμενος ἐν ἁπαλοῖς καὶ ἀνθινοῖς στρώμασιν, ὀδύρῃ καὶ θρηνεῖς σεαυτόν! »

VERSION XXVII.

La Quadragésime.

Διὰ τοῦτο τὴν ἀποχὴν τῶν βρωμάτων κελεύει γίνεσθαι ὁ Θεὸς, ἵνα χαλινοῦντες τὰ σκιρτήματα τῆς σαρκὸς, εὐήνιον αὐτὴν ἀπεργαζώμεθα πρὸς τὴν τῶν ἐντολῶν ἐκπλήρωσιν. Εἰ δὲ οἱ τῶν βιωτικῶν μετέχοντες πραγμάτων, οὐκ ἄν ποτε ἀνάσχοιντο ἐπιτηδεύματος ἅψασθαι, μὴ πρότερον τὸ ἐκεῖθεν κέρδος περισκοπήσαντες· πολλῷ μᾶλλον ἡμᾶς δίκαιον τοῦτο ποιεῖν, καὶ μὴ ἁπλῶς τὰς ἑβδομάδας τῶν νηστειῶν παρατρέχειν, ἀλλὰ διερευνᾶσθαι τὴν ἑαυτῶν συνείδησιν, καὶ τὸν λογισμὸν βασανίζειν καὶ σκοπεῖν, τί μὲν ἐν ταύτῃ τῇ ἑβδομάδι κατώρθωται, τί δὲ ἐν τῇ ἑτέρᾳ, καὶ τίνα προσθήκην ἐδεξάμεθα εἰς τὴν ἐπιοῦσαν, καὶ ποῖον τῶν ἐν ἡμῖν παθῶν διωρθώσαμεν· εἰ γὰρ μὴ μέλλομεν οὕτω τὰ καθ' ἑαυτοὺς οἰκονομεῖν, καὶ τοσαύτην ἐπιμέλειαν ποιεῖσθαι τῆς ἑαυτῶν ψυχῆς, οὐδὲν ἡμῖν ὄφελος ἔσται τῆς νηστείας καὶ τῆς ἀσιτίας, ἧς ὑπομένομεν.

VERSION XXVIII.

L'aumône.

Μὴ νομίζωμεν ἡμῶν ἐλαττοῦσθαι τὴν οὐσίαν, ὅταν ἐλεημοσύνην παρέχωμεν. Οὐ γὰρ ἐλαττοῦται, ἀλλ'

pensées, il vit, dit-on, un rat se glisser près de lui et ramasser les miettes de son pain. A cette vue, rappelant son courage, et se reprochant sa honteuse faiblesse : « Eh quoi ! Diogène, se dit-il à lui-même, cet animal se nourrit et se fait un régal de tes restes, et toi, homme énervé, parce que tu ne te plonges pas avec les autres dans l'ivresse, couché sur des lits voluptueux et jonchés de fleurs, tu pleures et tu te lamentes ! »

VERSION XXVII.

La Quadragésime.

Dieu a voulu, en nous prescrivant le jeûne, nous donner un moyen de réprimer les mouvements déréglés de la chair, et de la rendre docile à l'accomplissement de ses préceptes. Mais si des hommes livrés aux choses du monde ne pourraient consentir à former une entreprise, avant d'avoir considéré l'avantage qu'ils en retireront, à plus forte raison devons-nous en user ainsi, et ne point laisser passer indifféremment les semaines d'abstinence. Sondons, au contraire, notre conscience, éprouvons, examinons notre raison, voyons de quoi nous nous sommes corrigés cette semaine, en quoi nous valons mieux que la semaine passée, quels progrès nous avons résolu de faire la semaine prochaine, et quels défauts nous avons réprimés en nous. Si nous ne voulons point nous régler ainsi nous-mêmes, si nous ne prenons pas de notre âme un soin aussi attentif, il devient inutile pour nous de souffrir le jeûne et l'abstinence.

VERSION XXVIII.

L'aumône.

Gardons-nous de croire que notre bien diminue, quand nous faisons l'aumône. Loin de diminuer, il augmente; loin de s'épuiser, il devient plus considé-

αὔξεται· οὐ δαπανᾶται, ἀλλὰ πλεονάζει, καὶ πραγματεία τίς ἐστι καὶ σπόρος τὸ γινόμενον· μᾶλλον δὲ ἀμφοτέρων τούτων κερδαλεώτερον καὶ ἀσφαλέστερον. Ἡ μὲν γὰρ ἐμπορία καὶ πνεύμασι καὶ κύμασι θαλάσσης ὑπόκειται, καὶ ναυαγίοις πολλοῖς· καὶ τὰ σπέρματα καὶ αὐχμοῖς, καὶ ἐπομβρίαις, καὶ ἑτέραις ἀέρων ἀνωμαλίαις. Τὰ δὲ εἰς τὴν χεῖρα τοῦ Κυρίου καταβαλλόμενα, χρήματα ἀνώτερα πάσης ἐστὶν ἐπιβουλῆς, καὶ οὐδεὶς δύναται ἁρπάζειν ἐκ τῆς χειρὸς τοῦ λαβόντος τὰ δοθέντα ἄπαξ· ἀλλὰ μένει πολλὸν ὑμῖν καὶ ἄφατον ἐργαζόμενα τὸν καρπὸν, καὶ τὸν ἄμητον ἐν καιρῷ φέροντα πλούσιον. Εἰ γὰρ ἄνθρωπος οὐ περιέχεται λαβὼν, ἀλλ' ἀποδώσει τὴν χάριν, πολλῷ μᾶλλον ὁ Χριστός· ὁ γὰρ καὶ χωρὶς τοῦ λαβεῖν διδοὺς, πῶς μετὰ τοῦ λαβεῖν οὐ δώσει;

VERSIO XXIX.

Le roi des abeilles.

Μέλει τῷ βασιλεῖ τῶν μελιττῶν κεκοσμῆσθαι τὸ σμῆνος τὸν τρόπον τοῦτον· τὰς μὲν προςτάττει ὑδροφορεῖν, τὰς δὲ ἔνδον κηρία διαπλάττειν, τήν γε μὴν τρίτην μοῖραν ἐπὶ τὴν νομὴν προϊέναι. Εἶτα μέντοι ἀμείβουσι τὰ ἔργα ἐκ περιόδου· κάλλιστα δέ πως ἀποκριθεῖσαι, φιλοῦσιν οἰκουρεῖν αἱ πρεσβύταται. Αὐτὸς δὲ ὁ βασιλεὺς, ἀπόχρη οἱ τούτων πεφροντικέναι, καὶ νομοθετεῖν ὅσα προεῖπον· κατὰ τοὺς μεγάλους ἄρχοντας, οὓς οἱ φιλόσοφοι φιλοῦσιν ὀνομάζειν πολιτικούς τε καὶ βασιλικοὺς τοὺς αὐτούς· τὰ δὲ ἄλλα ἡσυχάζει, καὶ τοῦ αὐτουργεῖν ἀφεῖται. Ἐὰν δὲ ᾖ λῷον ταῖς μελίτταις μεταστῆναι, τηνικαῦτα καὶ ὁ ἄρχων ἀπαλλάττεται· καὶ ἐὰν μὲν ἔτι νέος ᾖ, ἡγεῖται, αἱ δὲ λοιπαὶ ἄγονται· ἐὰν δὲ πρεσβύτερος, φοράδην ἔρχεται, κομιζουσῶν αὐτὸν μελιττῶν ἄλλων.

rable : nous faisons alors une espèce de négoce, nous semons en quelque sorte; mais que nos profits sont bien plus grands, bien plus sûrs que ceux que nous procurent ces deux moyens! Le commerce, en effet, est exposé aux vents, aux flots de la mer, et à de fréquents naufrages ; les semences craignent la sécheresse, les pluies violentes et autres intempéries de l'air. Mais les biens qu'on dépose dans la main du Seigneur sont au-dessus de toute atteinte; une fois qu'il a reçu nos dons, personne ne peut les lui ravir; ils sont, au contraire, à jamais durables, nous produisent des fruits d'une abondance infinie, et, quand le moment est venu, nous font récolter la plus riche moisson. Si, en effet, l'homme à qui nous faisons du bien, loin de se montrer envers nous dédaigneux et indifférent, nous paye en retour de sa reconnaissance, combien devons-nous en attendre davantage de Jésus-Christ! lui qui donne sans recevoir, pourrait-il recevoir sans donner?

VERSION XXIX.

Le roi des abeilles.

C'est au roi des abeilles qu'est confié le soin de gouverner l'essaim de la manière suivante : il ordonne au unes de porter l'eau, aux autres de former les rayons, et au tiers seulement d'aller chercher de la pâture. Toutefois, elles alternent périodiquement dans ces fonctions : mais les plus âgées, objet en quelque sorte de l'exception la mieux entendue, ont coutume de rester au logis. Quant au roi, il n'est chargé que de les surveiller et d'établir les règlements dont je viens de parler : semblable à ces grands magistrats, auxquels les philosophes donnent le nom de politiques et de rois; d'ailleurs, exempt de travail personnel, il reste en repos. Lorsqu'il est plus avantageux aux abeilles de changer de résidence, le chef alors part le premier; s'il est encore jeune, il guide l'essaim qui le suit; s'il est trop âgé, il s'en va porté par les autres abeilles.

VERSIO XXX.

La Passion de Jésus-Christ.

Τοῦτό ἐστιν, ἀδελφοί μου, τὸ σημεῖον, ὅπερ ὁ δεσπότης πᾶσιν ὑπέσχετο δώσειν, λέγων· « Γενεὰ πονηρὰ καὶ μοιχαλὶς σημεῖον ἐπιζητεῖ, καὶ σημεῖον οὐ δοθήσεται αὐτῇ, εἰ μὴ τὸ σημεῖον Ἰωνᾶ τοῦ προφήτου· » τὸν σταυρὸν λέγων καὶ τὸν θάνατον, καὶ τὴν ταφὴν καὶ τὴν ἀνάστασιν. Καὶ πάλιν ἑτέρως δηλῶν τοῦ σταυροῦ τὴν ἰσχὺν, ἔλεγεν· « Ὅταν ὑψώσητε τὸν υἱὸν τοῦ ἀνθρώπου, τότε γνώσεσθε ὅτι ἐγώ εἰμι. » Ὅταν σταυρώσητέ με, φησὶ, καὶ νομίσητε περιγενέσθαι μου, τότε μάλιστα εἴσεσθέ μου τὴν ἰσχύν· μετὰ γὰρ τὸ σταυρωθῆναι Χριστὸν, τὰ Ἰουδαϊκὰ ἔθη ἐπαύσαντο, πρὸς τὰ πέρατα τῆς οἰκουμένης ἐξετάθη ὁ λόγος, καὶ γῆ καὶ θάλαττα καὶ οἰκουμένη καὶ ἀοίκητος, τὴν δύναμιν αὐτοῦ διαπαντὸς ἀνακηρύττουσι. Τῆς ὑπὲρ ἡμῶν σωτηρίας καὶ τῆς ἐλευθερίας τῆς κοινῆς, καὶ τῆς ἐπιεικείας ἡμῶν τοῦ δεσπότου τοῦτό ἐστι τὸ σημεῖον· ὡς πρόβατον γὰρ ἐπὶ σφαγὴν ἤχθη. Οὗτος ὁ σταυρὸς τὴν οἰκουμένην ἐπέστρεψε, τὴν πλάνην ἐξήλασε, τὴν ἀλήθειαν ἐπανήγαγε, τὴν γῆν οὐρανὸν ἐποίησε, τοὺς ἀνθρώπους ἀγγέλους εἰργάσατο· διὰ τοῦτο οἱ δαίμονες οὐκέτι φοβεροὶ, ἀλλ' εὐκαταφρόνητοι· οὐδὲ ὁ θάνατος θάνατος, ἀλλ' ὕπνος· διὰ τοῦτο πάντα ἔῤῥιπται χαμαὶ καὶ πεπάτηται τὰ πολεμοῦντα ἡμῖν.

VERSIO XXXI.

Superstition barbare de quelques peuples de l'antiquité.

Οὐκ ἄμεινον ἦν Γαλάταις ἐκείνοις καὶ Σκύθαις, τοπαράπαν μήτ' ἔννοιαν ἔχειν θεῶν, μήτε φαντασίαν, μήτε

VERSION XXX.

La Passion de Jésus-Christ.

Voici, mes frères, le signe que le Seigneur avait promis de donner à tous les hommes, lorsqu'il a dit : « Cette race perverse et adultère demande un miracle; mais il n'en sera pas donné d'autre que celui de Jonas le prophète; » paroles qui désignaient la croix, la mort, le tombeau et la résurrection. Voulant encore indiquer d'une autre manière le pouvoir de la croix, le Seigneur a dit : « Lorsque vous aurez élevé le fils de l'homme, vous connaîtrez que je suis. » C'est à-dire, quand vous m'aurez crucifié, et que vous penserez m'avoir vaincu, c'est alors surtout que vous saurez quelle est ma force. C'est, en effet, après que le Christ eut été mis en croix, qu'on vit cesser le judaïsme, que la parole se répandit aux extrémités du monde, et que les terres et les mers, habitées ou inhabitées, n'ont point discontinué de proclamer sa puissance. La croix est le symbole de notre salut, de notre délivrance générale, et de la douceur de Notre Seigneur, qui s'est laissé conduire à la mort comme un agneau. La croix a changé la face du monde, elle en a banni l'erreur, y a ramené la vérité; de la terre elle a fait le ciel, et des hommes elle a fait des anges; c'est par elle que les démons méprisés ne sont plus à craindre; c'est par elle que la mort n'est plus la mort, mais un sommeil, et que nous avons abattu et foulé aux pieds tous les ennemis qui nous faisaient la guerre.

VERSION XXXI.

Superstition barbare de quelques peuples de l'antiquité.

N'eût-il pas mieux valu pour les Gaulois et pour les Scythes de n'avoir jamais eu aucune idée, aucune notion, aucune connaissance des dieux, que d'avoir

ἱστορίαν, ἢ Θεοὺς εἶναι νομίζειν χαίροντας ἀνθρώπων σφαττομένων αἵμασι, καὶ τελεωτάτην θυσίαν καὶ ἱερουργίαν ταύτην νομίζοντας; Τί δὲ, Καρχηδονίοις οὐκ ἐλυσιτέλει, Κριτίαν λαβοῦσιν, ἢ Διαγόραν, νομοθέτην ἀπ' ἀρχῆς, μήτε τινὰ Θεῶν, μήτε δαιμόνων νομίζειν, ἢ τοιαῦτα θύειν, οἷα τῷ Κρόνῳ ἔθυον; Οὐ γὰρ τὰ ζῶα ἔθυον· ἀλλ' αὐτοὶ τὰ αὑτῶν τέκνα· οἱ δὲ ἄτεκνοι παρὰ τῶν πενήτων ὠνούμενοι παιδία κατέσφαζον, καθάπερ ἄρνας ἢ νεοσσούς. Παρειστήκει δὲ ἡ μήτηρ ἄτεγκτος καὶ ἀστένακτος· εἰ δὲ στενάξειεν, ἢ δακρύσειεν, ἔδει τῆς τιμῆς στέρεσθαι, τὸ δὲ παιδίον οὐδὲν ἧττον ἐθύετο.

VERSIO XXXII.

Superstition barbare de quelques peuples de l'antiquité (suite).

Κρότου δὲ κατεπίμπλατο πάντα πρὸ τοῦ ἀγάλματος ἐπαυλούντων καὶ τυμπανιζόντων, ἕνεκα τοῦ μὴ γενέσθαι τὴν βόησιν τῶν θρήνων ἐξάκουστον. Εἰ δὲ Τυφῶνές τινες, ἢ Γίγαντες ἦρχον ἡμῶν, τοὺς Θεοὺς ἐκβαλόντες, ποίαις ἂν ἥδοντο θυσίαις, ἢ τίνας ἄλλας ἱερουργίας ἀπῄτουν; Ἄμηστρις δὲ, ἡ Ξέρξου γυνὴ, δώδεκα κατώρυξεν ἀνθρώπους ζῶντας ὑπὲρ αὑτῆς τῷ Ἅδῃ. Ξενοφάνης δὲ, ὁ φυσικὸς, τοὺς Αἰγυπτίους κοπτομένους ἐν ταῖς ἑορταῖς καὶ θρηνοῦντας ὁρῶν, ὑπέμνησεν οἰκείως· « Οὗτοι, φησὶν, εἰ μὲν θεοί εἰσι, μὴ θρηνεῖτε αὐτούς· εἰ δ' ἄνθρωποι, μὴ θύετε αὐτοῖς. »

VERSIO XXXIII.

Lettre d'Amasis à Polycrate.

Ἡδὺ μὲν πυνθάνεσθαι ἄνδρα φίλον καὶ ξεῖνον εὖ πρήσ-

cru qu'il en existait qui se plaisaient à voir couler le sang des victimes humaines, et qui regardaient de tels sacrifices et un tel culte comme les plus parfaits qu'on pût leur offrir? N'eût-il pas même été plus avantageux pour les Carthaginois d'avoir eu dès le principe un Critias ou un Diagoras pour législateur, et de ne reconnaître aucune divinité, que de faire à Saturne des sacrifices tels que ceux qu'ils lui offraient? Ils lui immolaient, non des animaux, mais leurs propres enfants; ceux qui n'en avaient pas, achetaient les enfants des pauvres, et les égorgeaient comme des agneaux ou des poussins. La mère assistait au sacrifice sans montrer d'émotion, sans pousser un soupir : si elle laissait échapper un gémissement ou une larme, elle perdait irrévocablement le prix convenu, et son enfant n'en était pas moins sacrifié.

VERSION XXXII.

Superstition barbare de quelques peuples de l'antiquité
(suite).

Cependant, devant la statue de la divinité étaient placés des musiciens qui remplissaient les airs du son des flûtes et des tambourins, pour étouffer les cris et les plaintes des victimes. Si des Typhons ou des Géants, vainqueurs des dieux, eussent régné sur les humains, à quels sacrifices se seraient ils plu davantage? quel autre culte auraient-ils exigé? Amestris, femme de Xerxès, pour se conserver la vie, fit enterrer douze hommes vivants, qu'elle offrit à Pluton. Xénophane, le physicien, voyant les Égyptiens se frapper la poitrine et faire des lamentations dans leurs fêtes religieuses, leur donna fort à propos cet avis : « Si ceux que vous honorez sont des dieux, ne les pleurez pas ; si ce sont des hommes, ne leur offrez pas de sacrifices. »

VERSION XXXIII.

Lettre d'Amasis à Polycrate.

Il m'est bien doux d'apprendre les succès d'un ami

σοντα· ἐμοὶ δὲ αἱ σαὶ μεγάλαι εὐτυχίαι οὐκ ἀρέσκουσι, ἐπισταμένῳ τὸ Θεῖον ὡς ἔστι φθονερόν· καί κως βούλομαι καὶ αὐτὸς καὶ τῶν ἂν κήδωμαι, τὸ μέν τι εὐτυχέειν τῶν πρηγμάτων, τὸ δὲ προςπταίειν· καὶ οὕτω διαφέρειν τὸν αἰῶνα, ἐναλλὰξ πρήσσων, ἢ εὐτυχέειν τὰ πάντα. Οὐδένα γάρ κω λόγῳ οἶδα ἀκούσας, ὅςτις ἐς τέλος οὐ κακῶς ἐτελεύτησε πρόρριζος, εὐτυχέων τὰ πάντα. Σὺ ὦν νῦν ἐμοὶ πειθόμενος, ποίησον πρὸς τὰς εὐτυχίας τοιάδε· φροντίσας τὸ ἂν εὕρῃς ἐόν τοι πλείστου ἄξιον, καὶ ἐφ' ᾧ σὺ ἀπολομένῳ μάλιστα τὴν ψυχὴν ἀλγήσεις, τοῦτο ἀπόβαλε οὕτως, ὅκως μηκέτι ἥξει ἐς ἀνθρώπους. Ἢν τε μὴ ἐναλλὰξ ἤδη τὠ'πὸ τούτου αἱ εὐτυχίαι τοι τοιαύταισι πάθαισι προςπίπτωσι, τρόπῳ τῷ ἐξ ἐμοῦ ὑποκειμένῳ ἀκέο.

VERSIO XXXIV.

La fête de Pâques.

« Ὁ ἐγείρας Χριστὸν ἐκ νεκρῶν, ἔφη ὁ Ἀπόστολος, ζωοποιήσει καὶ τὰ θνητὰ ὑμῶν σώματα διὰ τοῦ ἐνοικοῦντος αὐτοῦ Πνεύματος ἐν ὑμῖν. » Ὅθεν τοίνυν, ὦ ἀγαπητοὶ, διὰ τῆς τοῦ σώζοντος ἀναστάσεως ὑμῖν ἐγένετο καὶ ἀναβίωσις, καὶ τῆς κτίσεως (λέγει γὰρ ὁ Παῦλος, ἐν Χριστῷ καινὴ κτίσις) ἐπὶ βέλτιον μετακόσμησις καὶ ἀνακαινισμὸς, καὶ ἡ ἀπὸ τῆς γηΐνης καὶ ἐμπαθοῦς ζωῆς ἐπὶ τὴν οὐράνιον πολιτείαν μεταβολή. Πρὸς οὖν τὸν ἐξ ἀναστάσεως βίον καταρτίζων ἡμᾶς ὁ Κύριος, τὴν εὐαγγελικὴν ἐκτίθεται πολιτείαν, τὸ ἀόργητον, τὸ ἀνεξίκακον, τὸ φιληδονίας ἀρρύπωτον, τὸ ἀφιλάργυρον τοῦ τρόπου νομοθετῶν. Τοιαῦται μὴν τοῦ Θεοῦ φιλανθρωπίαι καὶ εὐεργεσίαι ἐπὶ πᾶσαν ὑπερβολὴν θαύματος τὰς ψυχὰς ἡμῶν ἀνάγουσι, καὶ ἀνεκφώνηταί

et d'un allié ; mais comme je connais la jalousie des dieux, ce grand bonheur me déplaît. J'aimerais mieux pour moi et pour ceux auxquels je m'intéresse, tantôt des succès, tantôt des revers, et une vie ainsi partagée, qu'un bonheur toujours constant et sans vicissitude : car je n'ai jamais ouï parler d'aucun homme qui, ayant été heureux en toutes choses, n'ait enfin péri malheureusement. Ainsi donc, si vous voulez m'en croire, vous ferez contre votre bonne fortune ce que je vais vous conseiller. Examinez quelle est la chose dont vous faites le plus de cas, et dont la perte vous serait le plus sensible. Lorsque vous l'aurez trouvée, jetez-la loin de vous, et de manière qu'on ne puisse jamais la revoir. Que si, après cela, la fortune continue à vous favoriser en tout, sans mêler aucune disgrâce à ses faveurs, ne manquez pas d'y apporter le remède que je vous propose.

VERSION XXXIV.

La fête de Pâques.

« Celui qui a ressuscité le Christ d'entre les morts, dit l'Apôtre, vivifiera aussi vos corps mortels par la vertu du Saint-Esprit qui habite en vous. » Voilà, mes frères, ce qui nous a fait revivre dans la résurrection du Sauveur, ce qui, selon la parole de saint Paul, « dans le Christ est une nouvelle créature, » a opéré le renouvellement, le changement en mieux de la créature, et l'a fait passer de la vie terrestre et livrée aux passions, à l'état des êtres célestes. Le Seigneur, pour nous rendre propres à la vie de la résurrection, nous expose la vie évangélique, et nous prescrit pour loi de nous montrer dans nos mœurs exempts d'emportement, d'impatience, des souillures de la volupté et de l'avarice. Une telle bonté, de tels bienfaits de la part de la Divinité, portent notre âme au dernier degré de l'admiration et ne peuvent s'exprimer. Dieu cependant nous

εἰσιν. Ἀλλὰ καὶ ὁ Θεὸς πολλαπλασίονα ἡμῖν τὰ ὕστερον ἐπαγγέλλεται ἀγαθά, ἃ ὀφθαλμὸς οὐκ εἶδε, καὶ οὓς οὐκ ἤκουσεν, ἅπερ ἡτοίμασε τοῖς ἀγαπῶσιν αὐτόν. Ὡς καὶ ἡμεῖς ἐπιτύχοιμεν, ἐκ τῶν παθῶν τῆς σαρκὸς ἑαυτοὺς ἐκκαθάραντες, χάριτι καὶ φιλανθρωπίᾳ τοῦ Κυρίου ἡμῶν Ἰησοῦ Χριστοῦ!

VERSIO XXXV.

Le passage de la mer Rouge.

Μωϋσῆς ἐβούλετο Ἑβραίους δι' ἐρήμης ἄγων καὶ μακρᾶς, δοκιμάσαι πῶς ἔχουσι πειθαρχίας, ἐν οὐκ ἀφθόνοις χορηγίαις, ἀλλ' ἐκ τοῦ κατ' ὀλίγον ὑποσπανιζούσαις. Ἐκτραπόμενος οὖν τῆς ἐπ' εὐθείας, ἐγκάρσιον ἀτραπὸν εὑρών, καὶ νομίσας κατατείνειν ἄχρι τῆς ἐρυθρᾶς θαλάττης, ὁδοιπορεῖν ἤρχετο. Τεράστιον δέ φασι συμβῆναι κατ' ἐκεῖνον τὸν χρόνον, μεγαλούργημα τῆς φύσεως, ὃ μηδείς πω μέμνηται πάλαι γεγονός. Νεφέλη γὰρ εἰς εὐμεγέθη κίονα σχηματισθεῖσα, προῄει τῆς πληθύος, ἡμέρας μὲν ἡλιοειδὲς ἐκλάμπουσα φέγγος, νύκτωρ δὲ φλογοειδές, ὑπὲρ τοῦ μὴ πλάζεσθαι κατὰ τὴν πορείαν, ἀλλ' ἀπλανεστάτῃ ἕπεσθαι ἡγεμονίᾳ τῆς ὁδοῦ. Τάχα μέντοι καὶ τῶν ὑπάρχων τις ἦν τοῦ μεγάλου βασιλέως, ἀφανὴς ἄγγελος, ἐγκατειλημμένος τῇ νεφέλῃ προηγήτωρ, ὃν οὐ θέμις σώματος ὀφθαλμοῖς ὁρᾶσθαι.

VERSIO XXXVI.

Le passage de la mer Rouge (suite).

Θεασάμενος δὲ ὁ τῆς Αἰγύπτου βασιλεὺς ἀνοδίᾳ χρωμένους, ὡς ᾤετο, καὶ διὰ τραχείας καὶ ἀτριβοῦς ἐρήμης βαδίζοντας, ἥσθη μὲν ἐπὶ τῷ κατὰ τὴν πορείαν σφάλ-

promet des biens infiniment plus grands, plus nombreux encore, des biens que l'œil ne peut voir, que l'oreille ne peut entendre, et qu'il réserve à ceux qui sont pénétrés de son amour. Purifiés des affections de la chair, puissions-nous obtenir ces biens par la grâce et la bonté de Notre Seigneur Jésus-Christ !

VERSION XXXV.

Le passage de la mer Rouge.

Moïse voulait, en conduisant les Hébreux à travers un désert immense, éprouver la soumission qu'ils montreraient, en se voyant bornés à des provisions qui, loin d'être abondantes, s'épuisaient de jour en jour. Ayant donc quitté la route directe, il trouva un chemin de traverse, par lequel il se mit en marche, décidé à se porter rapidement vers la mer Rouge. C'est alors que parut un prodige, imposant effet de la nature, et dont aucune ancienne tradition n'avait encore parlé. C'était une nuée de la forme d'une grande colonne, qui précédait le peuple, et qui, jetant le jour un éclat semblable à celui du soleil, et la nuit une lumière telle que celle des flammes, empêchait les Hébreux de s'égarer, et les dirigeait dans leur marche de la manière la plus sûre. Peut-être aussi quelque ministre du roi des rois, quelque ange invisible, caché dans cette nuée, leur servait-il de guide, sans qu'il fût permis aux yeux de l'apercevoir.

VERSION XXXVI.

Le passage de la mer Rouge (suite).

Le roi d'Égypte ayant vu que les Hébreux s'engageaient dans des chemins impraticables, à ce qu'il croyait, et qu'ils s'avançaient à travers un pays aride et désert, se réjouit de ce qu'ils s'égaraient ainsi dans

ματι, νομίσας συγκεκλεῖσθαι, διέξοδον οὐκ ἔχοντας. Ἐπὶ δὲ τῷ μεθέσθαι μετανοῶν, ἐπεγείρει διώκειν, ὡς ἢ φόβῳ τὴν πληθὺν ὑποστρέψων καὶ δουλωσόμενος αὖθις, ἢ ἀποκτενῶν ἡβηδὸν ἀφηνιάζουσαν· εἶθ' ἅπασαν τὴν ἱππικὴν δύναμιν παραλαβὼν, ἀκοντιστάς τε καὶ σφενδονίτας, καὶ ἱπποτοξότας καὶ τοὺς ἄλλους ὅσοι τῆς κούφης ὁπλίσεως, καὶ τὰ κάλλιστα τῶν δρεπανηφόρων ἁρμάτων ἑξακόσια τοῖς ἐν τέλει δοὺς, ἵνα μετὰ τοῦ πρέποντος ἀξιώματος ἐπακολουθῶσι, καὶ τῆς στρατείας μετάσχωσιν, οὐδὲν τάχους ἀνεὶς, ἐπεξέθει, καὶ συντείνων ἐπέσπευδε, βουλόμενος ἐξαπιναίως οὐ προειδομένοις ἐπιστῆναι. Τὸ γὰρ ἀνέλπιστον κακὸν ἀργαλεώτερον αἰεὶ τοῦ προςδοκηθέντος, ὅσῳ καὶ τὸ ὀλιγωρηθὲν εὐεπιχείρητότερον τοῦ σὺν φροντίδι. Καὶ ὁ μὲν ταῦτα διανοηθεὶς, ἐπηκολούθει, νομίζων αὐτοβοεὶ περιέσεσθαι.

VERSIO XXXVII.

Le passage de la mer Rouge (suite).

Οἱ δὲ ἔτυχον ἤδη παρὰ ταῖς ἠϊόσι τῆς θαλάττης στρατοπεδεύσαντες. Μελλόντων δ' ἀριστοποιεῖσθαι, τὸ μὲν πρῶτον πάταγος ἐξηγεῖτο πολὺς, ἅτε τοσούτων ἀνθρώπων ὁμοῦ καὶ ὑποζυγίων μετὰ σπουδῆς ἐλαυνόντων, ὥςτε ἐξεληλυθότας τῶν σκηνῶν περιβλέπεσθαι καὶ ὠτακουστεῖν ἀκροβατοῦντας· εἶτ' ὀλίγῳ ὕστερον ἐπὶ λόφου μετέωρος ἡ ἀντίπαλος καταφαίνεται δύναμις, ἐν τοῖς ὅπλοις ἐκτεταγμένη πρὸς μάχην. Ἐπὶ δὲ τῷ παραλόγῳ καὶ ἀπροςδοκήτῳ κινδύνῳ καταπλαγέντες, καὶ μήτε πρὸς ἄμυναν εὐτρεπεῖς ὄντες διὰ σπάνιν ἀμυντηρίων· οὐ γὰρ ἐπὶ πόλεμον, ἀλλ' εἰς ἀποικίαν ἐξῄεσαν· μήτε

leur route; persuadé qu'il allait les envelopper, sans qu'ils eussent aucun moyen de retraite. Fâché de les avoir laissés partir, il résolut de les poursuivre, dans le dessein, ou de les forcer par la terreur à revenir sur leurs pas, et de les réduire de nouveau en servitude, ou de détruire entièrement ce peuple rebelle. Après avoir pris avec lui toute sa cavalerie, ses gens de traits, ses frondeurs, et tout ce qu'il avait d'autres troupes légères, et avoir donné six cents de ses meilleurs chars armés de faux aux dignitaires de son empire, afin qu'ils le suivissent dans son expédition avec la pompe convenable, il s'avança en grande hâte et à marches forcées, voulant fondre tout à coup sur les Hébreux et avant qu'ils aient pu s'en douter. Les attaques imprévues sont plus redoutables que celles auxquelles on s'attend; de même aussi qu'il est plus facile de se rendre maître des gens qui sont dans la sécurité, que de ceux qui se tiennent sur leurs gardes. C'est dans cette pensée que le roi d'Égypte poursuivait les Hébreux, dont il croyait être vainqueur à la première rencontre.

VERSION XXXVII.

Le passage de la mer Rouge (suite).

Les Israélites étaient déjà parvenus sur le rivage de la mer, et y avaient assis leur camp. Ils allaient prendre leur repas, lorsqu'ils entendirent d'abord un grand bruit, tel que celui que devait faire une telle multitude d'hommes et de chevaux, qui s'avançaient en masse et à la hâte. Ils sortirent alors de leurs tentes, et, se dressant sur la pointe du pied, ils regardaient autour d'eux et prêtaient l'oreille : bientôt après ils virent l'armée ennemie rangée en bataille sur une hauteur. Frappés d'épouvante à l'aspect de ce péril soudain et inopiné; ne pouvant songer à se défendre; privés de moyens de résistance, vu qu'ils étaient partis, non pour faire la guerre, mais pour fonder une colonie;

φυγεῖν δυνάμενοι· κατόπιν μὲν γὰρ πέλαγος, ἐχθροὶ δ᾽ ἄντικρυς, τὰ δὲ παρ᾽ ἑκάτερα βαθεῖα καὶ ἀτριβὴς ἐρήμη· σφαδάζοντες καὶ τῷ μεγέθει τῶν κακῶν ἀπειρηκότες, οἷα παρὰ τὰς τοιαύτας φιλεῖ συμφοράς, τὸν ἄρχοντα ᾐτιῶντο.

VERSIO XXXVIII.

Le passage de la mer Rouge (suite).

Ὁ δὲ ταῦτα ἀκούων, τοῖς μὲν συνεγίνωσκε, τῶν δὲ χρησμῶν ἐμέμνητο· καὶ διανείμας τὸν νοῦν καὶ τὸν λόγον κατὰ τὸν αὐτὸν χρόνον, τῷ μὲν, ἐνετύγχανεν ἀφανῶς τῷ Θεῷ, ἵν᾽ ἐξ ἀμηχάνων ῥύσηται συμφορῶν· δι᾽ οὗ δ᾽ ἐθάρσυνε καὶ παρηγόρει τοὺς καταβοῶντας, « Μὴ ἀναπίπτετε, λέγων· οὐχ ὁμοίως ἄνθρωπος ἀμύνεται καὶ Θεός. Τί μόνοις τοῖς εὐλόγοις καὶ πιθανοῖς προπιστεύετε; Παρασκευῆς οὐδεμιᾶς ἐστὶ χρεῖος ὁ βοηθός· ἐν ἀπόροις πόρων εὐπορεῖν, ἴδιον Θεοῦ. Τὰ ἀδύνατα παντὶ γενητῷ, μόνῳ δυνατὰ καὶ κατὰ χειρός. » Καὶ ταῦτα μὲν ἔτι καθεστὼς διεξῄει. Μικρὸν δ᾽ ἐπισχὼν, ἔνθους τε γίνεται καταπνευσθεὶς ὑπὸ τοῦ εἰωθότος ἐπιφοιτᾶν αὐτῷ πνεύματος, καὶ θεσπίζει προφητεύων τάδε· « Ἣν ὁρᾶτε στρατιὰν εὐπλοῦσαν, οὐκ ἔτ᾽ ἀντιτεταγμένην ὄψεσθε· πεσεῖται γὰρ προτροπάδην πᾶσα, καὶ βύθιος ἀφανισθήσεται, ὡς μηδὲ λείψανον αὐτῆς ὑπὲρ γῆς ἔτι φανῆναι, καὶ οὐ μήκει χρόνου, ἀλλὰ τῇ ἐπιούσῃ νυκτί. »

VERSIO XXXIX.

Le passage de la mer Rouge (suite).

Καὶ ὁ μὲν ταῦτα ἀπεφθέγγετο· καταδύντος δ᾽ ἡλίου, νότος ἤρξατο κατασκήπτειν βιαιότατος, ὑφ᾽ οὗ τὸ πέλαγος ὑπανεχώρησεν, εἰωθὸς μὲν ἀμπωτίζειν, τότε δὲ καὶ

dans l'impossibilité de recourir à la fuite, ayant la mer derrière eux, devant, les ennemis, de chaque côté, une solitude profonde et sans routes frayées ; tremblants, éperdus, désespérés de l'énormité de leurs maux, ils accusaient leur chef, comme il arrive ordinairement dans de pareils malheurs.

VERSION XXXVIII.

Le passage de la mer Rouge (suite).

Moïse, entendant ces reproches, pardonnait aux Hébreux, et se ressouvenait des paroles divines : partagé en même temps entre ses pensées et ses discours, dans le fond de son cœur il s'adressait à Dieu pour le prier de le tirer de cette situation désespérée, tandis qu'il parlait au peuple pour l'encourager et apaiser ses clameurs. « Pourquoi vous laissez-vous abattre ? disait-il ; Dieu n'emploie pas pour nous secourir les mêmes voies que les hommes. Pourquoi n'avez-vous de confiance que dans des discours séduisants et persuasifs ? Celui qui viendra à notre secours n'a pas besoin de préparatifs : au milieu de la détresse trouver d'abondantes ressources, voilà l'œuvre particulière de Dieu. Ce que toutes ses créatures ne pourraient faire, il le peut seul, il l'a sous la main. » Ainsi parlait Moïse, se possédant encore lui-même. Mais bientôt il est saisi d'un saint enthousiasme, et, rempli de l'esprit divin qui l'inspirait d'ordinaire, il prophétise en ces mots : « Cette armée si bien équipée, si nombreuse, vous ne la verrez plus rangée devant vous : elle tombera détruite en un moment jusqu'au dernier soldat, et disparaîtra dans l'abîme, sans laisser de traces sur la terre, et cela, non dans un long temps, mais la nuit prochaine. »

VERSION XXXIX.

Le passage de la mer Rouge (suite).

Telles furent les paroles de Moïse. A peine le soleil s'était-il couché, que du midi s'éleva un vent qui souffla avec tant de violence, qu'il fit reculer la mer. Elle se retirait bien habituellement avec le

μᾶλλον ὠθούμενον τὸ πρὸς αἰγιαλοῖς ὑπεσύρη, καθάπερ εἰς χαράδραν ἢ χάρυβδιν. Ἀστήρ τε προὐφαίνετ' οὐδείς, ἀλλὰ πυκνὸν καὶ μέλαν νέφος ἅπαντα τὸν οὐρανὸν ἐπεῖχε, γνοφώδους τῆς νυκτὸς οὔσης εἰς κατάπληξιν τῶν διωκόντων. Προςταχθεὶς δὲ Μωϋσῆς, τῇ βακτηρίᾳ παίει τὴν θάλασσαν· ἡ δὲ ῥαγεῖσα διΐσταται, καὶ τῶν τμημάτων τὰ μὲν πρὸς τῷ ῥαγέντι μέρει μετέωρα πρὸς ὕψος ἐξαίρεται, καὶ παγέντα τρόπον τείχους κραταιῶς ἠρέμει καὶ ἡσύχαζε, τὰ δ' ὀπίσω σταλέντα καὶ χαλινωθέντα, τὴν εἰς τὸ πρόσω φορὰν καθάπερ ἡνίαις ἀφχνέσιν ἀνεχαιτίζετο· τὸ δὲ μεσαίτατον, ἐν ᾧ ἡ ῥῆξις ἐγένετο, ἀναξηρανθὲν, ὁδὸς εὐρεῖα καὶ λεωφόρος γίνεται. Τοῦτ' ἰδὼν Μωϋσῆς καὶ θαυμάσας ἐγεγήθει, καὶ πληρωθεὶς χαρᾶς ἐθάρσυνε τοὺς ἰδίους, καὶ ᾗ τάχιστα προὔτρεπεν ἀναζευγνύναι· περαιοῦσθαι δὲ μελλόντων, σημεῖον ἐπιγίνεται τερατωδέστατον· ἡ γὰρ ὁδηγὸς νεφέλη πρωτοστατοῦσα τὸν ἄλλον χρόνον, ἀνακάμπτει πρὸς τὰ οὐραῖα τοῦ πλήθους, ὅπως ὀπισθοφυλακῇ, καὶ ταχθεῖσα μεθόριος τῶν διωκόντων καὶ τῶν διωκομένων, τοὺς μὲν ἡνιοχοῦσα σωτηρίως καὶ ἀσφαλῶς ἐπήλαυνε, τοὺς δὲ ἀνεῖργε καὶ ἀνέκρουεν, ἐφορμᾶν ἐπειγομένους.

VERSIO XL.

Le passage de la mer Rouge (suite et fin).

Ἅπερ ὁρῶντες Αἰγύπτιοι, θορύβου καὶ ταραχῆς πάντ' ἐπλήρουν, τάς τε τάξεις ὑπὸ δέους συνέχεον, ἐπεμπίπτοντες ἀλλήλοις, καὶ ζητοῦντες ἤδη φυγεῖν, ὅτ' οὐδὲν ἦν ὄφελος. Οἱ μὲν γὰρ Ἑβραῖοι διὰ ξηρᾶς ἀτραποῦ περὶ βαθὺν ὄρθρον μετὰ γυναικῶν καὶ παίδων ἔτι κομιδῇ νηπίων περαιοῦνται· τοὺς δὲ τὰ τμήματα τοῦ πελάγους, ἑκατέρωθεν ἐπικυλισθέντα καὶ ἑνωθέντα,

reflux; mais alors, chassée plus loin de ses rivages, elle fut balayée comme dans un gouffre ou un abîme. On ne voyait luire aucun astre; mais de noires et épaisses nuées, voilant entièrement les cieux, rendaient la nuit ténébreuse pour jeter la terreur dans l'armée ennemie. Alors Moïse, par l'ordre du Tout-Puissant, frappe la mer de sa baguette; à l'instant les flots s'entr'ouvrent et se séparent en deux parties, dont l'une s'amoncèle, s'élève, suspendue sur l'intervalle, et se durcit comme une muraille solide, inébranlable, tandis que l'autre, repoussée en arrière, s'arrête comme retenue par un frein invisible, qui l'empêche de se porter en avant. Le milieu, où s'était faite la séparation, reste à sec, et présente un large et vaste chemin. A cette vue, Moïse, ravi d'admiration et de joie, encourage ses compagnons et leur ordonne de lever le camp avec la plus grande célérité. Ils hésitaient à effectuer le passage, lorsque le prodige le plus étonnant vint frapper leurs yeux : la nuée qui leur servait de guide, et qui jusque-là avait marché devant eux, passa derrière le peuple, pour protéger son arrière-garde, et, placée comme une barrière entre les deux partis, elle dirigeait et assurait la retraite des uns, en même temps qu'elle entravait la poursuite des autres, et rompait l'impétueux élan de leur course.

VERSION XL.

Le passage de la mer Rouge (suite et fin).

Cet aspect sème partout le trouble et le désordre parmi les Égyptiens : dans leur terreur ils confondent leurs rangs, tombent renversés les uns sur les autres, et cherchent déjà à fuir; mais il n'en était plus temps. Aux premiers rayons du jour, les Hébreux, à la faveur du chemin resté à sec, passent avec leurs femmes et leurs enfants, encore dans l'âge le plus tendre : ensuite les deux côtés de la mer s'écroulent et se réunissent, le flux arrive poussé par les vents du nord, et

αὐτοῖς ἅρμασι καὶ ἵπποις καταποντοῖ, βορείοις πνεύμασι τῆς παλιρροίας ἀναχυθείσης, καὶ μετεώροις τρικυμίαις ἐπιδραμούσης, ὡς μηδὲ πυρφόρον ἀπολειφθῆναι τὸν ἀπαγγελοῦντα τοῖς ἐν Αἰγύπτῳ τὰς αἰφνιδίους συμφοράς. Τὸ μέγα τοῦτο καὶ θαυμαστὸν ἔργον Ἑβραῖοι καταπλαγέντες, ἀναιμωτὶ νίκην οὐκ ἐλπισθεῖσαν ἤραντο, καὶ κατιδόντες ἐν ἀκαρεῖ φθορὰν ἀθρόαν πολεμίων, δύο χοροὺς, τὸν μὲν ἀνδρῶν, τὸν δὲ γυναικῶν, ἐπὶ τῆς ἠϊόνος στήσαντες, εὐχαριστικοὺς ὕμνους εἰς τὸν Θεὸν ᾖδον, ἐξάρχοντος μὲν Μωϋσέως τοῖς ἀνδράσιν, ἀδελφῆς δὲ τούτου ταῖς γυναιξίν.

VERSIO XLI.

Habileté des araignées à tisser leur toile.

Οὐ μόνον ἄρα εἰσὶν ὑφαντικαὶ αἱ φάλαγγες καὶ εὔχειρες, κατὰ τὴν Ἀθηνᾶν τὴν ἐργάνην τε καὶ πινυτὴν θεάν, πεφύκασι δὲ ἄρα καὶ γεωμετρίαν δειναί· τὸ γοῦν κέντρον φυλάττουσι, καὶ τὸν ἐξ αὐτοῦ κύκλον, καὶ τὴν περιφέρειαν ἀκριβοῦσιν ἰσχυρῶς, καὶ Εὐκλείδου δέονται οὐδέν· κάθηνται γὰρ ἐν τῷ κέντρῳ μέσῳ ἐλλοχῶσαι τὴν ἑαυτῶν ἄγραν. Εἰσὶ δὲ, ὡς ἰδόντι εἰπεῖν, καὶ ὑφάντριαι γενναῖαι, καὶ ἀκεστικὴν εὐπάλαμοι· καὶ ὅ τι ἂν διαρρήξῃς ἐκείνων τῆς εὐπήνου τε καὶ εὐμίτου σοφίας, αἱ δὲ ἀνακοῦνται, καὶ ἀπαθὲς καὶ ὁλόκληρον αὖθις ἀποδείκνυνται.

VERSIO XLII.

Intelligence des animaux.

Αἴσθησις καὶ πεῖρα οὐκ ἀνθρώπου ἴδιον, ἀλλὰ καὶ τὰ θηρία αἰσθάνεται καὶ ἐκμανθάνει τι ὑπὸ τῆς πείρας· ὥςτε καὶ τούτοις ὥρα μεταποιεῖσθαι σοφίας. Αἱ γέρανοι

les vagues amoncelées, venant fondre sur les Égyptiens, les engloutissent avec leurs chars et leurs chevaux, sans laisser un seul combattant pour porter en Égypte la nouvelle de ce désastre soudain. Ce grand, ce merveilleux ouvrage de la Divinité, qui, contre leur espérance, donnait la victoire aux Hébreux, sans qu'elle leur coûtât une goutte de sang, les frappa de surprise et d'admiration. Se voyant délivrés de cette multitude d'ennemis qui avaient disparu, détruits en un moment, ils placèrent sur le rivage deux chœurs, l'un d'hommes, conduit par Moïse, l'autre de femmes, conduit par sa sœur, lesquels adressèrent à l'Éternel des hymnes en action de grâces.

VERSION XLI.

Habileté des araignées à tisser leur toile.

Les araignées, à l'exemple de Minerve, cette laborieuse et savante déesse, non-seulement savent former des tissus et sont habiles ouvrières, mais elles ont aussi beaucoup de talent naturel pour la géométrie : elles observent le centre, et s'en servent pour tracer avec une extrême exactitude le cercle et la circonférence, sans avoir besoin d'Euclide. C'est, en effet, au milieu de leur toile qu'elles se tiennent en embuscade pour saisir leur proie. Infatigables dans l'art du tisserand, comme le peut témoigner l'observateur, elles n'ont pas moins d'adresse pour réparer : si l'on déchire quelque partie de leur toile, dont le tissu est si fin et si délicat, elles la recousent, et on la voit reparaître en son entier, comme si elle n'eût éprouvé aucun dommage.

VERSION XLII.

Intelligence des animaux.

L'intelligence et l'expérience ne sont point le partage exclusif de l'homme; les animaux aussi sont susceptibles de recevoir des impressions et de s'instruire par l'expérience; de manière qu'il y a une sorte de science à laquelle ils peuvent aussi prétendre. En été, les grues

ἐξ Αἰγύπτου ὥρᾳ θέρους ἀφιστάμεναι, οὐκ ἀνεχόμεναι τὸ θάλπος, τείνασαι πτέρυγας ὥσπερ ἱστία, φέρονται διὰ τοῦ ἀέρος εὐθὺ τῶν Σκυθῶν γῆς· ἅτε δὲ οὐκ ἐν ῥυθμῷ τὸ ζῶον, ἀλλ' ἐμβριθὲς μὲν τὰ μέσα, μακρὸν δὲ κατὰ τὸν αὐχένα, κοῦφον δὲ κατὰ τὸ οὐραῖον, ἀραιὸν δὲ κατὰ τὰς πτέρυγας, ἐσχισμένον δὲ κατὰ τὰ κῶλα, κλυδάζεται τὴν πτῆσιν, ὥσπερ ναῦς χειμαζομένη. Τοῦτο γνοῦσα γέρανος, ἢ αἰσθανομένη ἢ πειραθεῖσα, οὐ πρότερον ἀνίπταται πρὶν ξυλλάβῃ λίθον τῷ στόματι, ἕρμα μὲν εἶναι αὐτῇ πρὸς τὴν πτῆσιν, φυλακὴν δὲ πρὸς σωτηρίαν.

VERSIO XLIII.

Intelligence des animaux (suite et fin).

Ἔλαφοι ἐκ Σικελίας ἐπὶ Ῥηγίου περαιοῦνται, νηχόμεναι ὥρᾳ θέρους, ἐπιθυμίᾳ καρπῶν· ἅτε δὲ ἐν μακρῷ πλῷ, ἐξασθενεῖ ἡ ἔλαφος ἀνέχουσα τὴν κορυφὴν ὑπὲρ τοῦ ὕδατος· κουφίζονται δὴ τὸν κάματον ὧδέ πως· νήχονται ἐπὶ μιᾶς τεταγμέναι, ἀλλήλαις ἑπόμεναι, ὥσπερ στρατόπεδον ἐπικαίρως βαδίζον· νήχονται δὲ, ἐπιθεῖσα ἑκάστη τὴν κορυφὴν τῇ τῆς ἡγουμένης ἰξύϊ· ἡ δὲ στρατηγοῦσα τῆς τάξεως, ἐπειδὰν κάμῃ, ἐπὶ οὐραῖον μεθίσταται, καὶ ἡγεῖται ἄλλη, καὶ οὐραγεῖ ἄλλη· ὡς ἐν τοῖς στρατοπέδοις Ξενοφῶν μὲν οὐραγεῖ, ἡγεῖται δὲ Χειρίσοφος· ὥστε καὶ στρατηγίας τακτικῆς μεταποιεῖται ταυτὶ τὰ θηρία.

VERSIO XLIV.

Apologue.

Φασί τινα τῶν ἀρχαίων φιλοσόφων εἰσιόντα πρὸς Ἀρσινόην τὴν βασίλισσαν, πενθοῦσαν τὸν υἱόν, τοιούτῳ χρήσασθαι λόγῳ, φάμενον ὅτι· « Καθ' ὃν χρόνον ὁ Ζεὺς

quittent l'Égypte, dont elles ne peuvent supporter les chaleurs; elles déploient alors leurs ailes comme des voiles, et les vents les transportent directement en Scythie. Mais comme cet oiseau est d'une structure irrégulière, qu'il a le milieu du corps pesant, le col allongé, le côté de la queue léger, les ailerons grêles, les jambes écartées, il est ballotté dans son vol, comme un vaisseau battu de la vague. La grue, instruite de cet inconvénient, soit par son instinct, soit par l'expérience, ne s'envole pas avant d'avoir pris dans son bec une pierre, qui lui sert comme de lest et de moyen de salut au milieu des airs.

VERSION XLIII.

L'intelligence des animaux (suite et fin).

Les biches passent en été, à la nage, de la Sicile dans les campagnes de Rhégium, où elles sont attirées par les pâturages; mais comme dans ce long trajet, forcées de tenir leur tête au-dessus de l'eau, elles épuisent leurs forces, voici à peu près le moyen qu'elles emploient pour alléger leur fatigue : elles nagent rangées sur une seule ligne, et à la file l'une de l'autre, comme une armée qui s'avance en bon ordre. Chacune a la tête appuyée sur les reins de celle qui la précède. Lorsque celle qui sert de chef de file est fatiguée, elle va se placer derrière, et chacune passe alternativement de la tête à la queue. C'est ainsi que Xénophon dans sa marche commandait l'arrière-garde, et Chirisophe l'avant-garde. De sorte que les brutes ont aussi des notions de la tactique et de l'art militaire.

VERSION XLIV.

Apologue.

Un ancien philosophe vint, dit-on, trouver la reine Arsinoé, qui était inconsolable de la perte de son fils, et lui adressa cet apologue : « Quand Jupiter distribua

ἔνεμε τοῖς δαίμοσι τὰς τιμάς, οὐκ ἔτυχε παρὸν τὸ Πένθος. Ἤδη δὲ νενεμημένων, ἦλθεν ὕστερον. Τὸν οὖν Δία, ὡς ἠξίου καὶ αὐτῷ τιμὴν διδόναι, ἀποροῦντα διὰ τὸ ἤδη καταναλῶσθαι πάσας τοῖς ἄλλοις, ταύτην αὐτῷ δοῦναι τὴν ἐπὶ τοῖς τελευτήσασι γιγνομένην, οἷον δάκρυα καὶ λύπας. Ὥσπερ οὖν τοὺς ἄλλους δαίμονας, ὑφ' ὧν τιμῶνται, τούτους ἀγαπᾶν, τὸν αὐτὸν τρόπον καὶ τὸ Πένθος, ἐὰν μὲν αὐτὸ ἀτιμήσῃς, ὦ γύναι, οὐ προςελεύσεταί σοι· ἐὰν δὲ τιμᾶται ὑπὸ σοῦ ἐπιμελῶς ταῖς δοθείσαις αὐτῷ τιμαῖς, λύπαις καὶ Θρήνοις, ἀγαπήσει σε, καὶ ἀεί τί σοι παρέξεται τοιοῦτον, ἐφ' ᾧ τιμηθήσεται παρὰ σοῦ συνεχῶς. » Θαυμασίως δὴ φαίνεται τῷ λόγῳ πείσας οὗτος παρελέσθαι τῆς ἀνθρώπου τὸ πένθος καὶ τοὺς Θρήνους.

VERSIO XLV.

La Pentecôte.

Τίς ὑμῶν, ἀγαπητοί, ἐν τῇδε τῇ ἡμέρᾳ τῆς Πεντηκοστῆς οὐκ ἂν μάλιστα ἀγάσαιτο τῆς ἐκπλαγωτάτης ἀρετῆς καὶ δυνάμεως τοῦ Ἁγίου Πνεύματος; τίς δὲ οὐκ ἂν θαμβούμενος τὰ αὐτοῦ θαυμαστὰ καὶ ἄφατα ἔργα ἐποπτεύσαι; Καὶ γὰρ εἰς ταύτας τὰς ἡμέρας ἔλεγεν ὁ Θεός· « Ἐκχέω ἀπὸ τοῦ πνεύματός μου ἐπὶ πᾶσαν σάρκα. » Καὶ οἱ μαθηταὶ τοῦ Κυρίου τότε ἐπλήσθησαν ἅπαντες Πνεύματος Ἁγίου, καὶ διεσκέδασαν αὐτὸ ἀνὰ πᾶσαν τὴν οἰκουμένην, εἰς γενεὰς γενεῶν. Ὅθεν γοῦν καὶ δόξῃ καὶ τιμῇ ἐστεφάνωται ὁ ἄνθρωπος, καὶ δόξα καὶ τιμὴ καὶ εἰρήνη παντὶ τῷ ποιοῦντι τὸ ἀγαθὸν ἐν ἐπαγγελίαις ἀπόκειται. Ἀνακαινίζων γὰρ τὸν ἄνθρωπον ὁ Κύριος, καὶ ἣν ἀπώλεσε χάριν, ἐκ τοῦ ἐμφυσήματος τοῦ Θεοῦ, ταύτην πάλιν ἀποδιδοὺς, ἐμφυσήσας εἰς τὸ

les emplois aux différents Génies, le Deuil était absent.
Le partage fait, il parut, et prétendit avoir aussi son
attribution : Jupiter, qui les avait toutes données, se
trouvant fort embarrassé, le chargea des honneurs
qu'on rend aux morts, c'est-à-dire des larmes et des
regrets. De même donc, grande reine, que les autres
Génies aiment ceux qui les honorent, de même le Deuil
s'attache à ceux qui le servent. Si vous le méprisez, il
ne vous approchera pas : si, au contraire, vous lui
rendez avec soin les honneurs auxquels il préside, c'est-
à-dire les regrets et les larmes, il vous affectionnera, et
vous enverra sans cesse de quoi fournir à son culte. »
Ce discours fit sur la reine la plus vive impression, et
apaisa son affliction et ses plaintes.

VERSION XLV.

La Pentecôte.

Qui de vous, mes frères, n'éprouverait point, particulièrement dans cette solennité de la Pentecôte, un
profond sentiment d'admiration pour la vertu merveil-
leuse, la puissance étonnante du Saint-Esprit? Qui
pourrait, sans rester interdit de surprise, contempler
ses admirables, ses ineffables effets? C'est pour ces
jours que l'Éternel a dit : « Je répandrai mon esprit sur
toute sorte de personnes : » et les disciples du Seigneur
furent tous alors remplis du Saint-Esprit, qu'ils répan-
dirent eux-mêmes sur toute la terre, pour les générations des générations. Voilà ce qui a couronné
l'homme de gloire et d'honneur, ce qui assure dans
les promesses divines gloire, honneur et paix à quiconque fait le bien. Lorsque le Seigneur régénéra
l'homme, lorsqu'il lui rendit cette grâce reçue du
souffle de Dieu, et qu'il avait perdue, que dit-il en

πρόςωπον τῶν μαθητῶν, τί φησίν; « Λάβετε Πνεῦμα Ἅγιον· ἄν τινων ἀφῆτε τὰς ἁμαρτίας, ἀφίενται, καὶ ἄν τινων κρατῆτε, κεκράτηνται. » Οὐδὲ γάρ ἐστιν ὅλως δωρεά τις τοῦ κτίσαντος ἄνευ τοῦ Ἁγίου Πνεύματος εἰς τὴν κτίσιν ἀφικουμένη· διὰ τούτου καρδιῶν ἀνάβασις, χειραγωγία τῶν ἀσθενῶν, τῶν προκοπτόντων τελείωσις· καὶ ὥςπρ τὰ λαμπρὰ καὶ διαφανῆ τῶν σωμάτων, ἀκτῖνος αὐτοῖς ἐμπεσούσης, αὐτά τε γίνεται περιλαμπῆ, καὶ ἑτέραν αὐγὴν ἀφ' ἑαυτῶν ἀποστίλβει· οὕτως αἱ ψυχαὶ ἐλλαμφθεῖσαι παρὰ τοῦ Πνεύματος αὐταὶ ἀποτελοῦνται πνευματικαί, καὶ εἰς ἑτέρους τὴν χάριν ἐξαποστέλλουσι· ἐντεῦθεν μυστηρίων σύνεσις, τὸ οὐράνιον πολίτευμα, ἡ ἀτελεύτητος εὐφροσύνη, ἡ ἐν Θεῷ διαμονὴ, ἡ πρὸς Θεὸν ὁμοίωσις, καὶ τὸ ἀκρότατον τῶν ὀρεκτῶν, Θεὸν γενέσθαι.

VERSIO XLVI.

Mort d'Alexandre.

Ἀλέξανδρος παρεκλήθη πρός τινα τῶν φίλων Μήδιον τὸν Θετταλὸν ἐπὶ κῶμον ἐλθεῖν· κἀκεῖ πολὺν ἄκρατον ἐμφορηθεὶς, ἐπὶ τελευτῆς Ἡρακλέους μέγα ποτήριον πληρώσας ἐξέπιεν. Ἄφνω δὲ, ὥςπερ ὑπό τινος πληγῆς ἰσχυρᾶς πεπληγμένος, ἀνεστέναξε μέγα βοήσας, καὶ ὑπὸ τῶν φίλων ἀπηλλάττετο χειραγωγούμενος. Εὐθὺς δ' οἱ μὲν περὶ τὴν θεραπείαν ἐκδεξάμενοι κατέκλιναν αὐτὸν, καὶ προςήδρευον ἐπιμελῶς. Τοῦ δὲ πάθους ἐπιτείνοντος, καὶ τῶν ἰατρῶν συγκληθέντων, βοηθῆσαι μὲν οὐδεὶς ἐδυνήθη· πολλοῖς δὲ πόνοις καὶ δειναῖς ἀλγηδόσι συσχεθεὶς, ἐπειδὰν τὸ ζῆν ἀπέγνω, περιελόμενος τὸν δακτύλιον, ἔδωκε Περδίκκᾳ. Τῶν δὲ φίλων ἐπερωτώντων· « Τίνι τὴν βασιλείαν ἀπολείπεις; » εἶπε· « Τῷ κρατίστῳ. » Καὶ προςεφθέγξατο, ταύτην τελευ-

soufflant sur les apôtres? « Recevez le Saint-Esprit : ceux à qui vous remettrez leurs péchés, ils leur seront remis, et ceux à qui vous les retiendrez, ils leur seront retenus. » En effet, sans le Saint-Esprit, aucun don du Créateur ne peut arriver à la créature : c'est par lui que s'opèrent l'élévation des cœurs, le soutien du faible, la perfection du fort; et de même que les corps brillants et transparents, lorsqu'ils sont frappés d'un rayon de lumière, resplendissent de toute part, et renvoient un nouvel éclat, de même aussi les âmes éclairées du Saint-Esprit deviennent elles-mêmes spirituelles, et font rejaillir la grâce sur les autres; de là l'intelligence des mystères, la vie céleste, la satisfaction sans fin, la persévérance en Dieu, l'assimilation à la Divinité, et, ce qui est le comble de nos vœux, l'identité avec la nature divine.

VERSION XLVI.

Mort d'Alexandre.

Alexandre avait été invité à une orgie chez Médius de Thessalie, un de ses courtisans. Après y avoir bu immodérément du vin pur, il finit par remplir et vider le grand verre, qu'on appelle le verre d'Hercule. A l'instant, comme s'il eût été frappé d'une blessure mortelle, il poussa des cris et des gémissements, et sortit soutenu par ses amis. Ses domestiques, auxquels il fut remis, le couchèrent aussitôt sur son lit, et ne le quittèrent pas. Mais le mal empirant, des médecins furent appelés en consultation, et aucun ne put lui porter de secours. En proie aux douleurs les plus cruelles, aux tourments les plus aigus, lorsqu'il vit qu'il ne pouvait plus espérer de vivre, il ôta son anneau et le donna à Perdiccas. Ses amis lui demandant à qui il laissait sa couronne : « Au

ταίαν φωνὴν προέμενος, ὅτι μέγαν ἀγῶνα αὐτῷ ἐπιτάφιον συστήσονται πάντες οἱ πρωτεύοντες τῶν φίλων. Οὗτος μὲν τὸν προειρημένον τρόπον ἐτελεύτησε, βασιλεύσας ἔτη δώδεκα καὶ μῆνας ἑπτά, πράξεις δὲ μεγίστας κατεργασάμενος οὐ μόνον τῶν πρὸ αὐτοῦ βασιλευσάντων, ἀλλὰ καὶ τῶν ὕστερον ἐσομένων μέχρι τοῦ καθ' ἡμᾶς βίου.

VERSION XLVII.

La découverte du blé.

Ἀμφισβητοῦσι περὶ τῆς εὑρέσεως τοῦ καρποῦ πολλοί, τὴν Δήμητραν φάμενοι παρ' ἑαυτοῖς πρώτοις ὀφθῆναι, καὶ τὴν τούτου φύσιν τε καὶ χρῆσιν καταδεῖξαι. Αἰγύπτιοι μὲν γὰρ λέγουσι τήν τε Δήμητραν καὶ τὴν Ἶσιν τὴν αὐτὴν εἶναι, καὶ εἰς Αἴγυπτον ἐνεγκεῖν πρώτην τὸ σπέρμα, ἀρδεύοντος μὲν εὐκαίρως τὰ πεδία τοῦ Νείλου ποταμοῦ, ταῖς δ' ὥραις ἄριστα τῆς χώρας ταύτης κεκραμένης. Τοὺς δὲ Ἀθηναίους, καίπερ ἀποφαινομένους τὴν εὕρεσιν τοῦ καρποῦ τούτου γεγενημένην παρ' αὐτοῖς, ὅμως μαρτυρεῖν αὐτὸν ἑτέρωθεν κεκομισμένον εἰς τὴν Ἀττικήν. Τὸν γὰρ τόπον τὸν ἐξ ἀρχῆς δεξάμενον τὴν δωρεὰν ταύτην Ἐλευσῖνα προςαγορεύειν, ἀπὸ τοῦ παρ' ἑτέρων ἐλθεῖν τὸν τὸ σπέρμα τοῦ σίτου κομίσαντα. Οἱ δὲ Σικελιῶται νῆσον ἱερὰν Δήμητρος καὶ Κόρης οἰκοῦντες, εἰκὸς εἶναί φασι τὴν δωρεὰν ταύτην πρώτοις τοῖς τὴν προσφιλεστάτην χώραν νεμομένοις δοθῆναι. Ἄτοπον μὲν γὰρ ὑπάρχειν, εὐκαρποτάτην αὐτὴν ὡς ἰδίαν ποιῆσαι, τῆς δ' εὐεργεσίας, ὡς μηδὲν προσηκούσῃ, τῇδ' ἐσχάτῃ μεταδοῦναι, καὶ ταῦτ' ἐν αὐτῇ τὴν οἴκησιν ἔχουσαν.

plus fort,» répondit-il. Il ajouta, et ce furent ses dernières paroles, que les premiers de ses lieutenants donneraient tous de beaux jeux funèbres en son honneur. Telle fut la fin d'Alexandre, qui régna douze ans et sept mois, et qui surpassa par ses actions, non-seulement tous les guerriers qui l'avaient précédé, mais encore tous ceux qui ont vécu jusqu'à nous.

VERSION XLVII.

La découverte du blé.

Beaucoup de peuples se disputent la découverte du blé, et chacun prétend qu'il est le premier auquel Cérès se soit manifestée pour lui en enseigner la nature et l'usage. Les Égyptiens assurent que Cérès est la même qu'Isis, et que celle-ci apporta la première les semences en Égypte, secondée d'ailleurs par le Nil, qui arrose toujours à propos les champs, et par l'excellente température que fait régner dans le pays la régularité des saisons. Quant aux Athéniens, quoiqu'ils prétendent que c'est chez eux que la culture du grain fut découverte, cependant ils fournissent eux-mêmes la preuve qu'elle fut apportée d'un autre pays dans l'Attique. Ils ont, en effet, donné le nom d'Éleusis (arrivée) au lieu qui reçut le premier ce présent, parce que celui qui leur apporta la semence du blé arrivait de chez un autre peuple. De leur côté, les Siciliens, habitants d'une île consacrée à Cérès et à Proserpine, soutiennent qu'il est naturel qu'ils soient les premiers à qui Cérès ait accordé ce don, eux qui possèdent un sol qu'elle comble de ses faveurs. Il serait absurde, disent-ils, que le pays le plus fertile, et dont cette déesse s'est attribué le domaine, ait été, comme s'il lui était étranger, le dernier à participer à ce bienfait, surtout quand elle y a fixé son séjour.

VERSION XLVIII.

Invention de la navigation.

Οἱ πρῶτοι ἄνθρωποι οὔπω ναῦν εἰδότες, ἐρῶντες ἐπιμιξίας, ἀγόμενοι μὲν ὑπὸ τῆς χρείας, εἰργόμενοι δὲ ὑπὸ τῆς θαλάττης, εἶδον ὄρνιν ἐξ ἀέρος καταπτάντα νηχόμενον, εἶδον δὲ καὶ φόρτον φερόμενον κούφως ὑπὲρ τοῦ κύματος, ἤδη δέ που καὶ δένδρον ἀπενεχθὲν ἐκ ποταμοῦ εἰς κλυδῶνα· καὶ τάχα μέν τις καὶ ἄκων κατενεχθείς, κινῶν τὰ ἄρθρα, ἐξενήξατο, τάχα δὲ καὶ ἑκὼν ἐν παιδιᾶς μέρει. Ἀθροίσασα δὲ ἡ πεῖρα τὴν ἔννοιαν τοῦ πλοῦ, σχεδίαν τινὰ φαύλην τὸ πρῶτον ἐξειργάσατο, ὕλην κούφην, ξύλων δεομένων αὐτοσχέδιον ναῦν. Κατὰ βραχὺ δὲ προϊοῦσα ἡ αἴσθησις ὁμοῦ τῷ λογισμῷ, ἐσοφίσατο καὶ ἐξεῦρεν ὄχημα κοῖλον ἐρεσσόμενόν τε καὶ ἐξ ἱστίων πλέον, καὶ ὑπὸ ἀνέμων φερόμενον, καὶ ὑπὸ οἰάκων εὐθυνόμενον, καὶ ἐπέτρεψεν αὐτῷ τὴν σωτηρίαν ἐπιστήμῃ μιᾷ τῇ κυβερνητικῇ.

VERSION XLIX.

Découverte de la médecine.

Φασὶ δὲ καὶ ἰατρικὴν εὑρῆσθαι τὸ ἀρχαῖον ὡδί. Κομίζοντες οἱ οἰκεῖοι τὸν κάμνοντα εἰς τῶν ἀγυιῶν τὴν ἐν τριβῇ, κατετίθεντο· ἐφιστάμενοι δὲ οἱ ἄνθρωποι, καὶ ἀνερωτῶντες τὸ ἄλγος, ὅτῳ τὸ αὐτὸ ξυμπεσόν, ἔπειτα ὤνατο ἢ ἐδωδῇ τινι, ἢ καύσας, ἢ τεμών, ἢ διψήσας, ἢ λιμώξας, παρετίθεντο ἕκαστοι ταῦτα κάμνοντι οἱ πεπονθότες πρότερον καὶ ὠφελημένοι· ἡ δὲ ὁμοιότης τοῦ πάθους συναθροίσασα τὴν τοῦ ὠφελήσαντος μνήμην, τῇ κατ' ὀλίγον ἐντεύξει ἐπιστήμην ἐποίησε τὸ πᾶν. Οὕτω

VERSION XLVIII.

Invention de la navigation.

Les premiers hommes n'ayant encore aucune notion d'un vaisseau désiraient vivement de communiquer ensemble; le besoin les y portait, mais la mer y mettait obstacle. Ils virent un oiseau descendre des airs, et nager; ou bien ils remarquèrent même un arbre qu'un fleuve entraînait vers la mer; peut-être aussi quelqu'un d'entre eux tomba-t-il involontairement dans l'eau, et, en agitant ses membres, parvint-il à surnager; peut-être même s'exerça-t-il à la nage par amusement. Quoiqu'il en soit, l'homme ayant recueilli de l'expérience la première idée d'un vaisseau, se construisit d'abord quelque méchant radeau, ébauche de navire, composé de matériaux légers, dont quelques pièces de bois formaient l'assemblage. Bientôt, cet aperçu se développant avec le raisonnement, l'homme imagina et inventa une espèce de char concave, mis en mouvement par des rames, voguant à l'aide de voiles, poussé par les vents, dirigé avec un gouvernail, et auquel il confia son existence, encouragé par les connaissances qu'il avait acquises dans l'art de le conduire.

VERSION XLIX.

Découverte de la médecine.

Voici, selon ce qu'on rapporte, comme la médecine a été autrefois inventée. Les parents d'un malade allaient le déposer dans une des rues les plus fréquentées : les passants s'approchaient, faisaient des questions sur la maladie, et selon que chacun d'eux avait été atteint du même mal, et qu'il avait été soulagé soit en avalant quelque drogue, soit en se faisant cautériser ou amputer, soit en se mettant à la diète, ils indiquaient au malade le remède qui leur avait rendu la santé. La mémoire, secondée par la ressemblance des maladies, accumula les connaissances de remèdes salutaires, et de cette masse de faits l'habitude créa peu à peu la science.

καὶ τεκτονικὴ συνέστη, καὶ χαλκευτικὴ, καὶ ὑφαντικὴ, καὶ γραφικὴ, ὑπὸ τῆς πείρας ἑκάστη χειραγωγουμένη.

VERSION L.

Annibal.

Ὁ Ἀννίβας, στρατηγικῇ συνέσει καὶ μεγέθει πράξεων πάντων Καρχηδονίων πεπρωτευκὼς, οὐδέποτε στάσιν ἔσχεν ἐν τῷ στρατεύματι, ἀλλὰ τὰ ἔθνη τῇ φύσει πλεῖστον διεστῶτα, καὶ διαλέκτοις πολυφώνοις διειλημμένα, διὰ τῆς ἰδίας προνοίας ἐν ὁμονοίᾳ καὶ συμφωνίᾳ διετήρησεν. Ὁμοίως δὲ τῶν ὁμοεθνῶν εἰωθότων διὰ τὰς τυχούσας αἰτίας ἀφίστασθαι πρὸς τοὺς ἐναντίους, οὐδεὶς ἐπ' αὐτοῦ τοῦτο ἐτόλμησε. Μεγάλας δὲ δυνάμεις ἀεὶ τρέφων, οὐδέποτε χρημάτων, οὐδὲ τροφῆς ἠπόρησε· καὶ τὸ πάντων παραδοξότατον, οἱ μετ' αὐτοῦ στρατευόμενοι τῶν ἀλλοεθνῶν τῆς πολιτικῆς εὐνοίας οὐκ ἀπελείφθησαν, ἀλλὰ πολὺ διήνεγκαν. Τοιγαροῦν καλῶς ἄρχων τῶν στρατιωτῶν, καλὰς καὶ τὰς πράξεις ἐπετελέσατο.

VERSION LI.

Annibal (suite).

Πρὸς γὰρ τοὺς δυνατωτάτους πόλεμον ἐξενέγκας, ἑπτακαίδεκα ἔτη σχεδὸν τὴν Ἰταλίαν ἐπόρθησεν, ἀήττητος δ' ἐν πάσαις μάχαις ἐγένετο· τηλικαύταις δὲ καὶ τοσαύταις πράξεσι τοὺς τῆς οἰκουμένης ἡγεμόνας ἐνίκησεν, ὥστε διὰ τὸ πλῆθος τῶν κατακοπτομένων ὑπ' αὐτοῦ, μηδένα ποτὲ τολμᾶν ἔτι κατὰ στόμα μάχεσθαι πρὸς αὐτόν. Πολλὰς μὲν πόλεις δοριαλώτους κατέκαιε, τὰ δὲ κατὰ τὴν Ἰταλίαν ἔθνη πολυανθρωπίᾳ διαφέροντα, σπα-

C'est ainsi que les autres arts, celui du charpentier, du forgeron, du tisserand, du peintre, naquirent de l'expérience.

VERSION L.

Annibal.

Annibal, qui, par ses talents militaires et la grandeur de ses actions, surpassa tous les Carthaginois, loin d'avoir jamais vu de sédition s'élever dans son armée, sut toujours, au contraire, par sa prévoyance, entretenir la concorde et la bonne intelligence parmi les peuples les plus différents, les plus opposés entre eux de mœurs et de langage. Personne, sous son commandement, n'osa jamais passer à l'ennemi, ce qui arrive souvent, pour les causes les plus légères, à des soldats du même pays. Chargé d'entretenir constamment des armées considérables, jamais il ne manqua ni d'argent ni de vivres : et ce qu'il y a de plus étonnant, c'est que les troupes étrangères qui servaient sous ses ordres lui étaient beaucoup plus attachées que ses propres concitoyens. Aussi, comme il savait bien conduire les soldats, fit-il les actions les plus glorieuses.

VERSION LI.

Annibal (suite).

Ayant eu à faire la guerre au plus puissant des peuples, il ravagea l'Italie pendant près de dix-sept ans, sans essuyer de défaites dans tous les combats qu'il fallut livrer. Le nombre et la grandeur des exploits par lesquels il vainquit les maîtres du monde furent tels, que personne n'osa plus lui résister en face, tant il avait taillé d'armées en pièces. Il incendia, en effet, beaucoup de villes enlevées de vive force, et rendit

νίζειν ἐποίησεν ἀνδρῶν. Καὶ τὰς περιβοήτους πράξεις ἐπετελέσατο, πολιτικοῖς μὲν τελέσμασι καὶ δυνάμεσι, μισθοφόροις δὲ καὶ συμμάχοις παμμεγέθεσι· καὶ διὰ τὴν συμφωνίαν δυςυποστάτων περιεγένετο, διὰ τῆς ἰδίας ἀγχινοίας καὶ στρατηγικῆς ἀρετῆς· καὶ πᾶσιν ἔδειξεν, ὅτι καθάπερ ἐπὶ τοῦ σώματος ὁ νοῦς, οὕτως ἐπὶ στρατεύματος ὁ τὴν ἡγεμονίαν ἔχων ποιεῖ τὰ κατορθώματα.

VERSION LII.

Éloge des Spartiates morts aux Thermopyles.

Τῶν μετὰ Λεωνίδου τὰς ἀρετὰς τίς οὐκ ἂν θαυμάσειεν, οἵτινες μιᾷ γνώμῃ χρησάμενοι, τὴν μὲν ἀφωρισμένην τάξιν ὑπὸ τῆς Ἑλλάδος οὐκ ἔλιπον, τὸν ἑαυτῶν δὲ βίον προθύμως ἐπέδωκαν εἰς τὴν κοινὴν τῶν Ἑλλήνων σωτηρίαν· καὶ μᾶλλον εἵλοντο τελευτᾶν καλῶς ἢ ζῆν αἰσχρῶς; Καὶ τὴν τῶν Περσῶν δὲ κατάπληξιν οὐκ ἄν τις ἀπιστήσαι γενέσθαι. Τίς γὰρ ἂν προςεδόκησεν, ὅτι, πεντακόσιοι τὸν ἀριθμὸν ὄντες, ἐτόλμησαν ἐπιθέσθαι ταῖς ἑκατὸν μυριάσι; Διὸ καὶ τίς οὐκ ἂν τῶν μεταγενεστέρων ζηλώσαι τὴν ἀρετὴν τῶν ἀνδρῶν, οἵτινες, τῷ μεγέθει τῆς περιστάσεως κατεσχημένοι, τοῖς μὲν σώμασι κατεπονήθησαν, ταῖς δὲ ψυχαῖς οὐχ ἡττήθησαν; Τοιγαροῦν οὗτοι μόνοι τῶν μνημονευομένων κρατηθέντες ἐνδοξότεροι γεγόνασι τῶν ἄλλων τῶν τὰς καλλίστας νίκας ἀπενηνεγκαμένων. Χρὴ γὰρ οὐκ ἐκ τῶν ἀποτελεσμάτων κρίνειν τοὺς ἀγαθοὺς ἄνδρας, ἀλλ' ἐκ τῆς προαιρέσεως.

déserte l'Italie autrefois si populeuse. Ces opérations militaires si célèbres, il les exécuta en partie avec les contributions et les armées de sa patrie, en partie avec des troupes composées d'un nombre immense de mercenaires et d'alliés, et il sut par son adresse et son génie guerrier triompher d'hommes que leur union rendait si difficiles à vaincre. Ce fut ainsi qu'Annibal apprit au monde que le chef, qui est à l'armée ce que l'âme est au corps, fait lui seul tous les succès.

VERSION LII.

Éloge des Spartiates morts aux Thermopyles.

Qui pourrait ne point admirer les vertus guerrières des compagnons de Léonidas, qui, d'un accord unanime, gardèrent le poste que leur avait assigné la Grèce, firent volontiers le sacrifice de leur vie au salut commun des Grecs, et préférèrent une mort glorieuse à une existence infâme? On ne saurait révoquer en doute la stupeur qu'ils jetèrent parmi les Perses. Qui, en effet, se serait attendu que cinq cents hommes oseraient faire tête à un million d'ennemis? Aussi, pourrait-il se trouver dans la postérité quelqu'un qui ne fût jaloux d'imiter la valeur de ces guerriers, dont les corps, il est vrai, succombèrent aux périls qui les environnaient de toute part, mais dont les âmes demeurèrent invincibles? De tous ceux dont le souvenir est parvenu jusqu'à nous, ils sont les seuls dont la défaite soit plus glorieuse que les plus brillantes victoires. Ce n'est point, en effet, d'après le résultat, mais d'après la détermination qu'il faut juger du courage.

VERSION LIII.

Éloge des Spartiates morts aux Thermopyles (suite).

Τίς γὰρ ἂν ἐκείνων ἀμείνους ἄνδρας κρίνειεν, οἵτινες οὐδὲ τῷ χιλιοστῷ μέρει τῷ πολεμίων ἴσοι τὸν ἀριθμὸν ὄντες, ἐτόλμησαν τοῖς ἀπιστουμένοις πλήθεσι παρατάξαι τὴν ἑαυτῶν ἀρετήν; Οὐ κρατήσειν τῶν τοσούτων μυριάδων ἐλπίζοντες, ἀλλ' ἀνδραγαθίᾳ τοὺς πρὸ αὐτῶν ἅπαντας ὑπερβαλεῖν νομίζοντες· καὶ τὴν μὲν μάχην αὐτοῖς εἶναι κρίνοντες πρὸς τοὺς βαρβάρους, τὸν ἀγῶνα δὲ καὶ τὴν ὑπὲρ τῶν ἀριστείων κρίσιν πρὸς ἅπαντας τοὺς ἐπ' ἀρετῇ θαυμαζομένους ὑπάρχειν. Μόνοι γὰρ τῶν ἐξ αἰῶνος μνημονευομένων εἵλοντο μᾶλλον τηρεῖν τοὺς τῆς πόλεως νόμους, ἢ τὰς ἰδίας ψυχάς· οὐ δυσφοροῦντες ἐπὶ τῷ μεγίστους ἑαυτοῖς ἐφεστάναι κινδύνους, ἀλλὰ κρίνοντες εὐκταιότατον εἶναι τοῖς ἀρετὴν ἀσκοῦσι τοιούτων ἀγώνων τυγχάνειν. Δικαίως δ' ἄν τις τούτους καὶ τῆς κοινῆς τῶν Ἑλλήνων ἐλευθερίας αἰτίους ἡγήσατο, ἢ τοὺς ὕστερον ἐν ταῖς πρὸς Ξέρξην μάχαις νικήσαντας. Τούτων γὰρ τῶν πράξεων μνημονεύοντες οἱ μὲν βάρβαροι κατεπλάγησαν, οἱ δὲ Ἕλληνες παρωξύνθησαν πρὸς τὴν ὁμοίαν ἀνδραγαθίαν.

VERSION LIV.

Comment Socrate corrigeait les hommes.

Σωκράτης οὐ τὸν αὐτὸν τρόπον ἐπὶ πάντας ᾖεν, ἀλλὰ τοὺς μὲν οἰομένους φύσει ἀγαθοὺς εἶναι, μαθήσεως δὲ καταφρονοῦντας, ἐδίδασκεν ὅτι αἱ ἄρισται δοκοῦσαι εἶναι φύσεις μάλιστα παιδείας δέονται· ἐπιδεικνύων

VERSION LIII.

Éloge des Spartiates morts aux Thermopyles (suite).

Et à qui pourrait-on accorder plus de vaillance qu'à des hommes qui, n'égalant pas la millième partie de leurs ennemis, ne craignirent pas d'opposer leur courage à une armée dont le nombre excède la croyance? Non qu'ils eussent l'espoir de triompher d'une telle multitude de combattants; ils voulaient seulement surpasser en héroïsme tous ceux qui les avaient précédés; ils voyaient qu'ils avaient à combattre contre les barbares, et à lutter, à disputer le prix de la valeur contre tous ceux qui se faisaient admirer par leur magnanimité. De tous les guerriers dont le souvenir a traversé les siècles, les Spartiates sont les seuls qui aient mieux aimé sauver les lois de leur pays que leur propre existence : loin de s'affliger de se voir exposés aux périls les plus imminents, ils pensaient, au contraire, que pour ceux qui veulent exercer leur courage, rien n'est plus désirable que d'être soumis à de pareilles épreuves. Ce serait avec justice qu'on les regarderait comme les libérateurs de la Grèce, plutôt que ceux qui ont postérieurement combattu et vaincu Xerxès. En effet, le souvenir de leurs exploits frappait les barbares de terreur, tandis qu'il excitait les Grecs à imiter leur courage.

VERSION LIV.

Comment Socrate corrigeait les hommes.

Socrate employait des procédés différents avec les différents caractères. Rencontrait-il de ces personnes qui, se croyant favorisées de la nature, méprisent toute instruction, il leur prouvait que les naturels qui semblent les plus heureux ont le plus besoin d'être cultivés ; donnant pour exemple ces coursiers généreux

τῶν τε ἵππων τοὺς εὐφυεστάτους, θυμοειδεῖς τε καὶ σφοδροὺς ὄντας, εἰ μὲν ἐκ νέων δαμασθεῖεν, εὐχρηστοτάτους καὶ ἀρίστους γιγνομένους· εἰ δὲ ἀδάμαστοι γένοιντο, δυςκαθεκτοτάτους καὶ φαυλοτάτους. Ὁμοίως δὲ καὶ τῶν ἀνθρώπων τοὺς εὐφυεστάτους, ἐρρωμενεστάτους τε ταῖς ψυχαῖς ὄντας, καὶ ἐξεργαστικωτάτους ὧν ἂν ἐγχειρῶσι, παιδευθέντας μὲν καὶ μαθόντας ἃ δεῖ πράττειν, ἀρίστους τε καὶ ὠφελιμωτάτους γίγνεσθαι· πλεῖστα γὰρ καὶ μέγιστα ἀγαθὰ ἐργάζεσθαι· ἀπαιδεύτους δὲ καὶ ἀμαθεῖς γενομένους, κακίστους τε καὶ βλαβερωτάτους γίγνεσθαι. Κρίνειν γὰρ οὐκ ἐπισταμένους ἃ δεῖ πράττειν, πολλάκις πονηροῖς ἐπιχειρεῖν πράγμασι, μεγαλείους δὲ καὶ σφοδροὺς ὄντας, δυςκαθέκτους τε καὶ δυςαποτρέπτους εἶναι· διὸ πλεῖστα καὶ μέγιστα κακὰ ἐργάζεσθαι.

VERSION LV.

Comment Socrate corrigeait les hommes (suite).

Τοὺς δ' ἐπὶ πλούτῳ μέγα φρονοῦντας, καὶ νομίζοντας οὐδὲν προςδεῖσθαι παιδείας, ἐξαρκέσειν δέ σφισι τὸν πλοῦτον οἰομένους πρὸς τὸ διαπράττεσθαί τε ὅ τι ἂν βούλωνται, καὶ τιμᾶσθαι ὑπὸ τῶν ἀνθρώπων, ἐφρένου λέγων, ὅτι μωρὸς μὲν εἴη, εἴ τις οἴεται, μὴ μαθών, τά τε ὠφέλιμα καὶ τὰ βλαβερὰ τῶν πραγμάτων διαγνώσεσθαι· μωρὸς δ', εἴ τις μὴ διαγιγνώσκων μὲν ταῦτα, διὰ δὲ τὸν πλοῦτον, ὅ τι ἂν βούληται, ποριζόμενος, οἴεται δυνήσεσθαι καὶ τὰ συμφέροντα πράττειν· ἠλίθιος δ', εἴ τις μὴ δυνάμενος τὰ συμφέροντα πράττειν, εὖ τε πράττειν οἴεται καὶ τὰ πρὸς τὸν βίον αὐτῷ ἢ καλῶς ἢ ἱκανῶς παρεσκευάσθαι· ἠλίθιος δὲ καὶ, εἴ τις οἴεται διὰ τὸν πλοῦτον, μηδὲν ἐπιστάμενος, δόξειν τι ἀγαθὸς εἶναι, ἢ μηδὲν ἀγαθὸς εἶναι δοκῶν, εὐδοκιμήσειν.

qui, nés rétifs et impétueux, deviennent très-précieux et rendent de très-grands services, s'ils ont été domptés dans leur jeunesse; mais qui, si on ne les a pas soumis au frein, sont intraitables et tout à fait inutiles. Ainsi les hommes les plus avantagés de la nature, et doués d'une grande force d'âme, d'une activité singulière dans ce qu'ils entreprennent, s'ils ont reçu de l'éducation la connaissance de leurs devoirs, se distingueront par leurs vertus et deviendront très-utiles, parce qu'ils feront de grandes choses; mais si la culture leur a manqué, et s'ils restent dans l'ignorance, ils sont aussi méchants que nuisibles. Ne sachant pas discerner ce qu'ils doivent faire, ils se jettent souvent dans de criminelles entreprises, sans que la hauteur et la violence de leur caractère permettent qu'on les retienne et qu'on les en détourne : aussi causent-ils fréquemment les plus grands maux.

VERSION LV.

Comment Socrate corrigeait les hommes (suite).

Quant à ceux qui, fiers de leurs richesses, croient n'avoir aucun besoin d'instruction, et pensent qu'il leur suffit d'avoir de la fortune pour venir à bout de tous leurs projets, et pour être considérés dans le monde, voici comment il les corrigeait : C'est une folie, leur disait-il, de s'imaginer que, sans instruction, on distingue les choses utiles de celles qui ne le sont pas; c'est encore une folie, lorsqu'on manque de discernement, de se croire capable de quelque chose d'utile, parce qu'on a les moyens de se procurer tout ce qu'on veut; c'est une sottise, quand on n'est capable de rien d'utile, de croire qu'on est dans la prospérité, et qu'on a tout ce qu'il faut pour bien vivre; c'est encore une sottise de penser qu'avec des richesses et de l'ignorance on passera pour un homme de mérite, ou que sans mérite on sera considéré.

VERSION LVI.

De l'injustice.

Εἴπερ οἱ ἀδικούμενοι ἠπίσταντο, ὅτι τοῖς ἀδικοῦσι μέγιστον κακὸν ἡ ἀδικία αὐτή, καὶ τοῦτ' εἶναι πολέμου μεῖζον καὶ τειχῶν ἀφαιρέσεως, καὶ γῆς δηώσεως καὶ τυραννίδος καταστάσεως, οὐκ ἂν ἐμπέπληστο ἡ Ἑλλὰς τοσούτων κακῶν. Διὰ τοῦτο ὁ Σωκράτης οὐκ Ἀριστοφάνει ὠργίζετο, οὐ Μελίτῳ ἐχαλέπαινεν, οὐκ Ἄνυτον ἐτιμωρεῖτο· ἀλλὰ ἐβόα μέγα· « Ἐμὲ δὲ Ἄνυτος καὶ Μέλιτος ἀποκτεῖναι μὲν δύνανται, βλάψαι δὲ οὐ δύνανται. » Οὐ γὰρ θέμις ἀγαθῷ ἀνδρὶ ὑπὸ πονηροῦ βλαβῆναι. Αὕτη ἡ φωνὴ δίκης, ἣν εἴπερ ἅπαντες ταύτην ἐφθέγγοντο, οὐκ ἂν ἦσαν αἱ τραγῳδίαι, οὐδὲ τὰ ἐπὶ σκηνῇ δράματα, οὐδὲ πολλαὶ καὶ παντοδαπαὶ συμφοραί. Ὥσπερ γὰρ ἐπὶ τῶν τοῦ σώματος νοσημάτων, χαλεπὰ τὰ ἑρπυστικά, καὶ δεῖ τούτοις ἐπικουρίας στασίμου, ἵνα τὸ περιλειφθὲν σωθῇ· οὕτως ἐπειδὰν ἐμπέσῃ οἴκῳ ἢ πόλει ἀδικίας ἀρχή, στῆναι δεῖ τὸ κακόν, εἰ μέλλει τὸ περιλειφθὲν σωθήσεσθαι.

VERSION LVII.

Du bonheur terrestre.

Ὀφθαλμοῖς φίλον μὲν χρωμάτων τὸ λαμπρότατον, ἀλλ' ἐὰν μὴ παραθῇς τὸ φαιόν, ἐλύπησας αὐτοῦ τὴν ἡδονήν· ἐὰν δὲ μίξῃς ταῖς εὐτυχίαις τὰ δυσχερῆ, μᾶλλον αἰσθήσῃ τῆς ἀρετῆς, καὶ συνήσεις τῆς εὐτυχίας. Ἡ δίψα μὲν σώματι παρασκευάζει ἡδονὴν ποτοῦ, καὶ λιμὸς

VERSION LVI.

De l'injustice.

Si ceux qui éprouvent une injustice savaient que le plus rude châtiment de l'homme injuste se trouve dans son injustice même; que ce châtiment est pire que les calamités de la guerre, le renversement des murailles, le ravage des campagnes, la chute des tyrans; la Grèce n'eût pas été en proie à tant de désastres. Voilà pourquoi Socrate fut sans colère contre Aristophane, sans animosité contre Mélitus, sans désir de vengeance contre Anitus. Il se contenta de dire à haute voix : « Anitus et Mélitus peuvent me faire mourir, mais ils ne peuvent me nuire. » Il est impossible, en effet, que l'homme de bien reçoive aucun mal du méchant. Tel est le langage de la justice; langage qui, s'il était dans la bouche de tout le monde, ferait disparaître ces événements tragiques dont la scène retentit, cette multitude, cette variété de maux et de calamités qui désolent l'espèce humaine. En effet, de même que, parmi les maladies du corps, celles qui gagnent de proche en proche sont les plus dangereuses et demandent des remèdes propres à borner le mal et à l'empêcher d'attaquer les parties encore saines; de même lorsque les semences d'injustice ont été jetées dans une famille, dans une cité, il faut arrêter cette contagion, si l'on veut sauver les parties qui n'en ont pas encore éprouvé les atteintes.

VERSION LVII.

Du bonheur terrestre.

Les couleurs les plus éclatantes sont celles qui plaisent le plus à la vue; mais si on ne les tempère point par des teintes sombres, on en détruit le charme : de même, mélangez de quelque revers le cours de votre prospérité, et vous apprécierez mieux la vertu, vous aurez davantage le sentiment de votre bonheur. Dans le corps humain, c'est la soif qui pro-

σώματι παρασκευάζει ἡδονὴν βρωτοῦ, καὶ νὺξ ὀφθαλμοῖς παρασκευάζει ἡδονὴν ἡλίου· ποθεῖ ἄνθρωπος καὶ νύκτα μεθ' ἥλιον, καὶ λιμὸν μετὰ κόρον, καὶ δίψαν μετὰ μέθην· κἂν ἀφέλῃς αὐτοῦ τὴν μεταβολὴν, λύπην τὴν ἡδονὴν ποιεῖς. Οὕτω λέγεται καὶ Ἀρταξέρξης ὁ Περσῶν βασιλεὺς, τέως μὲν ὑφ' ἡδονῆς μακρᾶς καὶ εἰρήνης διηνεκοῦς μὴ συνιέναι τῆς εὐτυχίας· ᾧ παρεσκεύαζεν ἡ Ἀσία τὸ δεῖπνον, ἔπεμπον δὲ πόμα ποταμῶν οἱ κάλλιστοι, ἐμηχανῶντο δὲ αὐτῷ τὴν δίαιταν τέχναι μυρίαι· ἀλλ' ἐπεὶ πόλεμος αὐτῷ ἐκ θαλάττης ἦλθε, καὶ Ἕλληνες μύριοι, καὶ στρατηγοὶ δεινοὶ, ἡττηθεὶς ἔφευγεν ἐπὶ ψιλὸν λόφον, ὅπου τῆς νυκτὸς ἀναπαυσάμενος, ἐδίψησεν ὁ δύστηνος πρῶτον τότε, ἔνθα ἦν οὐ Χοάσπης, οὐ Τίγρις, οὐ Νεῖλος, οὐκ ἐκπώματα, οὐκ οἰνοχόοι· καὶ ἠγάπησε παρὰ ἀνδρὸς Μάρδου λαβὼν ἐν ἀσκῷ ὕδωρ ὀδωδός· καὶ τότε ἄρα ὁ δείλαιος ἔγνω, τίς μὲν δίψης χρεία, τίς δὲ ἡδονὴ ποτοῦ.

duit le plaisir qu'on éprouve à boire, la faim celui qu'on trouve à manger, et la nuit est pour les yeux la source du plaisir qu'ils ont à voir la lumière du soleil. L'homme désire l'obscurité de la nuit après l'éclat du jour, la faim après la satiété, la soif après l'ivresse ; lui ôter cette alternative, ce serait changer ses jouissances en douleurs. C'est ainsi, dit-on, qu'Artaxerce, roi de Perse, ne sentit point son bonheur, tant que ses jours coulèrent au sein des délices et d'une longue paix. L'Asie entière était mise à contribution pour ses repas ; les fleuves les plus limpides lui fournissaient le breuvage, et tous les arts à l'envi concouraient à embellir son existence. Mais lorsque des flottes eurent porté la guerre chez lui, lorsque dix mille Grecs commandés par les généraux les plus habiles furent venus l'attaquer ; vaincu, il fut forcé de se réfugier sur un monticule, où, après s'être reposé la nuit, le malheureux eut soif pour la première fois de sa vie. Il n'avait là ni le Choaspe, ni le Tigre, ni le Nil, ni coupes, ni échanson, et il se trouva trop heureux de se désaltérer avec l'eau fétide qu'un Marde lui présenta dans une outre. Ce ne fut qu'alors que ce prince infortuné connut quel est le besoin de la soif, et combien grand est le plaisir de boire.

CARMINUM MATERIES
AD USUM TERTIANORUM.

MATERIES I.

Somnium Annibalis.

Romanorum terror jam latebat per noctem seram Annibal, et recreabat somno membra; ecce vero adolescens major humano corpore stetit in somnis, et refulsit in luce, et rapta manu : « E cœlo, inquit, adsum, o dux Libyæ! me Jupiter misit ad aperiendum tibi colles Italiæ. Tu sequere, et cave vultus deflectere. » Ait, et intrat : tam magna motus imagine Pœnus stupuit : attamen audet gressum euntis pone sequi, et figere vultus in ducem.

Fragor interea auditur; cuncta vasto strepitu miscentur, et horror subitus murmurat silvarum, et flatus verberat auras. Retro adspicit : anguis per lucos immensa trahebatur mole, concussasque caudæ verbere silvas convellit atque eruit e radicibus. Iter aperit strage perpetua, et late vastat silvas; et quercus, et metuentes orni cecidere : ignes micant e nubibus, et fulmina erumpunt, et Olympi videntur templa excelsa jam lapsura ruina.

Stupefactus stat prodigio, et causas petit Annibal. Sed continuo juvenis retorquens flammigera lumina : «Perge viam, clamat: absit procul ignavo timor pectore, armis populandam tibi Italiam superi mon-

CARMINA

AD USUM TERTIANORUM.

CARMEN I.

Somnium Annibalis.

Romulidum terror sera jam nocte latebat
Annibal, et placido recreabat membra sopore;
Ecce autem juvenis, mortali corpore major,
Adstitit in somnis, subitaque in luce refulsit,
Arreptaque manu : « Superis e sedibus, inquit,
Adsumus, o ductor Libyæ! me rector Olympi
Divitis Italiæ misit tibi pandere colles.
Tu sequere, immotosque cave deflectere vultus. »
Dixit, et ingreditur. Perculsus imagine tanta
Obstupuit Pœnus; gressum tamen audet euntis
Pone sequi, inque ducem tacitos defigere vultus.

Arduus interea auditur fragor; omnia vasto
Miscentur strepitu, subitusque immurmurat horror
Silvarum, et pavidas ferit ingens sibilus auras.
Respicit, immensa per lucos horridus anguis
Mole trahebatur, concussaque verbere caudæ
Convellit nemora et radicibus eruit imis.
Perpetua dat strage viam, populataque late
Agmina silvarum, quercusque ornique paventes
Procubuere; micant elisi e nubibus ignes,
Fulminaque erumpunt, et cœli templa videntur
Ardua concordi jamjam lapsura ruina.

Constitit attonitus monstris, causasque requirit
Annibal. At subito juvenis flammata retorquens
Lumina : « Perge sequi, inclamat, procul absit inerti
Corde timor, tibi vastandam fatalibus armis

strant omine. I nunc, pande iter ense; nec petas plurima : non fas mortalibus superorum fata inquirere. »

MATERIES II.

Magnificat anima mea Dominum, etc.

O quæ Dei laudes tollere cœlo vox possit? Pectus meum exsultat gaudio tanti operis auctori, qui me infima tenentem, et indignam, et humilem a cœlo respexit suo; quo munere inter gentes ecce una beata jam dicar, nec mendax fides : magna quando ipse mihi manu cumulavit munera Omnipotens. Sanctum nomen ejus per ævum, et clementia dita per terras passim homines jussa reverentes semper fovens, nunquam deserit neglectos.

Tum humerum exsertans, et manum vibrans, pectus longe turgens superbia dispulit, atque insuper afflixit, atque throno potentes deturbans præcipitavit, et repressit ad ima; atque humiles tollens in sede regum locavit. Inops stupet crevisse sibi opes; at illuduntur thesauris ademptis, qui nullas posuere metas acquirendis divitiis.

Postremo sobolem (neque enim majus dare poterat) Genitor æternam sobolem, et sæculis priorem cunctis, paremque sibi mortale fatum statuit induere (quod unum de tam magnis honoribus adhuc deerat), non ille animi atque suorum morum oblitus : nam id meditans olim pollicitus erat atavis proavorum sacrificis, et stirpi nepotum.

Italiam tanto protendunt omine divi.
I nunc, pande viam ferro, nec plura requiras :
Non fas terrigenis inquirere fata deorum. »

CARMEN II.

Magnificat anima mea Dominum, etc.

O meritas Domini cœlo quæ tollere laudes
Vox queat? Exsultant dulci mea pectora motu
Auctori tantorum operum, qui me ima tenentem,
Indignamque, humilemque suis respexit ab astris.
Munere quo felix populos ecce una per omnes
Jam dicar, nec vana fides : ingentia quando
Ipse mihi ingenti cumulavit munera dextra
Omnipotens. Sanctum illius per sæcula nomen,
Sancta per immensas clementia didita terras,
Qua passim divina viros præcepta verentes
Usque fovens, nullo neglectos deserit ævo.

Tum fortem exsertans humerum dextramque coruscans,
Pectora vesano longe turgentia fastu
Dispulit, afflixitque super; solioque potentes
Deturbans dedit in præceps, et ad ima repressit;
Regalique humiles extollens sede locavit.
Insolitas crevisse sibi miratur egenus
Divitias; auro contra luduntur adempto
Qui nullas opibus metas posuere parandis.

Postremo sobolem (neque enim dare majus habebat)
Æternam Genitor sobolem, sæclisque priorem
Omnibus æqualemque sibi, mortalia fata
Induere instituit (tantis quod honoribus unum
Deerat adhuc), non ille animi, morumque suorum
Oblitus : quippe id meditans promiserat olim
Sacrificis proavorum atavis stirpique nepotum.

MATERIES III.

Augusti soliloquium.

Cui demum intimos mentis sensus committere me fas erit, o dii immortales! et vitæ curam credere? Sceptrum vobis libenter reddo, si aufert amicos imperium, atque potestas facit hostes; si muneribus et amore mercamur hostes, si sic fata imperant, et necesse est nos fovisse, quos eadem in nos furiis armant. Imperio nulla fides, nil securum in sede regia, et qui potest omnia, nulli fidere verum est.

Quæ tua est querela, Octavi, et cur cœlum fatigas? Tandem respice te, et modum impone questibus. Nempe tibi condonari, nescio ulli parcere, posse putas? Non oculis tibi, non menti recursant brachia nunquam satiata civili cruore? Quin, imperante te, quanta Philippi cæde rubuerunt, respectas? Memento cladem Antonii; his Sextum adde, atque natantem in cæde Perusiam, et suo mersos in cruore cives.

Adde etiam pejora : ferocis fœdera pacis, tabulas ferales, milliaque nomina proscripta, quum cædis avidus et sceleris, et tuorum tortor, ipse in tutoris pectore telum fixisti. Et posthac fata querendo incusas, te monstrante, si nunc in mortem tuam amici conspirant, et te, incitati ad omne scelus, præceptore, jam violant jura quæ tu docebas violare. Debetur proditio : fata illam et Jupiter approbant : et dubitas, et adhuc moraris excedere regno per cædem parto! Perfide! da nunc pœnas perfidiæ quas debes; et ipse ingratus, sine ingratos scelere eodem.

CARMEN III.

Augusti soliloquium.

Cui demum arcanos animi me credere sensus
Fas erit, o superi ! et curam committere vitæ ?
Vobis sceptra libens reddo, si tollit amicos
Imperium, atque hostes facit invidiosa potestas ;
Si donis multoque odium mercamur amore,
Si sic fata jubent, et nos fovisse necesse est
Quos furiis in nos eadem crudelibus armant.
Nulla fides regno, nil tutum in sede suprema,
Et qui cuncta potest cunctis diffidere verum est.

Quid tamen, Octavi, quereris, cœlumque fatigas ?
Respice te tandem, finemque impone querelis.
Ignosci tibi nempe, ignoscere nescius ulli,
Posse putas ? Tibi non oculis mentique recursant
Brachia civili nunquam exsaturata cruore ?
Quin, duce te, quanta rubuerunt cæde Philippi,
Respectas ? Sævam Antonii reminiscere cladem ;
His adde et Sextum, multoque cruore natantem
Perusiam, proprioque immersos sanguine cives.

Pejora adde etiam : truculentæ fœdera pacis,
Ferales tabulas, proscriptaque nomina mille,
Quum cædis scelerumque avidus, tortorque tuorum,
Ipso tutoris fixisti in pectore telum.
Et fatum posthac aude incursare querendo,
Te monstrante, tuum si nunc in funus amici
Conspirant, et, te facti ad scelus omne magistro,
Jam violant leges, quas tu violare docebas.
Debita proditio : fatum hanc et Jupiter auctor
Approbat : et dubitas, et adhuc, ignave, moraris
Per cædem parto, per cædem excedere regno !
Da nunc perfidiæ quas debes, perfide, pœnas ;
Et patere ingratos scelere ipse ingratus eodem.

MATERIES IV.

Rusticus ad amicum absentem.

Ex quo, Daphni, culmen sprevisti meæ villæ, lares gemuere, in montibus ursi gemuere, feræ lustra tenentes auditæ sunt passim sub antris ululare. Rura hæc quondam resonabant carmine, quondam pastores aera implebant cantu; nunc ager silet, nunc mutescunt pascua : tecum deseruit rura voluptas omnis. Hic aderas, et ruris aderant numina, fauni satyrique, et nymphæ nostris ludebant littoribus. Hinc abes, et absunt numina ruris, et fauni et satyri, et nymphæ abierunt nostro littore. Formosi tecum montes et prata, sine te sunt deformia. Non horti flores apibus, rorem non sidera præbent, arva pruinis fœdantur.

MATERIES V.

Cleopatra[1].

Quisquis in hoc saxo colubris admorsa brachia, et oculos torpentes nocte æterna vides, ne puta leto invitam occumbere. Victores me diu vetuere vitam abrumpere, ut regina capta veherer triumpho scilicet, et servirem nuribus latinis. Ea ego progenies ducta a tot regum origine, quam beata gens Canopi coluit, et ægyptia tellus fovit deliciis suis, atque

---

1. Cette pièce de vers a été faite à l'occasion de la statue de Cléopâtre que le pape Léon X fit restaurer. Cette statue était la même, ou du moins une copie de celle qu'Auguste avait fait faire pour la

CARMEN IV.

Rusticus ad amicum absentem.

Ex quo, Daphni, meæ sprevisti culmina villæ,
Agrestes gemuere lares, in montibus ursi
Deformes gemuere; feræ lustra alta tenentes
Auditæ passim mœstis ululasse sub antris.
Hæc olim læto resonabant carmine rura,
Pastores olim mulcebant aera cantu ;
Nunc circum silet omnis ager, nunc pascua muta :
Tristia deseruit tecum omnis rura voluptas.
Hic aderas, aderant et rustica numina, fauni
Et satyri, et nostro ludebant littore nymphæ.
Hinc abes, hinc absunt et rustica numina, fauni
Et satyri, et nostro cesserunt littore nymphæ.
Formosi tecum montes, formosaque prata ;
Te sine, deformes montes, deformia prata.
Non apibus flores horti, non sidera rorem
Sufficiunt, gelidis fœdantur et arva pruinis.

CARMEN V.

Cleopatra.

Marmore quisquis in hoc sævis admorsa colubris
Brachia, et æterna torpentia lumina nocte
Adspicis, invitam ne crede occumbere leto.
Victores vetuere diu me abrumpere vitam,
Regina ut veherer celebri captiva triumpho
Scilicet, et nuribus parerem serva latinis.
Illa ego progenies tot ducta ab origine regum,
Quam pharii coluit gens fortunata Canopi,
Deliciis fovitque suis ægyptia tellus,

---

placer dans le Capitole; elle semblait pleurer. Cette explication est nécessaire pour comprendre le sens de ce beau morceau de poésie.

omnis Oriens dignam judicavit honore deorum. Sedulitas, egregiæque mortis cupido vicit infamiam vitæ, et insidias tyrannorum ; nam libertas parta est nece, nec vincula sum experta, et umbra descendi libera ad inferos.

Hoc licuisse mihi indignatus hostis exarsit ira et sævitiæ stimulis : namque invectus Capitolium curru, inter titulos et gentes subactas, duxit felix simulacrum exstinctæ, et demens explevit lumina inani spectaculo. Neu vetustas aboleret famam facti, aut sors mea esset ignota nepotibus, imaginem jussit excudi e marmore, et testari fatum nostri casus. Quam deinde Julus miratus ingenium opificis egregium, visendam locavit sede, inter signa heroum ; et perpetuas in saxo lacrimas supposuit, ægri solatium animi.

Non quod mortis gaudia deflerem (nam mihi morsu vipera non lacrimas excussit, nullumque ipsa mors intulit timorem), sed ut dilecto cineri, et umbræ conjugis lacrimas, pignus amoris, darem, pauperes inferias et mœsta dona. Has etiam infensi rapuerunt Romani.

MATERIES VI.

Amoris in Christo de morte triumphus.

Secretus orabat in umbra nemoris Christus, et meditans sub corde hominum salutem, magnum opus! magni doloris contra genus omne, contra mille mortes diverso trepidans motu pectus et mentem robore firmabat. Interea statim tellus tumultu mota rumpitur, et infernales vomit e sinu turmas.

14.

Atque Oriens omnis divum dignatus honore est.
Sedulitas, pulchræque necis generosa cupido
Vicit vitæ ignominiam, insidiasque tyranni;
Libertas nam parta nece est, nec vincula sensi,
Umbraque tartareas deveni libera sedes.

   Quod licuisse mihi indignatus perfidus hostis,
Sævitiæ insanis stimulis exarsit et ira :
Namque triumphali invectus Capitolia curru,
Insignes inter titulos gentesque subactas,
Exstinctæ felix simulacrum duxit, et amens
Spectaclo explevit crudelia lumina inani.
Nobile neu factum deleret longa vetustas,
Aut seris mea sors ignota nepotibus esset,
Effigiem excudi spiranti e marmore jussit,
Testari et casus fatum miserabile nostri.
Quam deinde, ingenium artificis miratus Iulus
Egregium, celebri visendam sede locavit,
Signa inter veterum heroum ; saxoque perennes
Supposuit lacrimas, ægræ solatia mentis.

   Optatæ non ut defierem gaudia mortis
(Nam mihi nec lacrimas letali vipera morsu
Excussit, nec mors ullum intulit ipsa timorem),
Sed caro ut cineri et dilecti conjugis umbræ
Æternos fletus, æterni pignus amoris,
Mœsta darem, inferiasque inopes, et tristia dona.
Has etiam tamen infensi rapuere Quirites.

CARMEN VI.

Amoris in Christo de morte triumphus.

   Orabat tacita nemoris secretus in umbra
Christus, et humanam meditans sub corde salutem,
Magnum opus! immensi contra genus omne doloris,
Contra mille neces, vario trepidantia motu
Pectora, et incertam firmabat robore mentem.
Interea subito tellus commota tumultu
Rumpitur, et stygias gremio vomit horrida turmas.

Pars clavos acuit in dura cote ; pars horribili fremitu per auras flagra ventilat infrendens ; pars lacessere laborat innocuum caput, et circum tempora flectit dumosam et acutam vepribus coronam ; pars magno conatu trahit lignum, unde animam exspiret, et toti mundo victima immeritas det cruore pœnas.

Quin etiam jactant linguæ convicia : « I, morere, clamant, aut si potes, si es Deus, eripe te nostris manibus. » Stupet perculsus rerum imagine, tremiscunt membra, vires languent, atque pedes fatiscunt sub mole. Dum vero magnus animus et virtus metum contra luctantur, fusus corda circum hinc atque inde sanguis pellitur impetu, nec venis se continet : rupto obice, exsilit, et fluens de corpore rivis tingit terram murice.

Jam oppressus pondere pœnæ exitium parabat propellere capiti, quum subito delapsus ab arce Amor cœlestis se offert, et membra attollens, et revocans novas in corde vires : « Ergo, inquit, ratum est ? humanam vis perdere gentem, quæ a te servari potest ? Nihil te tot fata, Christe, tangunt ? En ista mundo promissa fides, quum Deus delapsus a solio in terras indueres hominem, communi fato obnoxius ? Eia age, quam magna laus te exspectat, quam magnus ubique honos surget, ni morti succumbere pœniteat, et resarcire ruinas humani generis ! » Vix ea dixerat Amor, surgit Christus, et sponte : « Amor, ait, vincis ; nulla mora : volo pergere, quocunque me vocas. » Et fit obvius hosti.

Pars clavos acuit prædura in cote trabales ;
Pars vacuas fremitu horrifico flagra dira per auras
Ventilat infrendens ; pars insultare laborat
Innocuo capiti, et circum sacra tempora flectit
Horrentem dumis et acuto vepre coronam ;
Pars infame trahit magno molimine lignum,
Unde animam exspiret, totique indebita mundo
Victima, non meritas fuso det sanguine pœnas.
 Quin etiam stolidæ jactant convicia linguæ :
« I, morere, exclamant, aut, si tibi summa potestas,
Si Deus es, nostris manibus te subripe salvum. »
Obstupuit dira perculsus imagine rerum ;
Membra tremunt, languent occiso in corpore vires,
Divinique pedes sub iniqua mole fatiscunt.
At dum ingens animus virtusque invicta pavori
Contra obluctatur, fusus præcordia circum
Hinc atque hinc, magno depellitur impete sanguis ;
Nec venis sese jam continet : objice rupto,
Exsilit, atque fluens largis de corpore rivis
Arentem tingit pretioso murice terram.
 Et jam pœnarum fatali pondere pressus,
Exitium capiti præsens arcere parabat,
Quum subito sese supera delapsus ab arce
Exhibuit cœlestis Amor, collapsaque membra
Attollens, revocansque novas in pectore vires :
« Ergo, ait, ergo ratum est ? hominum vis perdere gentem,
Quam servare potes ? Nil te tot tristia fata,
Christe, movent ? En hæc orbi promissa fides est,
Quum Deus, in terras solio delapsus ab alto,
Indueres hominem, fatis communibus ortus ?
Eia age, quanta manet te gloria ! quantus ubique
Surget honos, ni te pigeat succumbere leto,
Tristesque humani generis sarcire ruinas ! »
Vix ea fatus Amor, Christus consurgit, et ultro :
« Vincis, Amor, dixit ; nulla est mora : pergere certum est,
Quo me cunque vocas. » Ipsique fit obvius hosti.

MATERIES VII.

In laudem Virgilii, ejusque imitationem suscipiendam.

Proles Phœbi extulit os Virgilius, qui mox, situ et squalore veterum deterso, arte cuncta retulit in melius, et voce et animo similis deo. O Musæ! date lilia plenis corbibus, et tanto surgite alumno. Hic unus ingenio vates Græcorum longe superavit et arte, aureus, non mortale sonans. Græcia licet Homerum miretur, stupet ipsa et pavet. Neque Latium alio tempore tantum se jactat. Tunc virtus, quæ latinæ linguæ maxima potuit esse, fuit, et cœlo se gloria Italiæ vexit : nec fas sit vatibus sperare ultra.

Nec mora : cuncta ex illo visa sunt ruere in pejus, degenerare mentes, atque res referri retro. Maronem ergo ante alios imitare, atque hunc unum sequere, et quantum potes hujus serva vestigia. Si forte ille tibi non cuncta sufficit, adde eos vates, quos tulerunt eadem tempora. Parce deinde, puer, neque alios doceri quære, neque insana te capiat discendi cupido. Tempus erit mox ut impune detur omnes accedere, quum tibi ætas advenerit.

MATERIES VIII.

In amici reditum.

Huc tandem Mopsus mea voluptas venit. Quantum vere novo lætatur capella, quantum imbribus horti, tantum Amyntas gaudet tuo reditu. Mihi vita leto

CARMEN VII.

In laudem Virgilii, ejusque imitationem suscipiendam.

Extulit os sacrum soboles certissima Phœbi
Virgilius, qui mox, veterum squalore situque
Deterso, in melius mira omnia rettulit arte,
Vocem animumque deo similis. Date lilia plenis,
Pierides, calathis, tantoque assurgite alumno.
Unus hic ingenio præstanti gentis achivæ
Divinos vates longe superavit et arte,
Aureus, immortale sonans. Stupet ipsa pavetque,
Quamvis ingentem miretur Græcia Homerum.
Haud alio Latium tantum se tempore jactat.
Tunc linguæ ausoniæ, potuit quæ maxima virtus
Esse, fuit, cœloque ingens se gloria vexit
Italiæ : sperare nefas sit vatibus ultra.

Nulla mora, ex illo in pejus ruere omnia visa,
Degenerare animi, atque retro res lapsa referri.
Ergo ipsum ante alios animo venerare Maronem,
Atque unum sequere, utque potes vestigia serva.
Qui si forte tibi non omnia sufficit unus,
Addas quos eadem pepererunt tempora vates.
Parce dehinc, puer, atque alios ne quære doceri,
Nec te discendi capiat tam dira cupido.
Tempus erit, tibi mox quum firma advenerit ætas,
Spectatum ut cunctos impune accedere detur.

CARMEN VIII.

In amici reditum.

Huc tandem rediit Mopsus, mea sola voluptas.
Quantum vere novo gaudet lasciva capella,
Æstivis quantum sitientes imbribus horti,
Tantum, Mopse, tuo reditu lætatur Amyntas.

tristior, atque dies anno tardior, sine te, care puer, fuit. Flebant silvæ, flebant prata, seu nox inciperet, seu dies ; et hortus amiserat honores suos domini discessu ; passim interibat omne pecus. Nunc gaudium tecum rediit. Adspice : pinus umbra te complectitur.

Properans aqua te salutat murmure, atque tibi poma ducunt rubrum colorem. Dulci nunc tuo saturabo oculos vultu, macies et pallor discedent corpore meo, et annos tecum agam feliciter. Seu pasces capellas in monte, seu linques fines patrios et pabula, quidquid agas, puer care, tibi dilectus Amyntas erit ; semper erit tecum et ibit comes in omnes terras. Jam didici quid sit exspectare fratrem : exspectans Amyntas una senescit nocte.

MATERIES IX.

Beatus vir qui non abiit, etc. (*Psalmus* 1.)

Felix ille mentis, quem turbæ contagio non flexit de recto tramite. Non habuit iter erroris, neque sedens in cathedra pestifera præbuit aurem irrisoribus : sed tenet iter vitæ melioris, et noctu diuque leges Domini revolvit mente. Ille sicuti arbor erit, quæ consita est margine ripæ, quam non æstu Sirius urit, hiems non torret, sed læto agricolam beat proventu, neque ridens, flore caduco, lactat dominum spe inani.

Non sic gens ignara legis divinæ, exlex, et contemptrix cœli : sed similes erunt pulveri rapto turbine subito, quem aura levis gyro concita torquet

Te sine, care puer, leto mihi tristior ipso
Vita fuit, tardoque dies mihi tardior anno.
Seu tenebras Vesper, seu lucem ferret Eous,
Lugebant silvæ, lugebant mollia prata,
Formosusque suos amiserat hortus honores,
Discessu domini ; passim pecus omne peribat.
Dulcia nunc tecum redierunt gaudia campis.
Adspice : te læta pinus complectitur umbra.

Arguto properans te murmure lympha salutat,
Albaque purpureum ducunt tibi poma colorem.
Ipse etiam dulci saturabo lumina vultu ;
Discedet macies, discedet corpore pallor,
Et tecum longos peragam feliciter annos.
Seu teneras solito pasces in monte capellas,
Seu patrios fines linques et pabula nota,
Quidquid agas, dilecte puer, tibi carus Amyntas
Tecum semper erit, terras comes ibit in omnes.
Jam didici quid sit fratrem exspectare morantem ;
Exspectans una vel nocte senescit Amyntas.

CARMEN IX.

Beatus vir qui non abiit, etc. (Psalmus 1.)

Felix ille animi, quem non de tramite recto
Impia sacrilegæ flexit contagio turbæ.
Non iter erroris tenuit, sessorve cathedræ
Pestiferæ, facilem dedit irrisoribus aurem :
Sed vitæ rimatur iter melioris, et alta
Mente Dei leges noctesque diesque revolvit.
Ille velut riguæ quæ margine consita ripæ est
Arbor erit, quam non violento Sirius æstu
Exurit, non torret hiems, sed prodiga læto
Proventu beat agricolam : nec flore caduco
Arridens, blanda dominum spe lactat inanem.

Non ita divini gens nescia fœderis, exlex,
Contemptrixque Dei : subito sed turbine rapti
Pulveris instar erunt, volucri quem concita gyro
Sparserit aura levis vacuo ludibria cœlo.

ludibria cœlo. Ergo quum judex in nube veniet jus dicere, et coarguet terram sceleris, impietas non audebit attollere vultus, nec se turbæ justorum adjungere. Nam Deus justorum et carentum fraude iter novit, et sensus tenet : at curvos secuta fraudum anfractus impietas peribit.

MATERIES X.

Equi laudes.

Alia Deus animalia finxit quæque ad usus suos; equus se ad omnes usus accommodat. Trahit plaustra, clitellas fert et esseda, vomere scindit terram; fert herum, natatu sive flumina, seu saltu fossam, seu salebras cursu vincere est opus, aut saltus circumdare canibus, aut gyros flectere, aut gradus glomerare, aut campis libera ludere lascivia.

Quod si bellum vocat, it vigor in artus; et domino socias ore et naribus iras vomit, et offert vulneribus pectus; et una gaudium mœroremque sumit atque vicissim ponit cum domino : sic officiosus sortem in omnem, ut veteres crediderint nobis junctum tam arcto fœdere posse coalescere mixta figura, et edere centauros in pelethroniis silvis.

MATERIES XI.

Mors Absalonis.

O te quæ tanta regnandi fallit cupido? Quo ruis? quo te consilii expertem rapit error? furorem compesce, miser! An ignoras quæ mors maneat rebel-

Ergo ubi veridicus judex, in nube serena,
Dicere jus veniet, scelerisque coarguet orbem,
Non coram impietas mœstos attollere vultus,
Nec misera audebit justæ se adjungere turbæ.
Nam Pater ætherius justorum et fraude carentum
Novit iter, sensusque tenet; curvosque secuta
Impietas fraudum anfractus, scelerata peribit.

CARMEN X.

Equi laudes.

Cetera rerum Opifex animalia finxit ad usus
Quæque suos : at equus se præbet ad omnia natum.
Plaustra trahit, fert clitellas, fert esseda, terram
Vomere proscindit; dominum fert, sive natatu
Flumina, seu fossam saltu, seu vincere cursu
Est salebras opus, aut canibus circumdare saltum,
Aut molles glomerare gradus, aut flectere gyros,
Libera seu vacuis ludat lascivia campis.

Quod si bella vocent, tremulos vigor intrat in artus;
Jam socias domino vomit ore et naribus iras,
Adversumque petit generoso pectore vulnus.
Lætitiæ luctusque comes, nunc gaudia captat,
Tristia nunc largis humectat fletibus ora
Cum domino ; sortem sic officiosus in omnem,
Ut veteres nobis tam certo fœdere junctum
Crediderint mixta coalescere posse figura,
Inque pelethroniis centauros edere silvis.

CARMEN XI.

Mors Absalonis.

O te regnandi quæ fallit tanta libido?
Quo, periture, ruis! quo te malus error egentem
Consilii rapit? insanum compesce furorem,
O miser! An nescis maneant quæ fata rebelles?

les? Vides ut justus Deus, ultor scelerum, intentat pœnas ab alto, et minatur extrema fata. Desiste ab incepto et ruinam averte. Frustra loquor : nullas voces audit. Jam ambæ acies coeunt ; jam campi horrescunt strictis ensibus ; jam pugna aspera surgit ; imago mortis exoritur.

Diu victoria incerta erravit, et nescia quibus adsit partibus ; sed tandem exosa filium rebellem, vertitur atque reposcit patris turmas. Natus timet, et cogitur fugere paternam cohortem. Jam præceps fugit hostem ; sed victoris iram dum per devia silvæ vitat, hæsit per ramos crinibus implexus, et pependit pondus ab ilice. Armiger regius illum ab alto tumulo vidit, atque contra jussa patris condidit ferrum sub pectore juvenis.

MATERIES XII.

Ars omnia vincit.

Arte rudi et cultu quondam prima surrexit domus ; in excavatis arborum truncis, aut in spelunca veterum parentum regia constructa fuit ; tum humanæ industriæ gremio aperto telluris lapides extrahi cœperunt, et iis sedibus surgere oppida ubi perpetuis tenebris horrebat silva. In quatuor partes, quarum diu ultima delituit, magnus dividitur orbis ; e montibus in ignotum mare descendit pinus, et gemini fecit orbis commercium. Quo ars non penetrat, mentis acies et audacia ? Primum, medio in æquore, et ventorum imperiis, et tempestatum furori cymba committitur, nec jam timidæ naves procellas formi-

Adspicis ut justus scelerum Deus ultor ab alto
Intentat pœnas, supremaque fata minatur.
Desiste incepto, certamque averte ruinam.
Sed frustra : nullas voces tractabilis audit.
Jamque acies coeunt ambæ, strictisque repente
Ensibus horrescunt campi, pugna aspera surgit;
Exoritur miseræ tristissima mortis imago.

  Incertis utrinque diu victoria pennis
Erravit circum volitans, queis partibus adsit
Nescia; sed tandem natos exosa rebelles
Vertitur, atque patris repetit pudibunda catervas.
Territus hic sese tentat subducere turmis.
Jamque fuga instantem præceps vitaverat hostem;
Sed victorum iras, densæ per devia silvæ,
Dum refugit, nitidis implexus crinibus hæsit
Per ramos, miserumque pependit ab ilice pondus.
Regius hunc tumulo pendentem vidit ab alto
Armiger, atque, patris contraria jussa secutus,
Condidit adverso juvenis sub pectore ferrum.

CARMEN XII.

Ars omnia vincit.

  Arte rudi et cultu quondam vel rupe cavata
Prima domus, duri vel amico robore trunci
Constitit : hæc veterum primis fuit alta parentum
Regia temporibus; tum denique saxa profundo
Surrexere solo, vastisque insignia muris
Mœnia desertos primum tenuere recessus.
Quattuor in partes, quarum male cognita longum
Ultima delituit, magnus divellitur orbis.
Montibus excelsis quercus demissa lacessit
Oceanum, geminique facit commercia mundi.
Artibus, ingenio, quæ res impervia restat?
Ventorum imperiis tempestatumque furori
Jam primum medio committitur æquore cymba;
Jam naves, olim timidæ, non littore gaudent,
Sæva nec undantis fugiunt discrimina ponti.

dant, sed fluctus urbs lignea operit velis, et Oceanum domat. Acus quæ nautas nescit fallere, more oculi, certam designat procedere viam.

MATERIES XIII.

Seneca moriens.

« Eia agite, Furiæ infernales! diu noctuque infandum Neronem cruciare quid cessatis? Sanguinei fratris manes, imo ex Acheronte redite. Tu, mactatæ conjugis umbra, redi : ultrix redeat imago matris. Accensis facibus tyrannum terreant Eumenides, ac tartareis pectus dilacerent stimulis. An nondum sitim cruoris explevit matris funus, cui vitam imperiumque debuit? Veneno fratrem, longa morte uxorem peremit : nec satis. Quo demum furor te agit? quo præceps ira pergis? Unus superest mactandus Seneca, tibi idem studiorum præses et morum : hunc etiam novo perdis crimine. Hæccine est Neronis gratia? moriamur! heu nimium viximus tot scelerum testes! Cui terra negatur, debetur cœlum. »

Hæc fatus, de more domi celebrat convivia, nec mortis turbatus imagine, verbis solatur amicos : « Longam mihi vitam, dixit, dederunt fata, ut mori discerem. Licuit vitam transigere sine crimine; sine querela mori licebit, et futuris sæculis nomen meum transmittere. » Dixit, et, resecans venas de corpore, fluentem irretortis oculis vidit sanguinem; et moriens extrema voce virtutem vocavit auxilio.

Oppida credideris, quarum sub mole dehiscens
Ingemit Oceanus. Nequicquam sidera nautis
Deficiunt; quæ nescit acus male fallere nautas,
More oculi, certos signat producere cursus.

CARMEN XIII.

Seneca moriens.

« Eia agite, Eumenides! quid dextra moratur ad ictus?
Suppliciis dirum assiduis cruciate Neronem,
Nec mora, nec misero requies indebita detur.
Importuna redi, mactatæ conjugis umbra;
Tartareo redeant Acherontis flumine fratris
Sanguinei manes, ultrix et matris imago.
Accensis facibus Furiarum turba tyrannum
Terreat, et stygiis crudelia pectora præsens
Exagitet stimulis taboque incendat iniquo.
Sanguinis an nondum sitis est expleta parentis
Funere? Germanum funesto felle veneni
Uxoremque suam producta morte peremit;
Nec satis est. Quo te præceps violentia mentis
Abripit insanæ? quis te furor impius urget?
Jam tibi nunc superest Senecam dimittere morti,
Cura cui commissa animi est morumque tuorum :
Hunc etiam, scelerate, novo tu crimine perdis.
Hæccine crudelis speranda est gratia regis?
Viximus heu nimium! moriamur, pessima passi
Tot scelerum! Teneat cœlum, cui terra negatur. »
 Hæc fatus, de more domi convivia curat
Magna, nec indignæ turbatus imagine mortis,
Mœrentes socios verbis solatur amicis :
« Sera mihi a superis, dixit, concessa senectus,
Fortiter ut diris noscam succumbere fatis.
Integer infaustam potui traducere vitam :
Claudere tranquillo violenta morte licebit
Lumina, et æternum sæclis transmittere nomen. »
Dixerat, et, venas resecans de corpore, vidit
Luminibus placidis spumantia membra cruore,
Et moriens summa virtutem voce vocavit
Auxilio, fuditque suam cum sanguine vitam.

MATERIES XIV.

Lucani indoles.

Sua ipsi debetur Lucano laus ; quippe cujus musa identidem sic assurgit, ut illum a poetarum vulgo facile secernat. Quot nitent ejus carmina leporibus, totidem fere maculis deformantur. Nimium præcipiti mentis abreptus impetu, imagines suas jejune ac leviter adumbrat. Sæpe, velut equus aurigæ et currus immemor, procul a meta fertur exsultabundus. Si tempestatem describere aggreditur, non ille deprœliantes ventos, non tenebras, non micantia per noctem fulgura, non spumantes fluctus, non albentes scopulos, non gubernatorem attonitum, nec trepidos nautas deorum opem implorantes; sed naturam sus deque subversam , sed cœlum , terram, fluctus, omnia demum elementa mixta et perturbata exhibet : omnia in antiquum redire chaos credideris. Sibyllam brevi fatidicam adumbrare si voluerit, non illam unius Dei numine afflatam, sed furenti dæmonum caterva exagitatam diceres : non vates, sed Furiarum una, non antrum, sed Tartara oculis objiciuntur. Suam lasciviendo et subsiliendo musam exercet semper Lucanus; illam sequi volenti pulmo deficit; quumque sibi constet, legentium delassat animos, efficitque, ut vel amœnissima minus arrideant.

CARMEN XIV.

Lucani indoles.

Gloria Lucani nullo delebitur ævo ;
Scilicet insigni tendens ad magna volatu,
Sæpius a tuto victor sic tramite surgit,
Ut facile a vulgo possis discernere vatum.
Quot salibus, totidem texuntur carmina noxis.
Præcipiti nimium deceptus imagine mentis,
Optima perstringit tantum leviterque pererrat,
Atque, velut sonipes currus et frena recusans,
Evolat, et cæco meta procul impete fertur.
Si fractam aggreditur ventis describere navem,
Ille nec effusos latebroso carcere ventos,
Nec tenebras, densave micantia fulmina nocte,
Nec maris albentes fluctus scopulosque sonantes,
Denique nec nautas superos in vota vocantes,
Exhibet; at solitus naturæ deficit ordo :
Sidera, terra, fretum, fluctus, elementa premuntur :
In chaos antiquum terram rediisse putares.
Si modo fatidicam tentat depingere vatem,
Olli non mentem atque animos inspirat Apollo,
Sed Furiæ : antrum non oculis, sed Tartara præbet.
Lucani fecunda nimis lascivia musam
Exercet ; musam sequitur vix lector anhelo
Pectore; quumque sibi toto prope carmine constet,
Sic fractos cunctorum animos gravis usque fatigat,
Ut nulla dein arte queat recreare jacentes.

MATERIES XV.

Poetæ officia.

Si quis amat vates elegos, querelas imitetur ; res facunda dolor. Vultne ut fleas : primum ipsi dolendum est. Vultne ut rideas : jocandum est. Fidibusne refert divos et deorum ministros poeta : inflato pulmone ignes evomat spiritus, et audaci flamma caleant suspiria, quemadmodum Ætna suis gurgitibus æstuat. An agresti calamo ipsi dicendus erit Daphnis : fingat leviores cicutæ sonos audire ; hinc Tityrus patulæ recubet sub tegmine fagi ; alter agat pecudes pastor, alter canat amores. Sic tandem naturam imitetur, ut amabili errore oculi ipsi decipiantur.

MATERIES XVI.

Æschyli indoles.

Grande aliquid spirat vates, et audacter assurgit suamque legentibus audaciam addere ipsum velle diceres : magnificum nescio quid sonat ejus carmen. Sic tubam inflat musa bellatrix, ut animos exsuscitet, et Martem accendat ; sed furori nimium indulgens et assurgendi cupidior, nubes captat. Redundat epithetis, et contortis nimium utitur metaphoris ; ampullatior in verbis quam in sententiis elatior aliquando turget.

CARMEN XV.

Poetæ officia.

Tristia si vatem delectant carmina, questus
Voce sonet querula : loquitur dolor ipse silendo.
Si lacrimas stimulare cupit, fallentia primus
Lumina lugubri lacrimarum exerceat usu.
Si recreare cupit, joculari pectine ludat.
Si superos calamo celebrat superumque ministros,
Non secus ac ardet flagrantibus Ætna caminis,
Ignea magnificus mittat suspiria vates.
Si Daphnis tenui modulatur arundine laudes,
Ipse putet calami sonitus audire canoros;
Tityrus hinc patulæ recubet sub tegmine fagi;
Alter agat pecudes pastor, canat alter amores.
Carmine sitque adeo natura expressa fideli,
Cujuscunque oculos ut ludat amabilis error.

CARMEN XVI.

Æschyli indoles.

Grande aliquid spirat vates, et sæpius audax
Summa petit; sacrum, quo percitus ipse, furorem
Instillare velut commota in corda legentum
Velle videtur, et instinctu direpta potenti,
Terrarum oblitus, secum jam tollere cœlo;
Usque adeo resonat sublimi carmine musa!
Consona carminibus dignos in pectore sensus
Inserit, et Martem cantu succendere novit
Buccina; sed nimium cupit indulgere furori,
Et verbis quandoque auras captare videtur.
Crebra redundanti de pectore nomina fundit
Addita nominibus; translata vocabula durus
Exhibet; et potius verbis assurgere tentat,
Quam sanæ proprio turgescit pondere mentis.

MATERIES XVII.

Pallas Athenarum servatrix.

Unde fit concursus in templum Palladis? Cur cives ante aras deæ provoluti, aut incolumes Athenas, aut mortem precantur? Omnes invasit dolor atque ira, et clamor tollitur indignantium : « Adest Persarum tyrannus. »

« Adsit, numine afflata respondet sacerdos, adsit, patriæque solo barbarus insultet. Vos tamen non deseret libertas. Cedite, linquite patrum sepulcra : ipse fugit ex adyto anguis deæ sacer. Ite, et triumphos exspectate ulturos Harmodii patriam. Jam resurge, urbs divina; jam parce hostibus superbis. Tuque, o Pallas! omen da populo tuo. »

Tum ægidis auditur sonus, fremit hasta Palladis, dextraque extenta Salamina indicat, futuramque pacis gloriam.

CARMEN XVII.

Pallas Athenarum servatrix.

Palladis unde frequens sacras concursus in ædes?
Poplite quid flexo divam ante altaria cives
Supplicibus votis orant? Pars æthera questu
Implevere; lares salvos, patriamque precantur;
Pars mortem, infandum! magno clamore petebant.
« Ne liceat nobis patriæ spectare ruinas.
Si quando fortuna juvat, melioribus annis
Ultores aderunt, mortemque cruore reposcent.
Sed mors dira placet; nunquam moriemur inulti. »
Sic indignantum gemitus tolluntur ad astra;
Ira dolorque tenent mentes. « Rex persicus agros
Occupat actæos, flammas et funera portans,
Intactisque ferox jam mœnibus imminet. — Adsit,
Numine respondet divino afflata sacerdos,

Adsit hic impatiens hostis, terræque paternæ
Barbarus insultet, patriam populetur et igne :
Haud impune quidem. At nondum matura tyrannis
Ultio ; nunc hosti, fortissima pectora, cives,
Cedite : vos semper libertas cara sequetur.
Ipse deæ sacer ex adyto fugit anguis iniquæ ;
Ipsa Minerva fugit, fugit en procul ! Ite, triumphos
Exspectate pii : fortuna secunda favebit.
En ulturus adest vobis Harmodius alter.
Jam, melius fatum jubet, urbs divina, ruinis
Assurge ; at victrix hosti nunc parce superbo.
Tuque adsis, patriæ columen, Tritonia virgo,
Omina vaticinans populo manifesta salutis. »
Gorgoneæ auditur sonus ægidis ; hasta Minervæ
Icta fremit ; divino omnes terrore replentur.
At Pallas dextram extendit, Salaminaque monstrans :
« Hic, inquit, posita est Graiis spes certa salutis ;
Hic positum pacis decus immortale futuræ. »

MATERIES XVIII.

Andromache ad filium, ut gratiam Ulyssis imploret.

Huc procede, o nate, tuas relinque latebras, et amplexu miseram solare matrem ! Frustra mihi lacrimæ sola supersunt tela. Vis sua est lacrimis, sed nequeunt Ulyssis pectus flectere. Si nunc Hector mihi afforet, Hectoris arma salvum te præstarent. Heu mihi ! qualis erat, quum multa superbus strage Græcorum, phalanges straverat ! Ulysses fugiebat patrem, et natum insequitur. Perge tamen, Astyanax, et veniam Pelasgis exposce, victorisque pedes adora. Pulchrum est miseris agere quod fortuna jubet. Obliviscere quanta tua sit origo, quot fuerint reges atavi ; ex animo pater excidat Hector ; regios animi fastus exue, captivi sensus indue.

Si nondum sentis funera quæ te manent, disce parentis lacrimas imitari. Priamus placavit fletibus

suis Herculem, quem armati reges flectere non potuerunt. Herculis exemplo discat gens argolica pietate tangi; discat furores sedare suos : regum est pios esse hostibus, et mitescere lacrimis. Qui victis non parcit, vincere non debet. Si tamen Ulysses te mactat, solamen erit matri tecum, o nate, mori.

Vivebam felix, patre mortuo, quod in nato pater præsens adesset. Olim Hector meus habebat quod habes, oris decus; par utrique vultus inest, par frontis gratia. Sed quid loquor? jam oculis iram vibrantibus, jam districto furens gladio properat Ulysses. Actum est : nate, peris! Ulysses te mactat Græcis. Amor me tibi mactat; sic nos juvat mori. Nos junxit eadem pietas; mors eadem jungat; tandem discet Græcia quid sit maternus amor.

CARMEN XVIII.

Andromache ad filium, ut gratiam Ulyssis imploret.

Huc ades, Astyanax, miseræ spes unica Trojæ;
Linque sepulcrales latebras, tumulumque parentis
Desere, et amplexu matrem solare gementem!
Sola mihi lacrimæ nequicquam tela supersunt.
Fletibus ipsa tamen vis est : sed pectus Ulyssis
Flectere quid valeat? Si nunc meus afforet Hector,
Te patris incolumem præstarent Hectoris arma.
Hei mihi! qualis erat, quum multa strage superbus
Straverat Argolicos! Patrem fugiebat Ulysses,
Et natum insequitur, pueri sævissimus hostis.
Perge nova virtute, puer, puer inclyte Teucris;
Macte animo, Astyanax, veniamque exposce Pelasgis,
Atque pedes victoris humi prostratus adora.
Quot fuerint reges atavi, queis patria fatis
Te quondam ediderit, late dominata per orbem,
O nate, atque animis ipse, heu! pater excidat Hector,
Ipsa precor mater; regales exue fastus :
Victorum non ista decent memorata nepotes.
Funera si nondum capiti impendentia sentis,

Magnanimum lacrimis imitari disce parentem.
Quas non armati valuerunt flectere reges,
Herculeas Priamus placavit fletibus iras;
Herculis exemplo, discat pietate moveri
Impia gens Danaum ; discat sedare furores.
Hostibus esse pios, lacrimis mitescere regum est.
Vincere non debet, victis qui parcere nescit.
Si tamen usque furens miserum te mactat Ulysses,
Matris erit solum, dulcissime nate, levamen
Tristibus, Astyanax, tecum succumbere fatis.
  Fausta mihi, patris post funera, vita manebat,
Quod viduæ in nato præsens pater Hector adesset.
Ore decus, quod habes, meus Hector habebat; utrique
Vultus inest similis, similis quoque gratia frontis.
Vana loquor! jam nunc oculis jaculantibus iram,
Jam stricto properat gladio furibundus Ulysses!
Actum est ; nate, peris! crudelibus ultima Graiis
Victima, nate, cadis! populo te mactat Ulysses!
Me tibi mactat amor ! sic nos occumbere morti
Mente stat, et miseros leto finire labores.
Nos eadem junxit pietas, jungamur eodem
Funere; matris amor quis sit tunc Græcia discet.

MATERIES XIX.

Apis iracunda.

Apicula communis tecti servabat aditus, et munere suo ferox, nunc superbo incedebat gressu, nunc gracili ore iracundum glomerabat murmur, quasi fortitudinis probandæ impatiens. Venit rusticus nihil cogitans mali. Hic relictos sine duce greges quæritans, eumdem forte in locum devenerat, ubi in statione ferocula volucris sedebat. At illa viribus exiguis stolide confisa e foribus exsilit. Quo ruis, apis male provida? compesce injustos furores, morieris misera sævitatis tuæ victima. Vana loquor : liquidum pennis præpetibus jam secat aera : rusticum nil tale metuentem invadit, et nudo hominis consedit in

ore, atque simul irato aculeo pungit dextram ejus. Ut rusticus sensit dolorem, auxiliatrici sinistra laborantem perfricat dextram, deturbat apem, et humi delapsam ferrato conculcat ac conterit pede.

CARMEN XIX.

Apis iracunda.

Communes aditus servabat apicula tecti,
Officioque ferox gressu nunc ibat ovanti,
Turgida corda gerens; gracili nunc ore ciebat
Iracunda sonos, veluti dare signa vigoris
Impatiens ; mala quum meditans non ulla colonus
Advenit hic, pecudes quærens sine lege relictas.
Attigerat fortasse locum improvisus iniquum,
Observabat ubi vigilans apis effera sedes.
At stolide exiguis confidens viribus, exit
E foribus volucris, consuetaque tecta relinquit.
Quo ruis imprudens ? quo te male providus error
Abripit? injustos nimium compesce furores.
Infelix animam, feritatis victima, perdes.
Vana loquor, liquidum pennis pernicibus æther
Jam secat, impavidumque statim commota colonum
Aggreditur, nudoque hominis consedit in ore,
Et simul irato compungit acumine dextram.
Rusticus ut sensit crudeles vulneris ictus,
Protinus auxilio dextram fricat ille sinistræ,
Et deturbat humi volucrem, pedibusque cruentis
Conterit : hæc miseram fundit cum sanguine vitam.

MATERIES XX.

Homerus errans.

Ecquis hodie poetam inopem, domo carentem ubique et patria, lecto excipiet hospitali ? Vosne, aratores, qui Hermi ripas accolitis ? An tu, pastor,

qui, postquam toto die montis dumeta pererrasti, securam noctem ducis humili tugurio? pauca sibi petit Melesigenes; neque parvo tamen munere beneficium rependit, quoniam dat carmina, grati animi immortale pignus. Te quidem non indictum sinam, diserte Phemi, pueritiæ meæ altor atque doctor; et Tychium infinitæ memoriæ tradam, qui me paupertatis suæ participem et in rebus duris socium passus est; et te imprimis canam, o Mentor, qui corpore languentem me, et fere jam oculis orbum, ithacensi domo benignus excepisti. At vobis, o barbara gens, cujus ne nomen quidem edere per musas licet, deorum iram imprecor : nullus unquam apud vos poeta nascatur?

CARMEN XX.

Homerus errans.

O me infelicem! quo nunc vestigia flectam?
Qua fessum docili corpus tellure reponam?
Quæ facies subito rerum? Quæ me æquora possunt
Accipere? aut quid jam misero mihi denique restat?
Hei mihi! quis patria pulsum, tectoque carentem,
Hospitio excipiet, commotus mole malorum?
Quis clarum quondam blando sermone juvabit
Carminibus vatem? tulit altum ad sidera nomen
Nequicquam vates, toto nunc exsul in orbe,
Errabundus, inops et vivi luminis expers.
Quis me, quis profugum dextra recreabit amica?
Effetos quisnam vires revocabit in artus,
Et procul ingratæ pellet fastidia vitæ?
Vosne, o ruricolæ, flavas qui divitis Hermi
Accolitis ripas? an tu, gregis anxie custos,
Qui, postquam montis per tempora longa diei
Solus oberrasti per amœna vireta, quietus
Securas humili ducis sub vimine noctes?
Felix heu! servas sano cum corpore mentem

Intactam : tandem secura morte quiesces !
Pauca Melesigenes votis exposcit Homerus ;
Nec tamen exiguo persolvit munere munus ;
Nam gratæ pignus dabit indelebile mentis,
Sublimis quoniam fundet, præsente Minerva,
Carmina, grata simul Phœbo, pergrata Camœnis.
Crede mihi, indictum cunctis, doctissime Phemi,
Non patiar, semper patrium testatus amorem :
Annos tu primos, doctor facunde, juventæ
Rexisti ; et Tychium æterna super æthera laude
Carminibusque meis tollam, qui pauper egenum
Sponte sua duris rebus permisit Homerum
Participem ; tuque, o Mentor, celebrabere nostro
Carmine præsertim, atque tua de laude silescet
Nulla ætas, qui me languentem, corpore fracto,
Et prope perpetua damnatum nocte, benignus
Excepisti ithacis laribus, miserumque juvasti.
At vobis, cæco auxilium qui ferre negastis,
Quorum musa horret miserandum expromere nomen,
Imprecor atque iram divum stygiosque furores :
Nullus nascatur vestro sub sidere vates.

MATERIES XXI.

Rosa superbiens.

Varios inter flores creverat quondam in hortulo rosetum, cujus e medio stipite surgebat rosa ; illa sublimi cœlum respiciens vertice vicinos indigno fastu despectabat flosculos, et originis suæ quasi oblita, genitricem arborem superciliose contemnebat : « Me, inquiebat, reginam florum præ vobis omnibus elegit Chloris. Satellites habeo decoris custodes mei, ne quis regium caput lacessat impune. Cedit odori nostro sabæi turis suavitas. Cedit colori nostro liliorum regalis albedo. Nascor equidem ex impexa et squalenti ramorum silva, sed nihil trunci turpitudo ex oris mei venustate detrahit. Reginam

15.

vestram, subditum flosculorum vulgus, adorate. »
Dum hæc molliter quidem, sed superbe inclinato capite jactitat, evenit passerculus, et porrecto insidens roseti ramo, rosæ fatalis adhæsit hospes : proximus enim aderat in insidiis puer, qui plumbo missili passerem interimens, communi dispendio rosam affecit, et pristino spoliavit decore. Visere vicissim spreti flores, et mutilos turpissimæ rosæ vultus irridendo, veterem ulti sunt injuriam.

CARMEN XXI.

Rosa superbiens.

Hortus erat cujus medium rubicunda tenebat
Arbor odorifero circumdata gramine florum.
Hic rosa surgebat medio de stipite rami,
Adspiciensque simul sublimi vertice cœlum
Vicinos flores fastu temnebat inani;
Atque etiam veteris velut immemor illa parentis
Vitalem fastu ramum spernebat eodem :
« Me, jactabat ovans, delegit Flora magistram.
Sunt mihi custodes, rosei tutela decoris,
Ne regale caput violetur crimine nostrum.
Lilia purpureo cedunt formosa colori ;
Assyrium pariter nostro tus cedit odori.
Scilicet impexus squalensque est ramus; origo,
Truncique opprobrium pulchro nil detrahit ori.
Reginæ meritos cultus persolvite, flores. »
Talia dum tumido fundit de pectore verba
Molliter, atque simul demisso jactitat ore,
Advenit ecce statim passer, ramoque roseti
Porrecto insidens, hospes fatalis, adhæsit:
Proximus insidias impubes namque parabat,
Qui subito volucrem plumbo stridente secutus,
Attulit imprudens ramo communia damna,
Antiquoque rosam formæ spoliavit honore.
Sic tristi cecidit prostrata superbia casu :
Dumque humilis deflet mutilos irrisaque vultus,
Has sociæ pœnas fastus sumpsere dicacis.

MATERIES XXII.

Bacchus aquarum osor.

Dum Bacchi sacra apud Thraces rite celebrarentur, ipse, ex urbe in urbem cursitans, populos conspectu recreabat; ad flumen quoddam pervenit, non sua velocitate minus quam profunditate timendum. Dum vult alteram ripam contingere, portitorem quærit oculis vino madidis, et aqua mox abluendis. Ille non invenit nautam, sed cymbam littori alligatam videt; ascendit ipse prior, vocat socios, in cymba singulos recipit. Ipse gubernaculum manu tenens, rectoris munere perfungitur; dum fertur aquis cymba, naviculæ custos custodiæ magis indigens, temerario cymbam exagitat motu, et undis immergitur.

Felix quidem quod immortalis foret. Sed os et nares habuit quibus hauserit aquam. Visere Naiades, nec prius auxiliatricem deo præbuerunt manum, quam quum aqua plenus jam nullam posset admittere. E flumine demum detrahitur, et ad socios qui periculum ægre effugerant redit. Hic ira accensus, et potatam aquam evomens, detestatur undas, flumina et fontes, et quæ riserant fluminum ac fontium nymphas maledictis insectari cœpit. Hinc aquarum osor Bacchus.

CARMEN XXII.

Bacchus aquarum osor.

Orgia dum Thraces celebrarent rite Lyæi,
Ipse, coronatus rubicundis tempora vittis,
Oppida lustrabat, gentes populosque secundo
Numine delectans; quemdam pervenit ad amnem,

Præcipiti cursu metuendum alveoque profundo.
Dum cupit impatiens aliam contingere ripam,
Rectorem quærit; sed adhuc fulgentia vino,
Turbida mox undis, errabant lumina passim.
Non hominem reperit, sed tantum littore cymbam
Conspicit adstrictam : scandit prior ipse phaselum.
Advocat extemplo socios atque excipit omnes.
Ipse gubernaclo rector subit, ipse magister.
Dum cursu velox celeri secat æquora navis,
Naviculæ custodis egens solamine custos,
Audax exagitat cymbam, atque immergitur undis.
  Felix heu! nimium, quod fretus numine divum
Hic foret, et natus præclara stirpe deorum!
Ora sed et nares habuit quibus hauserit undas.
Naiades æquoreæ casum risere vicissim;
Nec prius ante deo solatia grata dedere,
Quam quum plenus aquis jam nullam admittere posset.
Denique detrahitur fluvio, sociosque fideles
Ipse repente petit, qui tanta pericula fessi
Ægre vitarant. Irarum turbidus æstu,
Invitos revomens imo de pectore fluctus,
Detestatur aquas, fontes et flumina diris
Insequitur dictis, verbisque minacibus ultor
Aggreditur nymphas. Hinc osor Bacchus aquarum.

MATERIES XXIII.

Solis defectus.

Splendet sol alto æthere, et videtur solus regnare per vacuum. Interea instat æmula luna, quamvis nostris abdita oculis; jamque ardentis clypei tangit oras, et aureum orbem magis magisque obscurat. Pallet lux toto cœlo, frigent omnia, anxiæ animantes mirantur quid acciderit, absentemque diem trepidis motibus et clamoribus repetunt. Fertur temporibus antiquis homines quoque trepidavisse, veritos æternam noctem. Nunc tranquilli ea spectacula intuentur; et quo tempore, qua sui parte sol

umbra condendus sit, multis ante annis assignant. Hora dicta, omnes ad cœlum conversi, repentinam noctem speculantur, et ingenio suo confisi, fruuntur perturbatione naturæ.

CARMEN XXIII.

Solis defectus.

Fax æterna poli, sol aureus æthere ab alto
Splendet, et ignivomis terras complexus habenis,
Regnat per vacuum : solus dare jura videtur.
Interea accelerat studio non impare luna,
Et nostris oculis spissam circumdata nubem,
Invidiosa parat currus velare nitentes
Solis, et accingit totas ad prœlia vires.
Eripere imperium, lucem mutare tenebris
Est animus : clypei rutilantes attigit oras :
Nec mora, nec requies : sol vincitur : aureus orbis,
Qui modo fundebat radios, ferrugine nigra
Jam magis atque magis tegitur : lux æthere pallet
Obscurata : tremor, subitumque habet omnia frigus :
Insidet haud solitus trepidis animantibus horror,
Et portentosum monstrum mirantur hiantes,
Atque vices, o Phœbe, tuas : subrepta diei
Sollicito repetunt trepidantes munera motu,
Et clamore fero, longis ululatibus implent
Æthera, quo citius redeant tua lumina, Phœbe.
Ipsum etiam exactis hominem trepidasse per urbes
Temporibus fertur, noctem metuisse perennem,
Antiquum metuisse chaos, ne languidus orbis
Æternum, Phœbo jam deficiente, periret.
Nunc autem mentes hominum non amplius angit
Vana superstitio : solers evasit ad arces
Doctrina ætherias, cœlique arcana reclusit.
Ergo homines priscum nunc deposuere timorem :
Nunc ea suspiciunt placido spectacula vultu.
Nec tantum hoc nobis aperit doctrina : volatum
Altius attollens, studioque enisa tenaci,

Quando tenebroso sol obscuretur amictu
Indicat, et quæ pars velari debeat umbra.
Dicta hora, tectis properant ex omnibus omnes;
Undique læta cohors cœlo mirantia tollit
Lumina, nec solitam noctem speculatur, et ipsa
Ingenio confisa suo, verso ordine gaudet,
Certa quid eveniat, veteremque exosa querelam :
Sol, nobis redeas iterum, radiisque recinctum
Incipias efferre caput, noctemque repellas !

MATERIES XXIV.

Samson in morte victor.

Nunc ego te adspicio, Samson, vultus manantes sanguine, avulsos suis a sedibus oculorum orbes. Siccine te, manibus post tergum vinctis, quem toties victorem timuerat, plebs nullo captum prœlio raptat ? Siccine, tu quondam miseræ spes gentis, exsul, inops, exspes, victima morti devota, sub tristi pendes cultro ? Siccine, leones qui stravit et exuviis sese jactabat, nunc vili populo præbet ludibria ? Quanquam, macte animo, tantorum laborum tibi meta dabitur, et propria morte victor, hostium a sanguine pœnas sumes.

Urbe fuit media, geminis columnis nixa, domus ampla et superba, ubi veteres habitabant reges. Philisthæi proceres passim ad prandia confluxerunt, et toris discumbitur aureis. Inter mensas, more suo procaces populi dictis Samsonem illudunt. Ille autem vultu sub simplice tegens fraudem, orat, ut columnæ membra applicet. At medio capite crinis redivivus cœperat vires reparare in corpore, et robur dabat. «Spectacula et alios, dixit, dabimus ludos. » Utramque statim molem complexus dextra, columnas omnes subvertit, et in eadem strage sepultus fuit.

CARMEN XXIV.

Samson in morte victor.

Isacidum quondam vindex fortissime Samson,
Nunc ego te video, manantes sanguine vultus,
Avulsosque suis oculorum sedibus orbes.
Siccine te, manibus miserum post terga revinctis,
Quem populus toties hostili sanguine tinctum
Pertimuit, nullo captum certamine raptat?
Siccine, tu quondam miseræ spes inclyta gentis,
Exsul, inops, exspes, devotaque victima morti,
Funeris instantis præsentia vulnera sentis?
Siccine, qui tigres domuit, domuitque leones,
Victor et exuviis sese jactabat opimis,
Degener abjectæ præbet ludibria plebi?
Quanquam, macte animo, tantorum fausta laborum
Meta tibi dabitur, propriaque in morte triumphans,
Ultor ab hostili pœnas cum sanguine sumes.
  Urbe fuit media, geminis innixa columnis,
Ampla, superba domus, regali splendida luxu,
Prisca tyrannorum sedes. Ad prandia passim
Turba philisthææ currit clarissima gentis :
Undique conveniunt : thalamis discumbitur aureis.
Ipsi, inter mensas, solito de more procaces,
Opprobriis populi Samsonem turpibus urgent.
Hic pulchram condens vultu sub simplice fraudem,
Orat, ut ingenti languentia membra columnæ
Applicet. At medio redivivus vertice crinis
Cœperat abscissas reparare in corpore vires,
Antiquumque dabat robur. « Spectacula, dixit,
Atque alios dabimus ludos. » Nec plura moratus,
Victricique manu molem complexus utramque
Concutit : illa statim ruit eruta fundamentis ;
Et mille unius compensant funera mortem.

MATERIES XXV.

Silva ventis agitata.

Quis describere queat varios arborum motus et fremitus, ubi silvæ ventorum agmen ingruit? Est cuique suum agitationis genus, sua cuique facies. Quercus, trunco immota, ramos tantum curvari sinit; procera pinus a vertice ad pedes tota libratur : lenta populus frondes omnes concutit; betula comam effusam tradit ventis. Vivere videtur silva et variis sensibus affici : hæc arbor vicinam arborem salutat, inclinata et tanquam venerans : illa, velut amicum, velle videtur amplecti; alia fremens, tanquam hostem, aversatur. Aliquando antiqua quercus inter hunc tumultum occurrit, erigens ramos nudos et immobiles; superstitem præteriti sæculi dicas senem, quem præsentes tempestates non jam tangunt. Ex altitudine silvæ erumpunt vaga murmura, quæ crescunt modo, modo moriuntur, et tristitiam animo plenam dulcedinis incutiunt.

CARMEN XXV.

Silva ventis agitata.

Quis varios possit nemorum describere motus,
Quum rapidis sævit subito vis incita venti
Turbinibus, foliisque undantibus infremit arbor?
Nec silvæ fremitus simplex ; sua cuique movendi
Forma genusque suum ; gremio quot magna feraci
Terra dedit stirpes, tot fas distinguere motus.
Quercus inaccesso curvari in vertice ramos
Nempe sinit tantum, truncoque immota resistit.
Flamina sed grandem sublimi a vertice pinum
Imos usque pedes librant; tum populus omnes
Lenta quatit frondes; effusam betula ventis

Grata comam tradit ludibria; vivere silvam
Humana credas anima variisque moveri
Sensibus. Hæc arbor, sociam venerata, salutat
Inclinatque caput; nonne illa videtur amicam
Amplecti; nonne illa fremens avertit, et hostis
Invisos fugit adspectus vultumque minacem?
Omnia quum tanto jactantur mota tumultu,
Antiqua interdum silvis occurrit opacis
Quercus et immotos protendit in aere ramos,
Nudaque jam foliis, trunco tantum efficit umbram.
Haud aliter senior, transacta ætate superstes,
Non vitæ metuit discrimina ; magna procellis
Mens immota manet ferventibus undique; fracta
Fulmine si caderet tellus cœlumque profundum,
Cerneret impavidus propiori morte ruinam.
At simul erumpunt alto vaga murmura luco,
Ætherias quæ nunc late funduntur in auras,
Nunc pereunt, venti flatu cessante vicissim.
Quam juvat has silvis voces audire sedentem!
Mens equidem tristis; sed nullo mœsta dolore
Nescio qua secum fruitur dulcedine luci.

MATERIES XXVI.

Mors Herculis.

Quo vindice terris fugerunt monstra, quem **Tonanti** parem genuit terra, qui triumphata morte triumphum egit, Hercules moritur, et ad manes remigrat. Vix bustum ingressus amico suo dat tela : jubet lacrimas retinere, et qua orbem vicerat dextra busto favillas subjicit. Protinus oculos ad cœlum convertens : « Nunc ego sum, dixit, o Jupiter! soboles te parente digna : me tulit virtus ad æthera; uterque orbis qui laudes patris celebrat, nati etiam celebrat præconia ; mea conjunxit gentes constantia, dextra mea Gigantes prostravit, et scelera corruptis ejecit terris; me, o genitor, patrio cœlo insere. Si

partem cœli fata negaverint, facta dabunt. Mea me dignum cœlo probavit vita, et mors probat. » Dixit, et in igne absumptus, cœlum, quod ipsi peperit virtus, remeavit.

CARMEN XXVI.

Mors Herculis.

Progenies æquæva Jovi, quo vindice terris
Monstra recesserunt, humeris qui sustulit orbem,
Quique reportavit superata morte triumphum,
Alcides moritur, stygiasque remigrat ad umbras.
Vix tumulum attigerat, quum tela relinquit amico,
Et lacrimas retinere jubet; quæ vicerat orbem,
Ipsa rogo tristes submittit dextra favillas.
Protinus, optato conversus lumina cœlo :
« Nunc ego sum, dixit, soboles te digna parente,
Jupiter omnipotens, moderator et arbiter orbis!
Me tulit impavidum constans ad sidera virtus
Inclyta; mundus uterque canit natique patrisque
Facta; rebellantes populos constantia junxit,
Diva giganteos prostravit dextra furores,
Sævaque sacrilegis ejecit crimina terris.
Da, pater omnipotens, patrium mihi visere cœlum.
Si mihi fata negant superas evadere ad auras,
Facta dabunt : cœlo dignum me vita probavit,
Morsque probat. » Dixit, sacroque absumptus in igne,
Quas meruit virtus, superas remeavit ad arces.

MATERIES XXVII.

Sorores e christiana caritate dictæ laudantur.

Dum vanis indulget voluptatibus otiosa divitum cohors, adspice illas mœstissimas ædes, ægrotantis egestatis perfugium, ubi conferta languent tot miserorum corpora, funestam luem spirantia. Quis

sustinebit illis operam impendere, alios solari morientes, alios ad vitam revocare? O dulcis pietas, vim tuam agnosco! per te virgines castæ jocos pueriles et spem thalami oblitæ, didicerunt insomnes noctes, ærumnas et fastidia innumera perferre, ut, vitæ ipsius periculo, tot malis succurrant. Utcunque sævierit bellica virtus, haud minor emicuit indefessa feminarum illarum virtus. Audisne furentium militum clamores, quos morbus aut hostile ferrum a præda vel cæde retraxit? at ipsis occurrunt piæ virgines, quarum in ore lucent patientia, lenitas, miseratio. Mox alligantur vulnera, poculumque salutare cum solatiis datur. Tum ferus bellator matrem vel sororem reminiscitur, quæ, si fas esset, ipsi eodem studio adessent, suspensamque suis oculis lacrimam miratur.

CARMEN XXVII.

Sorores e christiana caritate dictæ laudantur.

Cernite, dum falsa deceptus imagine rerum,
Indulget locuples ludis, et gaudia captat
Intermissa sibi nunquam, lugentia late
Tecta, diu sævæ morborum dedita pesti;
Inveniunt ubi perfugium quos urget egestas
Et cruciat febris diro violenta veneno;
Languescunt ubi tot miserorum strata cubili
Corpora funereo, diram spirantia tabem :
Horror ubique ingens et plurima mortis imago.
Ergo quis audebit, posita formidine, curas
Assidue miseris famulanti impendere dextra?
Eheu! quis posset tantos lenire dolores
Voce sua? sed nulla juvant solatia mortem!
Ergo quis ad vitam revocare salubribus herbis?
O dulcis pietas, solatrix una malorum,
Vim cognosco tuam : te propter spernere ludos
Turba puellarum discit, castissima turba :

Nulla pericla timens, ultroque oblita jugalis
Spem thalami, læta humanos contemnit amores,
Atque suam miro statuit consumere vitam
Officio, ut miseros propiori a morte reducat.
Insomnes didicit propter te ducere noctes,
Ærumnasque pati tristes, et tædia ferre,
Ut tantis, vitæ ipsius discrimine, morbis
Audens succurrat, nullo defessa labore.
Parva loquor : nam utcunque armis mavortia flamma
Sævierit, nunquam virtus satiata resedit,
Præsenti quondam miseræ data numine terræ.
Nonne audis miseros equites, quos languida pestis,
Quos modo perfodit ferrum letale profundo
Vulnere? nunc morti sunt debita præda minanti.
Nonne audis mœsto rumpentes pectora questu,
Auxilium gestu et morienti voce petentes?
Ecce puellarum pia turba jacentibus ægris
Obvenit, infirma revocat spem in mente relictam,
Apponitque simul præsentia pocula labris.
Illarum lenis patientia spirat in ore,
Atque virum lacrimis lacrimas miscere videres.
Vellere connexo mox sanguinolenta ligantur
Vulnera ; quin longum nunc placatura dolorem,
Obsequiosa cohors properanti pocula dextra
Præbet, jucundoque juvat sermone jacentem.
Tum sævus miles matrem caramve sororem
Mente recordatur, quæ, si fas esset, eodem
Vulnera curarent studio, auxilioque juvarent.
Talia sollicito miles dum pectore volvit,
Suspensam lacrimam miratur, et ærea primum,
Invitus quanquam, molliri pectora sentit.

MATERIES XXVIII.

Christophorus Columbus.

Ibat Columbus procul ab orbe suo, fretus virtute et magnete : scilicet quærit calles ignotos per æquor, et orbem novum jam mente præsumit. Undique

cœlum et fluctus : prora volat; felix est navigatio :
ecce autem sese offert gigas e medio ponto. (Faciem ejus describetis.) Intendit vocem, qua infremuere æquora, et procul : « Quæ tanta vos insania
tenet tractus ignotos explorare ? Non vobis satis calamitatum in orbe vestro? At pœna vos manet.
Proh! quot mortes, quot naufragia adspiciet Neptunus! Tempus erit, quum flebitis insanas expeditiones, quum invidia discordiaque vestras inter vos
manus in cædes convertent. Sic Deus detectum,
quem abdiderat, mundum pœnis vindicat. »

CARMEN XXVIII.

Christophorus Columbus.

  Ibat ab orbe suo procul et natalibus oris
Fretus vate animo, fretus magnete Columbus.
Scilicet ignotos insueta per æquora calles
Quærit, et hesperias audax interrogat undas,
Quid lustraret adhuc morienti lumine Phœbus,
An natura novum mortalibus abderet orbem?
Undique cœlum ingens vastumque extenditur æquor :
Marmora præcipiti radit spumantia lapsu
Prora volans, spiratque levi clementior Eurus
Murmure; felicem portendunt omnia cursum.
Mollior ipsa fremens, fluctuque invecta secundo
Unda sequebatur, regem mirata superbum,
Quum subito sævam dira formidine frontem
Efferus ore gigas mediis e fluctibus offert.
Olli terrifico riget hispida vertice cervix;
Frons elata, minax : nigris horrentia setis
Pectora : scintillant fœdo suffecta cruore
Lumina semiferi; squalenti plurima mento
Canities, rigidæque comæ, flammisque rubentes
Sanguinea lugubre micant ferrugine vultus.
Intendit vocem immensam, quo dura fragore
Æquora concussis dirum infremuere cavernis,

Et procul : « O miseri, quæ tanta insania tractus
Explorare novos, atque hic nova quærere cogit
Funera ? Non vobis vestro satis orbe malorum est,
Queis longum doleant viduatæ civibus urbes,
Regnaque flebilibus late constrata ruinis?
Sacrilegos sed pœna manet. Proh ! quanta videbit
Funera Neptunus ! quot naufraga corpora volvet
In medio tumulata mari! quas vortice classes !
Tempus erit diris quum tempestatibus acti
Serius insanos morituri flebitis ausus.
Hauriet effractas discisso robore puppes
Convulsis mare gurgitibus; rapietur in undam
Flebile pondus opum, quas undique cæca libido
Eruerit, tenebras Erebi rimata profundas.
Invidia assurgens bellis rivalibus enses
Exacuet, spargensque truces Discordia flammas
Carnificum truculenta manus in vulnera vertet.
Sic deus ad pœnam spreta vos lege reposcit ,
Et, quos abdiderat, detectos vindicat orbes. »

MATERIES XXIX.

Tumulus ducis apud silvicolas.

In interiore silva, prope lacum perennis aquæ, locus est religione sacer, in quem intrare nefas est morte expiandum. Ibi videre est cymbam immobilem ; sedet ad proram ingens forma viri, fabricata ligno, cujus caput variis avium pennis cinctum est. Is, longa stola indutus, remo incumbit et lembum videtur impellere. Moventur vento pennæ in fronte positæ, ut dicas ipsam figuram moveri tanquam hominis viventis. Verum in ipsa prora infixa est imago exanimi capitis et vacui , cujus os hians videtur remigem irridere. Nempe ille, dum vivebat, dux fuit magni populi, qui, post pugnam cum hostibus commissam, quum cymbam victor ad littus admoveret,

in ipsa rate occiderat, sagitta confixus. Hoc est quod
voluit artifex illo simulacro effingere. Interea silent
late loca; nihil auditur nisi murmur aquæ aut arborum : mœror pavorque mentem spectantis occu-
pant.

CARMEN XXIX.

Tumulus ducis apud silvicolas.

Qua silva interior, densisque incædua palmis
Surgit, et illimes stagni discriminat undas,
Est locus ingenti late formidine cinctus,
Relligione sacer, nulli penetrabilis Indo.
Si quis sacrilegus, latebras violare silentes
Ausus, inaccessi lustraverit avia luci,
Continuo sceleris pœnas expendit, et atros
Infelix placat perfuso sanguine manes.
Illic cymba lacus ripis immobilis hæret;
Assidet ad proram, sanctæ quasi nauta paludis,
Ingens forma viri, ligno fabricata, caputque
Purpureum variis avium circumdata pennis.
Longa fluit vestis; species simul horrida vultu
Versicolore nitet; remis incumbit anhelans
Ipse, levem tentans ad ripas pellere lembum.
Huic tenues pennæ ludunt in fronte, Favoni
Si flatus placidas clementior asperat undas;
Atque simul, pennis trepidantibus, ipse videtur
Sponte sua vultus, ligno vivente, moveri.
Horret at in summa prora deformis imago,
Exanimum vacuumque caput, quod semper adhærens,
Semper hians, miseri nisus irridet inanes.
Scilicet ille fuit, quo tempore læta vigebat
Ætas, et valido florebat robore firma,
Dux magni populi quondam, fortesque catervas
Sæpius exsultans patrios deduxit in hostes.
Agmina fulminea victor superata bipenni
Straverat, et cymba reduci jam littus amicum
Tangebat, tectumque casæ decorare tropæis
Assuetis properabat ovans; sed tela sinistra

Dum vibrat hostilesque comas securior, ecce
Incautum longe defixit missa sagitta;
Concidit ad lembum; risus moribundus ab ora
Audiit; infrendens, collectis viribus, hastam
Arripit, et lætum connixus torquet in hostem.
Hic cadit; at moriens morientem ridet in ipsa
Victorem patria, et fratres collabitur ultus.
Hæc opifex voluit simulacro effingere tali.
Interea horrendæ cædis loca conscia late
Muto horrore tacent; infausta silentia rumpit
Nil nisi lenis aquæ murmur, ventusque gementum
Palmarum quatiens lugubri flamine frondes,
Et crepitus volucrum tenui stridore volantum.
Dira loci facies sacra formidine pectus
Et tristi mœrore premit, trepidusque viator
Ocius approperat lugentes linquere saltus.

MATERIES XXX.

Cervi mors.

Ecce tandem, metu perculsus, audit cervus hominum canumque sonos, et tubam mortis præsagium. Et, quanquam trepidus, comprimit pavorem, iramque recolligit, sive in morte etiam dolos non exuat, sive supremum discrimen vires duplicet. Ima sedens in terga, erigit caput atque humeros, ac minatur, ut, qui ipse formidat, formidinem incutiat, canesque avertat et sanguinem non sine decore fundat. Ergo provocat hostes, parat vulnera cornibus : hi circumstant clamantes, nec audent tentare periculum. Si quis enim propius accedat, prosternitur, ceterosque morte sua terret. Sed tandem buccina sonat interitum : æger, vitæ spe amissa, confugit ad lacrimas. Quo gemitu animi miserantur; sed venator neque lacrimis, neque voce flectitur, latusque transadigit. Pede tundit humum cervus, sanguinemque simul fundit.

CARMEN XXX.

Cervi mors.

Ecce metu tandem cervus perculsus inerti
Sollicita capit aure sonos hominumque canumque,
Feralemque tubam, præsagia tristia mortis,
Audit, et, exanimis quanquam trepidusque, pavorem
Comprimit ignavum tumidasque recolligit iras;
Sive suos etiam morum non exuat æstus,
Sive novas addant suprema pericula vires.
Ima sedens in terga, caput sublimis et armos
Erigit, ac, furiis accensus, turbida diris
Asperat ora minis, ut, qui pavet ipse, timorem
Incutiat, retroque canes avertat, inulto
Vel non indecorem timidus det sanguine vitam.
Ergo lacessentes confusis vocibus hostes
Provocat, intrepido similis, frontemque minacem
Arduus ostentans, parat horrida vulnera cornu.
Circumstant magno catuli clamore, nec audent
Ancipitis propius tentare pericula belli.
Si quis erit rudis incauto qui cominus hostem
Dente petat, subita prostratus morte, cohortem
Admonet arguto procul ore lacessere cervum,
Atque obstare fugæ; noto dum buccina cantu
Optatos sonet interitus, sparsamque per agros
Tristia venantum vocet ad spectacula turmam.
Jamque æger, vitæ posita spe, cervus inertes
Confugit ad lacrimas, et, flexo poplite, frontem
Arboream demittit humi, vitamque precatus
Suppliciter, tristes immurmurat ore querelas.
Sed neque venator lacrimis, nec voce movetur
Supplice; crudeli latus immiserabilis ense
Transadigit : revolutus humi pede cervus iniquam
Tundit humum, vitamque nigro cum sanguine fundit.

FINIS.

[illegible]

Cours de Thèmes, [illegible]

Cours de Thèmes, à [illegible]

Cours [illegible]

Cours de Thèmes, à [illegible]

Cours de Thèmes, à [illegible]

Cours de Thèmes, à [illegible]

Cours de Thèmes, à [illegible]

Cours de [illegible]

Cours complet et [illegible] classique, [illegible] tres, etc. [illegible] positions [illegible] deux premières [illegible] les classes, 2 vol. in-12 [illegible]

Cours de Versions, à l'usage de [illegible]

Cours de Versions, à l'usage [illegible]

Cours de Versions, à l'usage de [illegible]

Cours de Versions, [illegible] grecques, in-12 [illegible]

Cours de Versions [illegible] grecques, in-12 [illegible]

Cours de Versions, à l'usage de [illegible] de Vers latins et de Versions [illegible]

Cours de Versions, à l'usage de [illegible] de Vers latins, de sujets [illegible] de Versions grecques, [illegible]

Cours de Versions, à l'usage de [illegible] de Vers latins, de sujets [illegible] Versions grecques [illegible]

www.ingramcontent.com/pod-product-compliance
Lightning Source LLC
Chambersburg PA
CBHW070906170426
43202CB00012B/2209